南海·丹灶
NANHAI DANZAO

丹竈歷史文化叢書（第一輯）
中共佛山市南海區丹竈鎮委員會宣傳文體辦公室 主編

何維栢集

[明] 何維栢◎著
吳勁雄◎整理

知識產權出版社
全國百佳圖書出版單位
——北京——

圖書在版編目（CIP）數據

何維栢集/（明）何維栢著；吳勁雄整理.—北京：知識產權出版社，2020.8
（丹竈歷史文化叢書.第一輯）
ISBN 978-7-5130-6400-2

I.①何… II.①何…②吳… III.①雜著—中國—明代 IV.①Z429.48

中國版本圖書館 CIP 數據核字（2019）第 176823 號

責任編輯：鄧　瑩　　　　　　　　　　　　責任校對：潘鳳越
特約編輯：田　遠　　　　　　　　　　　　責任印製：劉譯文

何維栢集

［明］何維栢　著　吳勁雄　整理

出版發行	知識产权出版社 有限責任公司	網　　址	http://www.ipph.cn
社　　址	北京市海淀區氣象路50號院	郵　　編	100081
責編電話	010-82000860轉8346	責編郵箱	dengying@cnipr.com
發行電話	010-82000860轉8101	發行傳真	010-82000893/82005070
印　　刷	三河市國英印務有限公司	經　　銷	各大網絡書店、新華書店及相關專業書店
開　　本	720mm×1000mm　1/16	印　　張	25
版　　次	2020年8月第1版	印　　次	2020年8月第1次印刷
字　　數	352千字	定　　價	98.00元

ISBN 978-7-5130-6400-2

出版權專有　　侵權必究
如有印裝質量問題，本社負責調換。

《丹竈歷史文化叢書》(第一輯)

《丹竈歷史文化叢書》編輯委員會

主　　　任：張應統
副　主　任：陸文勇
執行副主任：陳亮華
顧　　　問：吳彪華　葉永恆
委　　　員：梁惠瑤　麥永權
　　　　　　葉遲華　古堅慶
　　　　　　游碧坤　李志雄

《丹竈歷史文化叢書》編委會編輯部

主　　　編：梁惠瑤
副　主　編：麥永權
執行副主編：葉遲華　古堅慶
　　　　　　李志雄　游碧坤
編　　　務：徐佩英　胡　和
　　　　　　勞翠妍　何鳳嬋
　　　　　　陳瑞清

《何維栢集》編輯委員會

顧　　問：吳彪華　葉永恆
　　　　　何樹能　羅錦初
主　　任：梁惠瑤
副 主 任：麥永權　劉朝陽
委　　員：郭亞明　葉遲華
　　　　　李志雄　吳勁雄

《何維栢集》編委會編輯部

主　　編：梁惠瑤
副 主 編：麥永權　劉朝陽
執行副主編：郭亞明　葉遲華
　　　　　李志雄　吳勁雄
編　　務：胡　和　徐佩英
　　　　　何鳳嬋　陳瑞清

自　　序

　　何維栢（1511～1587），字喬仲，號古林，諡端恪。廣東南海人（今佛山市南海區丹竈鎮沙滘村），明代理學家，嘉靖十四年（1535）進士，官至南京禮部尚書。嘉靖中，以御史巡按福建，疏奏嚴嵩擅權被罷，故有"直臣"之譽。罷官後，何維栢在番禺河南小港（今廣州市海珠區雲桂村）辟天山草堂授徒，門下共出進士、舉人五十多名，其中葉夢熊更官至兵部尚書，故草堂有"雲桂發祥"❶之譽，小港村亦因此改名雲桂村，對嶺南文化的發展有重要影響，歷來頗受廣東名士之推崇，如梁鼎芬、陳伯陶、吳道鎔、汪兆鏞、冼玉清等人都有讚揚他的言論。

　　何維栢學宗陳獻章，主《易·繫辭》"知崇禮卑"之說，於《易》《禮》二書頗有深得體會，其"天山草堂"就取自《周易·遯卦》，"自天之下惟山特立於中，有艮止之象"，以寄托退隱之意。

　　據郭棐《粵大記》記載，何維栢撰有《易義》《禮經說》《太極圖解》《天山草堂存稿》等，并編有《陳子言行錄》❷，如今除《天山草堂存稿》外，餘皆不存。《天山草堂存稿》著錄在《四庫全書總目》卷一百七十七"別集類存目"之中，原有一個孤本藏於廣東省立中山圖書館。該孤本被影印後，分別收入1997年出版的《四庫全書存目叢書》集部第103冊、

---

❶ 任果，常德，檀萃，等.番禺縣志［M］//陳建華，曹淳亮.廣州大典：第277冊.廣州：廣州出版社，2015:79.

❷ 郭棐.粵大記［M］.廣州：廣東人民出版社，2014:395.

2014年出版的《西樵歷史文化文獻叢書》和2015年出版的《廣州大典》第426冊，此舉爲何維栢著作的利用提供了極大便利。

2008年，何維栢的《天山草堂存稿》《天山草堂詩存》及《誠征錄》三種光緒鈔本在其家鄉佛山市南海沙滘村被發現，均爲何維栢後人何沆所鈔。2016年，在鈔本保管人何樹能先生的熱心幫助下，整理者複製了上述全部作品，將其保存於中山大學中國古文獻研究所。并對這幾種文獻進行深入研讀，大致弄清了它們的內容和版本情況，茲把相關情況闡述於下。

一、《天山草堂存稿》等三種著作流傳概況

《天山草堂存稿》是何維栢的別集，《四庫全書總目》卷一七七《別集類·存目四》著錄爲八卷，其中文六卷、詩二卷，爲浙江巡撫采進本。❶《（道光）廣東通志·藝文志》著錄時，直接引述了《四庫總目提要》的文字，并註明"存"。❷刊刻於道光十一年（1831）的鄧淳《粵東名儒言行錄》，其開列的徵引書目中有《天山草堂存稿》，并在卷十七收錄了該存稿的二十六篇語錄，與粵圖藏本多有不同。粵圖藏本的語錄部分原闕兩頁并有脫文，《粵東名儒言行錄》皆不闕。由此可知，清代道光年間，《天山草堂存稿》的刻本應該在社會上還有流傳。到了近代，廣東境內就很難見到《天山草堂存稿》的蹤影了。曾搜羅廣東文獻數十年之久的廣東著名文獻學家徐信符先生指出："考順德羅學鵬刊《廣東文獻》凡三集，獨無《天山存稿》，粵中藏書家如巴陵方氏碧琳瑯館、南海孔氏嶽雪樓，皆無何端恪公遺著著錄……說者謂《天山存稿》散佚久矣。余數十年來搜藏廣東文獻遺著，亦無此書。"❸直到民國三十二年（1943）夏，徐信符纔因一個偶然

---

❶ 永瑢，等.四庫全書總目［M］.北京：中華書局，2003:1590.
❷ 阮元，陳昌齊.廣東通志［M］//陳建華，曹淳亮.廣州大典：第255冊.廣州：廣州出版社，2015:131.
❸ 何維栢.天山草堂存稿［M］//陳建華.廣州大典：第426冊.廣州：廣州出版社，2015:399-400.

機會，在鄉間散出的故家舊書中購得何維栢《天山草堂存稿》清鈔本，徐信符敘述："當時閩刻本已多有殘闕，故每卷均有闕字或闕頁。……藏本又復多蛀，殘蝕已甚。"❶ 因其十分珍貴，故將其標爲"認眞孤本"。

（一）徐信符舊藏本

徐信符所得的這部《天山草堂存稿》鈔本只有前六卷，皆爲文，無詩。據《四庫總目》著錄，所闕部分應爲後兩卷詩。這個鈔本前後均沒有鈔寫說明，因此具體鈔寫情況無從得知。不過，該書前有殘闕序文四篇，其中顏鯨序的落款爲"萬曆十二年"，卷一正文首頁寫有"古林何維栢著、門人葉夢熊輯"，故可知該書由何維栢的門人葉夢熊輯於萬曆十二年（1584）前後。另外，該書格紙書口有"天山存稿""沙滘何氏家藏"字樣，卷一目錄下有小註云"以下俱閩稿原闕"，正如徐信符按語所說："沙滘爲何端恪公鄉祠所在，此《存稿》想藏於祠堂，後乃散出。此鈔本乃清初何氏後人根據明萬曆閩刻本而鈔。"❷

關於該書的鈔寫時間，徐信符《前敘》稱鈔於清初，駱偉先生在《嶺南文獻綜錄》中認爲系鈔於"清乾隆嘉慶間"❸，還有論者認爲"應鈔於康熙三十年（1691）左右"❹。如今覆核全書，最能反映其鈔寫時間的，一是卷首的《廣州府志・何維栢傳》，二是卷二的《擬立嘉桂縣治議》題下之註"即今新建花縣"。經查，此《廣州府志》是清代康熙本；而花縣康熙二十五年（1686）始建，因此該鈔本的鈔寫時間不會早於康熙二十五年（1686）。再進一步考察該書的避諱情況：康熙的"玄"或"炫"皆闕最後一點；乾隆的"弘"字亦闕最後一點，"曆"字未見出現避諱的情形；嘉慶的"顒"字有時闕筆，有時不闕；道光的"寧"字，全書無一避諱。根據上述情況，徐信符舊藏本《天山草堂存稿》當鈔於清代嘉慶年間，之前的

---

❶❷ 何維栢．天山草堂存稿［M］//陳建華．廣州大典：第426冊．廣州：廣州出版社，2015:400.

❸ 駱偉．嶺南文獻綜錄［M］．廣州：廣東人民出版社，2016:368.

❹ 吳國聰．評介［M］//何維栢．天山草堂存稿．桂林：廣西師範大學出版社，2014:7.

三種說法皆不準確。

（二）何沅重鈔本

《佛山日報》2008 年 10 月 25 日 B02 版報導，南海沙滘村何維栢後人何正昌把三種何維栢著作清鈔本捐入宗祠，分別是《天山草堂存稿》五卷、《天山草堂詩存》一卷、《誠征錄》一卷。❶ 這三種文獻皆爲該村何維栢的後人何沅於光緒年間所鈔。此外，還有一本何沅記述自己北上赴考過程的《北行日記》夾在何維栢的著作當中。何正昌把書捐出後不久便辭世，如今保管這些書籍的是何維栢的另一位後人何樹能先生。何沅，原名慶綿，又名夢蘭，字達朝，別字棣初，堂號"穠矣草廬""知困齋"，何銘石之長子，清末南海沙滘人，三水縣庠生。光緒十四年戊子（1888）曾與康有爲同路赴京應順天鄉試，不售，後回鄉行醫。

1.《天山草堂存稿》五卷

該書原有九卷，前八卷爲文，後一卷爲詩，今存前五卷文，無詩。該書是何沅在光緒八年壬午（1882）至九年癸未（1883）之間所鈔，"雙門底下全昌"稿紙，半頁九行，行二十字，無蟲蛀。所謂文八卷，實爲六卷，與徐信符舊藏本的卷數相同。最後一卷詩，并非原本所有，而是何維栢後人何錫祥等在咸豐年間所輯（詳下文），何沅將其作爲《天山草堂存稿》的闕失部分鈔錄於後。不過，何沅還把原稿有目無篇的標題刪去不鈔。何沅在重鈔按語中曾對這些情況作了交待："《欽定四庫提要》：《天山草堂存稿》文六卷、詩二卷，都爲一集。然則朝議公所購稿已脫去詩二卷矣，即錫祥伯所輯詩亦多遺漏。原稱文六卷，今作八卷，是蘭析而分之者也。……更附以詩草一卷，則原集詩二卷，今錄一卷，亦庶幾近之矣。"❷ 關於該書的來源，何沅在《重鈔誠征錄序》中說："光緒壬午之歲，幸得鳳銜六叔袖《天山草堂存稿》鈔本示沅，曰：'此書幸而遇我，不然，又飽

---

❶ 麥鳳莊．尚書手寫卷 四代"傳家寶"［J］．佛山日報，2008-10-25（B02）．

❷ 何沅．按語［M］//何維栢．天山草堂存稿．1883．鈔本．

蠹魚矣！'沉受而讀之，且驚且喜，并蒙示以此鈔本之緣起（見《重鈔天山草堂存稿後序》，茲不贅述），相與歎息者久之，當經重鈔一部，藏於書笥，以待後之能讀書者。"❶ 據此可知，何沉重鈔的《天山草堂存稿》祖本來源於其族祖"朝議公"，只有六卷，已脫末二卷詩。但是，何沉實際據以鈔寫的并不是"朝議公"的原本，而是他六叔何鳳銜出示的《天山草堂存稿》鈔本。何沉當時寫有一篇《重鈔天山草堂存稿後序》記述其緣起。不過，由於何沉重鈔本僅存前五卷，我們無法看到鈔在書後的《序》，所以無法知道何鳳銜所持的鈔本是何人所鈔、鈔於何時。

2.《天山草堂詩存》一卷

共收何維栢詩八十九首，并附有諸家題贈、八閩歌謠、何氏列祖律詩等二十九首，是何沉於光緒二十九年癸卯（1903）所鈔，無蟲蛀。這些詩并不是《天山草堂存稿》的原本，而是咸豐元年辛亥至四年甲寅（1851～1854）之間，由何維栢後人何錫祥、何星衢、何澧塘、何藻青等輯錄而成，咸豐五年乙卯（1855）由何錫祥"迪徽堂"雕版刊刻，後版毀，幾無存本。何錫祥《天山草堂詩存序》記錄了當時的輯錄過程和主要輯詩來源："於星衢叔祖及澧塘叔兩處，得手鈔詩若干首；續又得《西樵志》《誠征錄》中諸什，裒而集之，共得八十餘首。"❷ 何沉據以重鈔的《天山草堂詩存》是由其伯父何瓚卿提供的："瓚卿伯父……出《天山草堂詩存》一卷，命沉讀之，且曰：'公之著作，此其一斑也。詩板由"迪徽堂"敬刊，今板亦毀，族中所存，當是三五卷耳！'沉受而歸，隨手鈔一卷。"❸ 之後，何沉又再鈔了兩本，其中一本就是附在《天山草堂存稿》後的第九卷："光緒丁丑，沉曾手鈔一本；逮癸未（1883），又鈔附於《存稿》之後；今歲鄉居偶暇，復鈔是本。"❹ 現在所見的《天山草堂詩存》是何沉鈔的第三本，前兩本均已不見。筆者曾做過核對，《天山草堂存稿》第九卷的目錄

---

❶❸ 何沉. 重鈔誠征錄序［M］// 陳良節. 誠征錄.1902. 鈔本.
❷ 何錫祥. 天山草堂詩存［M］.1903. 鈔本.
❹ 何沉. 重鈔天山草堂詩存記［M］// 何錫祥. 天山草堂詩存.1903. 鈔本.

和《天山草堂詩存》的內容基本一致。也就是說，何沉重鈔的《天山草堂存稿》實際上保存有六卷。

　　3.《誡征錄》一卷

　　《誡征錄》的內容，一部分是何維栢自己寫的奏疏、日記，如《救荒策》《建言日記》；一部分是當時人爲何維栢而寫的事跡和歌謠，如《台諫逸事》《蒼蠅傳》《惠德編》《八閩歌謠》。該書是何沉鈔於光緒二十八年壬寅（1902），"雙門底下全昌"紅邊稿紙，半頁九行，行二十字，無蟲蛀。《誡征錄》卷首保留有一篇殘闕的《原敘》，通過這篇序文，我們可以瞭解到輯錄人的姓名和該書輯錄的原委："梅溪邑之故老口誦先生德政者猶歷歷如目前事，邑致政陳君良節，素受知先生，存歌謠甚詳，爲之次其先後。"❶據此可知，《誡征錄》的輯錄者是陳良節，書的內容是關於何維栢的"德政"和"歌謠"。不過，《誡征錄》這本書在當代十分稀見，在現存各種重要書目中均未見著錄，只有明代萬曆年間郭棐所撰的《何維栢傳》有相關記載："民間矢爲歌謠數十百章，有《誡征錄》以傳。"❷清康熙十二年《三水縣志》卷十二《何維栢傳》也收錄了一首《誡征錄》的歌謠："三水鳳，參天栢，窮谷深山被恩澤；官穀重重賑饑，姦弊時時痛革。今日去，民心惻；報答無由控訴天，但願天心眷忠益。"❸在何沉重鈔本中，這首詩是《八閩歌謠》的第二首。可見，《誡征錄》雖然在現存書目中不見著錄，但是民間確實有其流傳淵源。何沉據以重鈔的《誡征錄》是這樣得來的："於湛泉書篋得鈔本《梅妝閣集》及斯錄也……湛泉曰：'昨年族兄岳南攜來與我，曰："此兩部書蠹蝕已甚，暇時當再鈔以傳"云……'沉曰：'余亦兩重鈔之。'於是細閱書篇折處，上有'誡征錄'、下有'迪徽

---

❶ 佚名.原敘［M］//陳良節.誡征錄.1902.鈔本.

❷ 郭棐.粵大記［M］.廣州：廣東人民出版社，2014：395.

❸ 蘇崌，梁紹光.三水縣志［M］//陳建華，曹淳亮.廣州大典：第298冊.廣州：廣州出版社，2015：105.

堂敬錄'字樣,始悉乃迪徽堂重鈔者也。"❶ 迪徽堂是何錫祥的堂號,《誠征錄》的最初鈔寫者應該就是何錫祥。後經何岳南、何湛泉之手,這本書才被何沅看到。綜上,何沅重鈔本《誠征錄》的發現,對於何維栢研究具有不可忽視的文獻價值:何維栢自著的篇章可以作爲何氏作品的擴充;他人撰述的篇章,又可以爲何維栢事跡的考證和年譜的撰寫提供可靠的材料。

二、何沅重鈔本《天山草堂存稿》與徐信符舊藏本的關係

(一)兩者是否存在互鈔關係

(1)在時間上,徐本鈔於清嘉慶年間,何本鈔於光緒八、九兩年,一在前,一在後,相距約百年,有互鈔的可能。

(2)在形制上,徐本是半頁九行,行二十字,何本也是半頁九行,行二十字,兩者形制基本相同。

(3)在內容上,何本標爲九卷,其實除新輯的《天山草堂詩存》外亦爲六卷,其卷數、目錄、篇章皆與徐本相同;徐本所闕的末二卷詩及闕頁、闕字之處,何本亦同闕。

(4)在來源上,何本是沙溶"朝議公所購"而"鳳銜六叔袖《天山草堂存稿》鈔本示沅",表明沙溶村中曾有一個《天山草堂存稿》的祖本,而在何沅見到之前村中已經有人鈔了一部,何沅就是據這個鈔本再鈔的;而徐本是"沙溶何氏家藏"鈔本,是否正是何鳳銜給何沅的那一部呢?

從目前材料來看,徐本沒有鈔寫序言說明其來源,何沅重鈔本的序言也沒有提到"沙溶何氏家藏"本,而何沅記述鈔本緣起的《重鈔天山草堂存稿後序》亦不得而見,因此實難判斷何沅重鈔本《天山草堂存稿》是否根據徐信符舊藏本而鈔。不過,通過對校,筆者發現兩者之間其實還存在着諸多差異。

---

❶ 何沅. 重鈔誠征錄序[M]// 陳良節. 誠征錄.1902. 鈔本.

（二）徐本與何本的差異

（1）用字不同，一是近似字的不同：如徐本的"預""弗""隳""緇""狗""酧""爾"等字，何本均作"與""不""墮""揩""徇""酬""耳"。二是非近似字的不同：如徐本"懷馭平施"的"馭"，何本作"遠"；徐本"無形之險"的"之"，何本作"於"；徐本"使不放失"的"失"，何本作"心"。

（2）詞語不同，如徐本的"卿士大夫"，何本作"公卿大夫"；徐本的"簿書職守"，何本作"簿書錢谷"。

（3）句子不同，如徐本的"應參奏者作速參究"，何本作"應參究者即行參究"；徐本的"此字宜細玩"，何本作"此字細玩也可"。

（4）闕、衍不同，有時徐本不闕而何本闕，如徐本的"將一二竊法權姦"，何本沒有"竊法"二字；有時則徐本闕而何本不闕，如何本的"駸駸乎日進聖賢之域"，徐本沒有"日進"二字；何本的"憲文問學須有頭腦"，徐本沒有"憲文"二字。

（5）篇章順序不同，如兩種鈔本的講義部分"爲先臣未有成命"章之前皆脫去一頁內容，不過徐本是在"招俊文問"章之後，何本則在"招俊文問"章之前。

由此可見，徐信符藏本《天山草堂存稿》與何沅重鈔本在字、詞、句、章方面存在明顯的不同，表明兩者互鈔的可能性不大；而兩者在內容、形制上的多個相同點，又表明它們應該來自同一個祖本，只是由於鈔手的不同，導致了內容上的諸多差異。

三、何沅重鈔本的價值

（一）《天山草堂存稿》的校勘價值

目前《天山草堂存稿》只有以上兩個可知鈔本，而何本《天山草堂存稿》與徐本又各有不同，因此，何沅重鈔本就具有非常重要的校勘價值。如卷一《順人心以回天意疏》首段"雷火爲傷，朕切感懼"之後，徐本有

"致招在朕勿以他諉"八個字，與下文"其各衙門大小官人俱要思盡厥職"連在一起，意甚費解；何本則無此八字。據明代孫旬編的《皇明疏鈔》卷二十一、明代賈三近編的《皇明兩朝疏鈔》卷六，可知徐本、何本皆有誤，它們將兩段文字糅合爲一段，以致文句不同，無法卒讀。又如卷一《獻愚忠陳時務以備採擇以保治安疏》，徐本"白簡之所擢"的"擢"，何本作"摘"，恰好這部分內容也收錄在《（康熙）三水縣志·藝文志》之中，字亦作"摘"；徐本"不必指摘細事，直論據大端"的"論據"，何本只作"論"，《三水縣志》則只作"據"。這些，無不爲《天山草堂存稿》的解讀提供了重要的校勘依據。

（二）《天山草堂存稿》的補闕價值

一可補徐本之闕字，如卷一《獻愚忠陳時務以備採擇以保治安疏》，徐本"郭某違旨囗上之罪"的"上"前空一格，何本在對應的空格處有"罔"字，《三水縣志》的同處也有"罔"字，表明徐本的鈔寫者也知此處有字，可能由於原本字跡模糊不清，無法辨認，所以留空格以示闕一字。二可補徐本蟲蛀之闕字，徐本在流傳過程中由於蟲蛀而導致了許多本來鈔本有的字不可辨認，而何本則保存完好，沒有蟲蛀虧損，可作徐本蟲蛀闕字之補。三可正徐本錯改之蟲蛀字，在徐信符購得此書前的某位收藏者在蟲蛀闕字處據字跡摹寫過部分內容，導致不少字句舛誤，難以卒讀，這些錯改之處皆可據何本補正。

（三）《天山草堂詩存》的輯佚價值

徐信符舊藏本和何沆重鈔本《天山草堂存稿》的末二卷詩都已散佚不傳，而何沆還另外鈔有《天山草堂詩存》一卷，雖然該書不是《存稿》原有，但是何錫祥等人在輯佚時所見到的材料應該比現在的多，因此所輯的詩歌數量遠在《全粵詩》收錄的五十八首之上，具有非常重要的輯佚價值。不過值得注意的是，《天山草堂詩存》似有誤收之作，何沆在《重鈔天山草堂詩存記》裡面已經指出："獨是東冬混押、支微互通，似乎宜於古者不宜於今，此則所欲質疑深於詩學者耳！"❶ 這還有待進一步的考證。

何維栢在歷史上頗有令名，歷代廣東士人對他亦頗爲推崇，但是歷來關於何維栢研究的論著卻十分稀少，其中一個重要原因就在於何維栢著作的長期闕失。當年徐信符購得《天山草堂存稿》鈔本後，即馳書廣東另一著名文獻學家冼玉清先生告知情況；後又持書相示，供冼玉清觀覽。冼玉清後來據此寫出了代表當時最高研究水準的《何維栢與天山草堂》一文，首次全面、系統地對何維栢的生平、著述、思想等問題進行精心的考證和研究，讓何維栢的"直臣"風範得以清晰呈現。可以說，何維栢著作的出現，是何維栢研究得以順利開展的關鍵。如今，重新被發現的三種何維栢著作光緒鈔本，在數量上比過往豐富，在字句上與舊藏不同，因而具有不容忽視的文獻價值，可以爲何維栢研究的深入打下基礎。

四、整理說明

徐信符藏《天山草堂存稿》雖然遭到蟲蝕，文字有所闕漏。但是，這是目前所見最爲完整的本子。因此，《何維栢集》的整理就是以此作爲底本。其目錄中有題目而正文無內容之標題，則刪去不錄。語錄、講義部分原來沒有標題，現取其段首第一句話爲標題放在目錄中，以便翻閱。

何沅重鈔《天山草堂存稿》字跡比較清晰，尚未遭受蟲蛀，但是在流傳過程中散失了兩卷，不是完璧，因此作爲對較本，簡稱"何本"。

明代孫旬編的《皇明疏鈔》（明萬曆十二年浙江都轉運鹽使司刻本）、明代賈三近編的《皇明兩朝疏鈔》（明萬曆十四年蔣科等刻本）、明代張邦翼編的《嶺南文獻》（明萬曆四十三年至四十四年刻本）、明代陸鏊修、陳烜奎等纂的《（崇禎）肇慶府志》（明崇禎六年刻本）、清代屈大均編的《廣東文選》（清康熙二十六年三閭書院刻本）、清代蘇嵋修、梁紹光纂的《（嘉慶）三水縣志》（清嘉慶二十四年省城心簡齋刻民國十二年影印本）、

---

❶ 何沅.重鈔天山草堂詩存記［M］//何錫祥.天山草堂詩存.1903.鈔本.

自　序

清代鄧淳編的《粵東名儒言行錄》（清道光十一年刻本）等書，分別收有不少何維柏的單篇文章，因此作爲他校本。

底本由於蟲蛀而尚有痕跡可辨之字，可據何本及他本補全者，不加任何符號，不出校記。底本由於殘闕，無字跡可尋或留空格等闕字，據何本或他本補全者，加方括號以示區別。底本殘闕處明顯由藏家所補之殘闕字，據何本或他本逕改，不加任何符號，不出校記。底本由於殘闕無法辨認之字，或者明顯有字而留有空格之處，不能據何本或他本補全者，均以□表示。據何本所改之文字，以及何本與底本不同之文字，皆出校記。據他校本所改之文字，以及他校本與底本不同之文字，皆出校記。至於底本明顯之錯別字、異體字，則予以逕改，不出校記。

南海沙滘村何維柏清代後人何錫祥咸豐年間輯錄的《天山草堂詩存》，雖然部分詩歌來源可能不盡可信，但是從保留稀見文獻的角度考慮，也將全文收錄。

同時，將散見於各種文獻中的何維柏詩文進行輯錄整理，分別編爲"佚文"和"佚詩"，作爲附錄一和附錄二。

此外，將各種重要史志中的何維柏傳彙集整理，編爲附錄三。

本書的整理，得到了廣西師範大學呂維彬碩士、中山大學陳曉丹博士的初步標點和校對，減輕了本人的負擔；廣東省文史館林子雄研究員、澳門大學中文系鄧駿捷教授、何維柏後人何樹能老師分別對本書作了精細的審閱，指出了許多不足和有待改善的地方，讓本書變得越來越好。在此，一起致以衷心的感謝！

由於本人專業水平有限，在整理過程中難免會出現各種問題，敬請閱讀本書的專家和讀者不吝賜教和指正！

吳勁雄

庚子年夏

於北江之濱荷村

Contents 目　录

葉夢熊跋　　　　　　　　　　　　　　　　　　　　//001
顏鯨序　　　　　　　　　　　　　　　　　　　　　//001
蒲凝重序　　　　　　　　　　　　　　　　　　　　//002
刻《天山集》小引　　　　　　　　　　　　　　　　//002
何沉重鈔按語　　　　　　　　　　　　　　　　　　//005
徐信符前敘　　　　　　　　　　　　　　　　　　　//006

天山草堂存稿

卷之一
奏疏

順人心以回天意疏　　　　　　　　　　　　　　　　//003
責令大臣陳情終制以植綱常疏　　　　　　　　　　　//007
獻愚忠陳時務以備採擇以保治安疏　　　　　　　　　//010
慎修聖德安內攘外以隆中興疏　　　　　　　　　　　//022
比例乞恩追贈前母疏　　　　　　　　　　　　　　　//026
勤聖學勵臣工以成治道疏　　　　　　　　　　　　　//027
懇乞聖明飭勵羣工慎修實政共圖中興盛治疏　　　　　//033
申明風憲事宜以重臺綱疏　　　　　　　　　　　　　//041

星象示異乞賜罷黜作回天變疏　　　　　　　　　//044
比例陳情懇乞天恩俯賜祭葬以光泉壤疏　　　　　//046

卷之二

地方事宜

聞會省警變亟與撫臺李公條議　　　　　　　　　//049
奉答制府劉公條議　　　　　　　　　　　　　　//051
約里中諸公條議保障事宜呈當道各衙門　　　　　//054
擬立嘉桂縣治議　　　　　　　　　　　　　　　//061

卷之三

雜著

題春風萬里卷贈郭子孔瞻　　　　　　　　　　　//067
書魯橋劉子同心卷　　　　　　　　　　　　　　//069
書柯子喬可白沙真跡卷　　　　　　　　　　　　//071
富春舘說　　　　　　　　　　　　　　　　　　//072
書冰霜交游卷　　　　　　　　　　　　　　　　//074
題風木興思卷　　　　　　　　　　　　　　　　//076
岩窩易會說　　　　　　　　　　　　　　　　　//078
天山草堂說　　　　　　　　　　　　　　　　　//080

講義

君子不重則不威，學則不固。主忠信，無友不如己者，過則勿憚改　//082
子曰：君子喻於義，小人喻於利　　　　　　　　//083
顏淵問仁章　　　　　　　　　　　　　　　　　//084
《曲禮》：毋不敬章　　　　　　　　　　　　　//085
《學記》：君子如欲化民成俗，其必由學乎章　　//085
學問之道無他，求其放心而已章　　　　　　　　//086
子曰：老者安之，朋友信之，少者懷之章　　　　//086
盡心知性章　　　　　　　　　　　　　　　　　//087
大學之道全章　　　　　　　　　　　　　　　　//087
用九見羣龍無首吉　　　　　　　　　　　　　　//090
六二屯如邅如　　　　　　　　　　　　　　　　//090
九二包荒用馮河　　　　　　　　　　　　　　　//091

目录

六二同人於宗吝 //092
上六拘係之乃從維之 //093
臨,元亨利貞 //093
九五王假有家勿恤吉 //094
九五莧陸夬夬中行無咎 //095
六四王用亨於岐山吉無咎 //095
九五孚於剝有厲 //096

語録

先生曰:白沙先生云 //097
《易》曰幾者動之微 //097
《中庸》言慎獨 //098
不覩不聞是吾心 //098
古人於好惡二字最緊 //098
語會友曰 //099
司馬溫公云 //099
《論語》道千乘之國章 //099
天下之事成於同而敗於異 //100
友以輔仁 //100
予乙未歲釋褐 //100
學貴反求諸己 //101
顏淵喟然之嘆 //101
《中庸》其次致曲 //101
白沙先生詩云 //102
寡欲而後知有欲 //102
民之質矣 //102
《樂記》人生而靜 //102
飲食男女 //103
士者能成大業 //103
學者須是實用其力 //103
學如不及 //104
孔子於大人則畏之 //104

古人習射	//104
自古聖人德業	//104
《易》言神武不殺	//105
陳堯山《夜坐詩》	//105
堯山少時歲考	//105
先生一日問曰	//106
子入太廟每事問	//106
憲文問先儒	//106
問存省	//107
問周子《太極圖》	//107
問人心道心	//108
問動之不以禮	//108
問大學之道	//108
問默而識之章	//109
問今之作詩作文	//109
問日用酬酢	//110
問學文是詩書六藝之文	//110
問人莫不飲食也	//111
問夫子三十而立	//111
問南昌山中詩	//112
問操存舍亡	//112
問養氣之始	//113
問朱子云但得心存即是敬	//114
問夫子發憤忘食樂以忘憂	//114
問宇宙內事皆吾性分內事	//115
問白沙拈一不拈二之詩	//115
問白沙元神誠有宅之詩	//116
問白沙千休千處明之詩	//116
問白沙古人棄糟粕之詩	//117
問言忠信行篤敬	//118
問伯夷之隘	//118

目录

問白沙先生云天自信天 //118

問素履往無咎 //119

憲文問學須有頭腦 //119

李良柱問知德者鮮矣 //120

問不圖爲樂之至於斯也 //120

楊烈問亥子之幾 //121

問《書》云光被四表 //122

問初學須是習靜 //123

問白沙先生云靜中養出端倪 //124

問德之不修章 //125

招俊文問孟子論求放心爲學問之道 //126

問戰國之士匡章 //127

李尚梅問朱子論克己復禮 //128

問意必常在事前 //129

吳正理問求仁 //130

卷之四

序

賀堯山吳公晉少司馬留鎮虔臺序 //133

賀仁山劉公平翁源山寇序 //135

賀御史大夫吳公晉南京大司空序 //137

賀制府司馬小江吳公奏績薦膺恩典序 //139

賀大司馬石汀殷公平寇膚功序 //141

賀司馬凝齋劉公平寇序 //143

賀督府凝齋劉公薦膺恩命序 //145

賀翼菴陳侯膺獎序 //147

賀三水陳侯膺獎序 //149

賀司理嚴君考績序 //151

賀明菴詹侯奏績保留序 //153

贈南岑吳公入賀明堂序 //154

贈綵山方公晉太僕卿序 //156

贈川樓吳君督學貴州序 //158

贈督府蟠峰李公陞南京司寇序	//160
贈石溪林君陞戶部主政序	//162
天山別言序	//164
贈凝齋劉公之任留臺序	//166
贈制府大司馬陳公還閩序	//168
天山麗澤序	//170
賀郡侯中宇郭公奏績保留序	//172

卷之五

序

壽藩伯黃山鍾公八十一序	//177
賀督府石汀殷公壽序	//179
賀督府文峰陳公壽序	//181
《崇榮偕壽圖》序	//183
壽羅山侯公七十序	//185
壽愚潭許公七十一序	//187
壽鍾寶潭六十序	//189
賀大司馬小江吳公壽序	//191
賀制府司馬小江吳公壽序	//193
壽鍾宜人七十一序	//195
壽郭太母周安人八十一序	//197
壽黃母鄧孺人六十一序	//199
賀陸母顧太安人七十壽序	//201
賀王母吳太宜人八十壽序	//203
勅封楊母郭太孺人六十一壽序	//205
《崔菊坡先生言行錄》序	//207
《陳子言行錄》序	//209
《三水志》序	//211
《兩廣疏議》序	//213
臺省奏議序	//215
黎民仰《燕臺稿》序	//217

卷之六

書

答項甌東論經權	//221
答甌東論性	//222
與屠坪石司成	//224
答王龍溪	//224
與楊夢山少宰	//225
答魯中丞	//225
與葉男兆	//226
答趙汝泉中丞	//227
答龐惺菴	//228
答劉凝齋督府	//228
答趙寧宇	//229
答俞都閫	//230
貽廣中諸友	//231
簡周訥溪	//232
奉泉翁	//233
與三洲諸公止梁文川建生祠	//235
與冼學孔	//236
與趙寧宇臬憲	//237
復洋山凌制府	//239
與鄢少川	//240
與支文宗	//241
謝冲宇顏先生	//242
又	//243
答黃彥博平南大令	//243
答劉素予論春王正月書	//244
與司理魯公祖	//244
與羅山中	//245
答滕少松中丞	//246
答戴梧臺	//246

文傳銘記

曲江縣改修學記　　　　　　　　　　　//248
梅嶺重修曲江張公祠記　　　　　　　　//250
督府吳公生祠記　　　　　　　　　　　//252
重修翰林院檢討白沙陳先生祠記　　　　//254
新興文昌橋碑　　　　　　　　　　　　//256
陳堯山先生傳　　　　　　　　　　　　//259
中離薛君傳　　　　　　　　　　　　　//262
忠烈太華李君死事傳　　　　　　　　　//264
贈監察御史小壺陳公偕配余氏孺人墓志銘　//266
中憲大夫江西按察司副使玄山陳君墓志銘　//269
明昭勇將軍廣東左參將可竹張君墓碑文　//271
明臨江別駕峻齋唐君墓碑銘　　　　　　//273
孚濟官禱雨文　　　　　　　　　　　　//275
謁雲谷白沙先生祠祭文　　　　　　　　//275
至江門謁祠再告　　　　　　　　　　　//276
祭羅整菴先生文　　　　　　　　　　　//276
會祭司成白山倫先生文　　　　　　　　//279
祭太華李太僕文　　　　　　　　　　　//281
祭岑小谷文　　　　　　　　　　　　　//282
祭青蘿王先生文　　　　　　　　　　　//283

天山草堂詩存

重鈔天山草堂詩存記　　　　　　　　　//287
天山草堂詩存序　　　　　　　　　　　//288
天山草堂詩存敘　　　　　　　　　　　//290
敘　　　　　　　　　　　　　　　　　//292

五言古風六首

- 望遊武夷　　//294
- 河西務述懷　　//294
- 悼內　　//295
- 登伏虎臺偕王諸子　　//295
- 崑都聳翠　　//295
- 山中得家書有感　　//296
- 西樵山　　//296

七言古風二首

- 鉛山道中尋弟不遇　　//296
- 太思章　　//297

五言律詩十首

- 遊飛來寺　　//297
- 丁未除夕　　//298
- 乙丑守歲　　//298
- 春日喜晴　　//298
- 和泉翁咏滿山紅花　　//298
- 德州發書回籍　　//299
- 登金山覽舊遊書懷 淮陽渡江時　　//299
- 度大庾嶺　　//299

七言律詩二十七首

- 題方少保西樵山書院壁　　//299
- 奉和封君元旦言懷 用原韻　　//300
- 與諸同志泛舟江門謁白沙先生故居　　//300
- 送弟維楀會試經金山至三水言別　　//300
- 送李三洲憲副入楚　　//300
- 扃院草疏 用前院轟雙江韻書懷　　//300
- 天津道中　　//301
- 北江別諸親友　　//301
- 渡鎮江述懷　　//301
- 咏舊居故梅　　//302

村居漫興　//302

三溪印月　//302

雨後渡珠江寺感懷集古　//302

臘月同諸友登越王臺　//303

與諸生宿鎮海樓夜話　//303

鎮海樓　//303

白雲山　//303

菩提壇　//303

五仙觀　//304

遊南華寺 用東坡韻　//304

飛來寺　//304

冬日由沙隄至磻溪山中遊覽　//304

西樵月夜感舊　//305

春日偕諸弟姪遊西樵　//305

偕陳黃門、崔民部、陸孝廉遊西樵經梅花館　//305

海目山　//305

五言絕句六首

西樵山居　//306

對鷗　//306

還故居　//306

望樵山　//306

金山　//306

七言絕句三十五首

題九老雅集　//307

七夕　//307

田家雜興　//308

村居懷關紫雲　//308

山居感懷　//309

宿沙溪舊廬遇雨　//309

贈鶴所、兆先、兆明三位從兄　//309

江村感舊漫書　//309

舟中獨酌	//310
過歌風臺	//310
衢嚴道中口占	//310
會江驛夜中述懷	//310
雨中有感	//311
滄洲道中晚眺漫興	//311
冬日東閣觀梅	//311
和宮詹黃泰泉釣舟詩	//311
水澳橫舟	//311
五龍穩睡	//311
天湖釣月	//312
翠巖流觴	//312
經方文襄公故居	//312
西樵道中	//312
紫雲樓雨夜書懷	//312
天湖亭雜詠次嗇翁韻	//312
題陳白沙先生祠門聯并書	//312

諸家題贈

過讀書堂懷何古林大宗伯	//313
讀書堂	//313
讀天山草堂遺稿有賦	//314
與何古林同登崑都山	//314
送何古林出洞	//314
何古林別後有懷 用前韻	//314
奉和何古林侍御居樵	//315
八閩歌謠	//315

列祖律詩

元旦言懷示諸兒	//318
贈古林家弟致仕	//318
余年八十有一，家弟古林自省歸里，擬奉觴張樂爲壽，詩以卻之	//318
郊天應制	//319

映日軒七夕與友人話舊 //319

白裏白 //319

附錄一　佚文

粵山煙樹賦 并序 //320

新安經始記 //322

重修高明縣城學記 //323

歸善重修儒學記 //325

重修延平書院記 //326

廣寧縣學田記 //327

清遠縣改修儒學記 //328

建西寧縣治碑 //330

陽春黃侯去思碑 //332

尚書潘公生祠記 //333

鍾氏大宗祠碑記 //335

介山稿略敘 //337

薛侃贊 //338

答何粵橋計部 //339

附錄二　佚詩

見塔 塔在淨慧寺，即六榕 //340

朝漢臺懷古 //340

臘月同諸友登粵臺 //340

夜宿五層樓 //341

坡山諸社丈貽詩見懷 三首 //342

同李三洲、李過齋遊白雲 //342

同陳明水、王青蘿宿白雲和韻 //342

秋日同諸公遊白雲山 //343

夜過白雲話別用陽明韻 四首 //343

暮歸經白雲山有感 二首 //343

雨後海珠登眺 二首 //343

遊小金山 二首 //344

登小金山 //344

目 录

峽山飛來寺	//344
奉和 二首	//345
登南華象嶺臺	//345
亭菊	//345
瞻彼萱草	//346
夜坐	//346
夏日看雲	//347
月下酌別贈陳洛南方伯入京	//347
香山寺晚眺	//347
春日南昌山中遊覽貽諸友 二首	//348
天山草堂與楊貞復論白沙先生學兼貽同會諸友 四首	//348
早朝祀典	//348
去婦嘆贈三溪包公	//349
文昌宮壁漫題	//349
贈陳允卿	//349

附錄三　傳記資料

［明］郭棐撰《粵大記》卷十四《何維柏傳》	//350
［明］陳大科、戴燿修，郭棐等纂《（萬曆）廣東通志》卷二十五《何維柏傳》	//351
［明］朱光熙修，龐景忠、麥懋藻纂《（崇禎）南海縣志》卷十《何維柏傳》	//352
［清］萬斯同撰《明史》卷三百六《何維柏傳》	//353
［清］張廷玉撰《明史》卷二百十《何維柏傳》	//354
［清］蘇嵋修，梁紹光纂《（康熙）三水縣志》卷之十二《何維柏傳》	//355
［清］阮元修，陳昌齊纂《（道光）廣東通志》卷二百七十九《何維柏傳》	//357
［清］戴肇辰修，史澄纂《（光緒）廣州府志》卷一百十六《何維柏傳》	//358
［清］李福泰修，史澄纂《（同治）番禺縣志》卷三十三《何維柏傳》	//360
［清］張夏撰《雒閩源流錄》卷十四《何維柏傳》	//360

葉夢熊跋

（上闕）故向從先生於天山得之，自閩遊廣者，亡論旅宦，咸稱先生按閩時洗冤賑荒，全活億萬，及抗疏被逮，士民遮留慟哭，蒼蠅蔽空，歌謠載道，真足動天地而泣鬼神。同門遂謀錄，以請。先生曰："吁！昔閩中行事，皆余分也。被逮而士民之哭留，誠古道之存。出驛而蒼蠅之蔽空，則偶然之值爾。余以切直觸忤坎軻，幸賴聖明得放田里。然猶愧無稗於國。雖有浮譽於民間，奚足齒錄？矧余何人？諸歌謠何事？若此錄遂傳，匪徒無徵不信，見之者將駭且笑。"或從而媒之。（下闕）

顏鯨序

（上闕）謂言滿天下，漸失陽明本旨，何也？獨知必良，良知是獨，其揭致良知者，特以救末學支離云爾。致良知，固慎獨功也。今下學未修，便欲超悟，誠敬不立，驟語圓融，清談懸解，脫略戒律，無異窶人說金，其病更甚於支離矣！先生嘗曰："此學固甚易簡，而反躬實踐不厭爲難。此心本自靈明，而慎微御危，幽暗易失。故復天關諸友以中庸首義，真聖賢心法，慎獨二字，工夫緊切，更無別路剩語。不拘上智中人，皆可向進得力。"余讀此，釋卷嘆曰："嘻！淵哉，微乎！只戒慎恐懼，一念發育，峻極之神，三千、三百之禮，包涵已盡。誠意格物本體工夫，一以貫之，舍此更無下手處。"《天山集》得諸巡海龍潭葉公。其語天人性命學術經綸之蘊，剖析元奥，典則昭明，言近而指遠，以憲章乎先王之精。時發爲聲詩，亦冲澹雍雅，趣味天出，洋洋乎心源之流行也。若其潛修密證，深造詣極，則先生之所獨得，有不盡於言而人不可以言求也。體受承當，存乎其人。昔人謂辭不待贊。余小子不敢贊先生之辭，而特識其所學之大，以質諸海內同志云。

時萬曆十二年，歲在甲申七月既望，東海後學顏鯨頓首拜書

蒲凝重序

士君子處世，事君完忠，事親完孝，完名全節，俯仰無怍，斯謂之完人，其所挾持者大且遠也。吾師古林翁筮仕讀中秘書，改柱史，按閩飛簡，斥忤權姦，械取回京。先生蒙難，正志不少挫屈。其愛親憂國之誠，觸目呈露。出部日，閩人無軍民少長男女，扳轅涕泣，如哭私親。先生過化存神，可徵其概矣。伏處里巷，念餘年，足不抵公府。晚年召用，正色臺端，天下陰受其賜。德望氣節，兼而有之。蓋山川完氣，鍾於先生，故其樹立如是，謂之完人，非耶？重獲遊門墻，得窺先生昔記，嘆曰："覽此編而君臣父子兄弟友朋之義備矣！夫不涕令伯之表者非孝子，不涕孔明之表者非忠臣，讀先生之記不涕者則於五倫何如也！"因請翻刻，非特以見先生大概耶？與天下後世臣子友朋共切景仰，歸之大道云已爾！

門人蒲凝重頓首撰

刻《天山集》小引

夫太上立德，其次立功，其次立言。蓋自昔譚之矣！雖然，德其本

也。何也？君子成德以爲行，不則霸功焉爾。有德必有言，不則詞章焉爾。我師古林先生，夙禀英穎，金純璞完。髫齡志學，匪由師授。居嘗誦法，唯《延平答問》一書，一旦讀《易》至"知崇禮卑"之句，恍然悟曰："君子之道，要在知能，期於易簡而效夫天地，盡矣，革復何求？"遂搏揖心志，濯神明，去健羡，靜養山中，前後垂三十年。既出，復潛恬不干進，而德器早成。蓋其爲學也，主之以見大無欲之志，行之以莊敬持平❶之實，崇之以默坐澄心之功，嚴之以內敬常存、外邪不入之守，純之以盡誠忘己、立本自然、虛圓不測之養，以上遡鄒魯淵源。故其建述盡閎遠之規，持論得正大之體。險平齊順受之數，上下攄忠愛之蘊，進退合出處之宜。日用語默動止之曲折周旋，家庭鄉黨之應務，薄海內外縉紳大夫士之交際，悉本一真誠。覿之者，未接言論，先聲中服。當道知己，虛心承詢。民瘼大縈，惟據理直述，不一二轉語，往往能使人勇於從善，政令犁然條順，當乎民心，則子惠之下，究誰之賜耶？先生所居，戶外之屨❷常滿，遠方有朋，日輯搖煒，政聲幹濟當世者，纍纍相望，則教澤之所流被，豈無其自耶？一時有志之士，毋問識不識，咸願一聆謦欬，以慰其嘅噫慕悅之心，因感省而激進者甚多。至於先達濟❸宷，一與緬析眇緒，未有不頹心受益。竊聞驥幸者，時而發之爲文辭也，結言挹韻，菀其鴻裁，不尚詰聱，蓊甲新意，迺思淵而旨味雋永，氣昌而論議侃剴，格正而風力遒峻，識遠而條畫詳確。凡治亂興衰，剔蠧振利，鑿鑿日可見之行，非雕龍霧縠者比。至於詠情性之真，明天人之際，闡忠孝之幽，酌儀禮之文，審經權之辨，究性善之旨，弘一體之學，裕孚化之原，雖言章章殊乎，一皆根心得之機微，發道妙之運用。辟萬鈞之洪鐘，無錚錚之細響已夫！是以不要成功，而功在國家。不落言筌，而言足正訓。其殆德成而上，二者時而出之耳。向非性本天成而充養之大，曷臻是哉！

---

❶ 平，原作"之"，據何本改。
❷ 屨，原作"屢"，據何本改。
❸ 濟，何本作"脩"。

烈自丁丑，樞隅燕邸，非久南旋。是夏徂秋，日侍天山草堂。同門聚萃質問之暇，若羣飲江河未足也。恭請夙搆詩文，俾得紳誦。先生曰："昔白沙絕意著述，而吾顧尚言哉！輒有訓答稿，輒涅削諸君亦求諸心已矣，焉用文之？"會鄭生用淵、黃生樸、冼生效、羅生汝儒輩各出所嘗手錄若干，因懇先生令子崇亨、崇慶、崇京出所敬藏若干，復遍蒐旁輯，於嘗往來者稍稍比彙，裒成編帙，命曰《天山草堂存稿》。然亦散逸於什伯之餘，所存僅一二耳。

烈曰："一言幾於道，千百世之範型也。"因章章讀已，又章章繹於心，而體會諸其身，則見君子之教人也微，而其入人也婉。學者循其言，真可以入道也！孟子曰："待文王而興者凡民也，若夫豪傑之士，雖無文王猶興。"烈質庫志荒，遍參三十年餘，茫無所得，蓋待文王猶不興者，其下凡民也益遠矣。頃服勤數月，獲瞻先生廣衆淵居，恭敬罔渝閨庭，內分邕穆，嚴肅悾誶之聲不下，臧獲嘔喻之色益篤，交歡曾歷從心，而不厭不倦，竊終身賫志而未能。及莊誦是編，不自知其曠然思、遽然覺、躍然如蹶者之復起焉，蓋誠有味乎其言之也。因偕鄭、冼諸子，暨歙吳子正理、閩陳子良節輩，請校而梓之，用以興乎四方同志。間有慨然豪傑自命者，即不藉是，姑取而印證之，不亦可乎？

先生弗俞。少川鄢君進曰："能自得師，學者之嚮往也；與人同善，君子之公心也。如以文而已，則今之修詞名家者比比，虛車之飾，將焉用之？道在於心，匪言弗明，匪言弗傳，匪傳弗遠，顧自待之謂何矣。昔陽明先生觀《傳習錄》而自言曰：'無意中得此一助。'由楊生觀之，其爲未愜者之助，要不特一人焉。"而即因與贊襄，授之梓人。

萬曆歲在癸未中秋吉，閩南劍州之順昌，門人楊烈百拜撰

何沅重鈔按語

　　《欽定四庫提要》："《天山草堂存稿》文六卷、詩二卷，都爲一集。"然則朝議公所購稿已脱去詩二卷矣，即錫祥伯所輯詩亦多遺漏。原稱文六卷，今作八卷，是蘭析而分之者也。

　　今將原標總目開列於下，免滋後人疑惑：原卷之一奏疏、卷之二地方事宜，今改標條議。卷之三雜著、講義、語錄，今改爲三卷，并變隷其次。卷之四序、卷之五序、卷之六書文傳銘記，今改書啓爲一卷，文傳銘記合於雜著爲一卷，共八卷。更附以詩草一卷，則原集詩二卷，今錄一卷，亦庶幾近之矣。

　　原集卷之一奏疏，目錄內有《乞恩給假歸葬前母疏》《患病不能赴職懇乞天恩放回調理以圖後報疏》《欽奉聖旨事理亟行禁約疏》《衰庸患病不堪供職乞賜休致以安愚分疏》《自陳不職乞賜罷斥以肅風紀疏》《衰病曠職乞恩休致疏》《南京禮部尚書懇乞休致疏》《題請量行蠲免福、興、漳、泉四府縣錢糧疏》《題請地方災傷措處賑濟事宜疏》《參巡海文武各官失事疏》《參福建轉運司各官疏》《參福州府掌印官贓跡疏》《議立社倉疏》《議請李延平從祀孔廟疏》。卷之二地方事宜，目錄內有《按閩賑荒事宜》，皆有目無稿。卷之三雜著、講義、語錄，均無目錄。其卷之四序、卷之五序、卷之六書文傳銘記，俱有目錄在各卷之首。合并註明。

徐信符前敘

　　天山草堂在河南古林莊，即今小港，明禮部尚書何端恪公講學處也。何維栢，南海人，嘉靖乙未❶進士，改庶吉士。以監察御史按閩。上疏糾劾嚴嵩，致解京廷杖，削籍爲民。當逮京時，士民遮道號哭，維栢意氣自如，賦詩有"孤臣尚有生還日，聖德眞同宇宙寬"之句。回粵闢天山草堂講學，闡發陳白沙緒論。四方從遊者甚衆。隆慶初年，復原官，纍遷南京禮部尚書。卒諡端恪。公在嘉靖朝，直節與海忠介齊名，故天山草堂其名素爲世重。草堂遺址後建有古林先生祠，康熙間以祠改建是岸寺。宣統元年，番禺梁文忠公節庵由湖北按察回粵，曾與汪景梧丈、李襄文丈訪天山草堂遺址，集貲於寺旁隙地，建復祠宇，仍顏曰"天山草堂"，并築一室，名曰"節庵讀書處"，蓋景仰其人，欲以自況也。又以天山草堂面臨珠江，并建一小樓，取春江水暖鴨先知之意，名曰"鴨知樓"。南海羅海田翁繪有天山草堂圖，此爲一時韻事。但當日欲求《天山草堂遺稿》渺不可得。

　　考順德羅學鵬刊《廣東文獻》凡三集，獨無《天山存稿》，粵中藏書家如巴陵方氏碧琳瑯館、南海孔氏嶽雪樓，皆無何端恪公遺著著錄。汪景梧丈《微尚齋集·鄧和簡公奏議敘》云："曩聞南海何端恪公有奏議十卷，版藏鄉祠，兵燹毀去。"此蓋得之耆老傳聞，說者謂《天山存稿》散佚久矣。余數十年來搜藏廣東文獻遺著，亦無此書。

　　乃於癸未秋八月，聞順德鄉中有故家書散出，往西關搜訪，竟得《天

---

❶ 乙未，原文誤作"乙巳"，何維栢爲嘉靖十四年乙未進士。

山存稿》硃絲闌舊鈔本。其格紙書口刊"天山存稿沙滘何氏家藏"。按，沙滘爲何端恪公鄉祠所在，此《存稿》想藏於祠堂，後乃散出。此鈔本乃清初何氏後人根據明萬曆閩刻本而鈔。但當時閩刻本已多有殘闕，故每卷均有闕字或闕頁，并有在目錄中註明"閩本原闕"，知此書在清初已不易得，況歷二百餘年？祠堂所藏本又復多蚛，殘蝕已甚。余乃鉤剔殘編，先複錄一過，然後將殘本重付裝訂，庶幾存稿猶可展讀。其原已殘毀者悉仍其舊，守不知蓋闕之義云。

按：《四庫存目》：《天山存稿》原爲八卷，文六卷，詩二卷。今此本文六卷俱全，有文無詩。其詩二卷想已佚矣。

民國三十二年夏曆八月，徐信符識於南州書樓

天山草堂存稿

卷之一 奏疏

順人心以回天意疏

嘉靖丁酉疏入，罷征安南，并罷沙河、功德二役

　　五月二十日，該内閣輔臣傳示聖諭："今日寅時，上天示戒於謹身殿，實朕所致也。卿等具奏問慰，朕已悉忠愛。但雷火非人爲之，必有所謂修身之宜當如此。諭錄示禮部。"臣伏讀於此，見陛下惕然悟修省之幾至明也。五月二十一日，該禮部具題："本日奉聖旨，上天垂戒，朕切感懼。致招在朕，勿以他諉。自二十二日始，朕與卿等修省如例，大臣不必自陳。各衙門大小官人，但要思盡厥職，如果有關係國家大計善言，各自陳說來行。"臣復讀於此，見陛下戰兢自咎❶，欲聞善言，求修省之實，以對天命，此陛下之誠心至切也。爲臣子不能上體聖心，以其實告於陛下，是欺陛下者也，是欺天者也。臣不敢不盡愚。

　　臣學術粗淺，不敢效漢儒徵驗之說，以誑陛下。特以爲今日急務，莫先於順民心而已矣。國之所保❷者在民，民之所天者在食，民失其所天則怨，怨則逆氣乘之，逆氣成象則天爲之怒，而災異生焉。故明辟覈於天人之故，則莫急於節一己之欲，以得天下之心，消未形之怨，以致天地之

---

❶ 段首至"悟修省之幾至明也"，底本、何本將二十、二十一兩日内容糅合在一起，且文有脱漏，據《皇明疏鈔》補全。全文與底本、何本有較大差異。

❷ 保，何本作"寶"。

和。夫變不虛生，妖以德禳。臣見數年以來，災異層出，水旱蟲蝗之厄，日蝕地震之警，四方疊奏，陛下所得而知也。至於民受其慘，物失其依，居者多菜色，死者填溝壑，流離困苦，有司實惠不至，無所控訴，陛下不可得而見也。財之所生，成於人力，秋毫之入，皆民膏血，陛下所得而知也。至於農事艱難，未獲而償，饑弗得食；下民輓輸，辛苦萬狀，勞弗得息，陛下不可得而見也。陛下即位以來，遇災則有賑，遇赦則有免，思至渥也。然而臣工不能上承德意，科斂百出，加以貪污侵漁之害，催征之吏一下，小民破產鬻幼，舉室盡罄。民雖至愚，豈得不怨？此陛下不可得而盡知也。又況近日督邊糧者，以糧草告竭；督工程者，以銀兩告竭，凡形諸奏章，博之羣議，此公用之困，陛下所得而聞也。至其工作所以耗竭之故，與夫邊軍渴望之苦，陛下必不得而悉知也。百姓困於下，公用竭於上。州縣征稅之貯，上供殆盡；內府纍世之積，日漸消耗。況北有邊虜之備，南興問罪之師，中有土木之役，入之有限，出之無窮，古人所謂以有限之財填無窮之浪者。及今不爲之計，則雖有志者亦無以善其後矣。謀國重❶臣，及是時正宜舉民之疾苦，論時之利害，度事之可否，量勢之緩急，一以實告於陛下，使得備知天下呻吟若此，公私窘乏若此，天下事勢可否緩急又若此，則將惕然而懼，翻然而思。譬猶屠人，執無罪之牛羊，將刲殺之，以市其利。屠者雖安，死者甚苦。使陛下親見其窘迫之狀、號叫之聲，則必急爲之解而不忍視。而況親見斯民困苦之實，寧坐視其斃也哉？臣以是知陛下之必不忍也。

但惜今之議者，多不以實而謀國。大臣某某等迺敢私相附和，倡爲加賦之說，是但知固［一］己寵幸之私，而不爲陛下惜天下生靈之命；但知濟陛下今日之事，而不爲國家顧後日無窮之計。謀國之臣若此，可謂欺公誤國甚矣。陛下宜懲飭之以爲鑒戒。夫天下若人身然，今有羸病之人，神昏氣餒，手足不能動履，召醫以治之，尚恐其不起，乃復加之箠楚，則立

---

❶ 重，何本作"大"。

見其死矣。天下之勢何以異此？人心，國家之命脈也。今財盡不能勝其求，力屈不能勝其役。人心洶洶然，敢怒而不敢言。然而不敢擾動者，賴陛下十數年恩威有以畏服之爾。如使賦額再浚，橫斂交作，民窮而無告，其勢不爲大盜，無以自全。邊事方深，內患復起，即如漢武輪臺之悔，噬臍莫及矣。此志士忠臣所以終夜不寐，臨食而嘆，不能自已者也。《五子之歌》曰："怨豈在明，不見是圖。"言慎之不可不早也。夫止患於未形，則易爲力，防難於已然，則難爲功。故臣私心懇切望陛下今日修省之餘，留神獨斷，萬機之中，何者爲重，何者爲輕，何者爲本，何者爲末。酌緩急之序，析利害之詳，察天命之微，審安危之繫，亦在乎熟思之而已。

夫憂其所當憂者謂之仁，已其所當已者謂之智，爲其所當爲者謂之義。陛下衆建宮宇，以備規制。安南之役，以誅不庭。天下臣民，皆知陛下之不可已矣，皆知理勢所必爲矣。然臣嘗推之，夫能舉烏獲之任者，必賁育之徒也。有人於此，力不能勝一匹雛，出而語人曰："吾力足以舉百鈞"，是謬也。今民力殫財竭，公私交困，可憂之時也。工役之繁，師旅之興，是莫大之任也。以可憂之時，勝莫大之任，是猶責一雛之力，以勝烏獲之重也，人皆知其必不能矣。故臣願陛下今日爲其所當爲，已其所可已者爾。夫兩宮之建，與山陵之役，所關至重，勢實不可已也。至如沙河、功德二處之役，則在所緩矣。夫力能舉，則併時可爲，臣何敢冒死以阻陛下？但近者該部覆題，沙河之役，以七百萬計，則功德之改作，亦不下二百餘萬矣。至於右都御史毛伯溫議處征南軍餉，亦須四百萬，此皆大約遙度之議。乃若工程雇倩，侵剋私弊，則有會計所不能盡者。軍門犒賞日期久近，則有意外所未之及者，往者納粟之例，所得不過百萬，尚不足周年之用。而天下已嗷嗷然，謂陛下輕爵以獲利，所獲不足以償所失。事之至此，可謂極矣。今復以千百萬之數，責取於困極可憂之時，臣恐雖有聚斂之臣，亦無所施其術矣。爲今之計，莫若罷沙河、功德二處之役，併力以圖兩宮之成。

至如安南之征，臣且未論其利害，直謂財力不足，恐大事一舉，勢不可止，民益困，用益窘，而師尚未旋。於此之時，將何以給之？夫財非神通鬼設之也，用不足，其勢必厚斂諸民，民不足，則去而歸諸盜。驅民而之盜，竭內以事外，智者不爲也。聖人舉事，貴❶於萬全，欲以圖成，慎於謀始。

臣望陛下再以臣言思之，亟寢前命，取回差出諸臣，以罷南征，則民心不搖，天心益享，內憂不作，外患自消，實宗社生靈長久之計，順人心以答天譴之至意也。臣待罪言責，一得之愚，不敢隱諱，臣不勝惶恐戰慄之至。

❶ 貴，何本作"責"。

責令大臣陳情終制以植綱常疏

臣本月初六日伏讀聖旨，毛伯溫着在院管事，臣竊❶謂陛下待大臣可謂至矣，然猶有未安者。朝廷舉措，大臣出處，天下觀之以爲法，國史記之以傳後，誠不可不慎也。臣以爲起復一事，關係國家典章甚重❷，連日揣懼，不已於言。伯溫素行，臣不盡悉❸，陛下知❹其能足以委重❺，故援金革之例，起❻於衰絰之中，天語叮嚀，勢不容緩，伯溫感激被命，亦不敢再辭。忍情赴道，次期而至，蓋實❼厚報陛下，而不忍傷知遇之隆者，此時情事，實不獲已。今者幸賴聖明感格之誠，停止安南之役，六省生靈，既各遂安居之願。獨伯溫一人，不得以慰孝思之情乎❽？夫天下未嘗無父母之人也，三❾年通制，達之貴賤而皆然，人子至情，雖加一日愈於已。故《記》曰："君子不奪人之親，亦不可以自❿奪親也。"伯溫以國家大事，奪

---

❶ 竊，《皇明兩朝疏鈔》無。
❷ 重，何本作"鉅"。
❸ 悉，《皇明兩朝疏鈔》後有"其爲御史，時在湖廣，素有青天之號"。
❹ 知，《皇明兩朝疏鈔》前有"久"。
❺ 委重，《皇明兩朝疏鈔》作"重委"。
❻ 起，《皇明兩朝疏鈔》後有"之"。
❼ 實，《皇明兩朝疏鈔》後有"以"。
❽ 乎，《皇明兩朝疏鈔》無。
❾ 三，《皇明兩朝疏鈔》前有"故"。
❿ 以自，《皇明兩朝疏鈔》無。

情起復,猶可言也。今既無事矣,則當乞恩求退❶,終餘服以報於❷父母之懷。顧乃延留朝署,苟且日月,不能以情事懇求,是可謂自奪其親者矣。然臣觀伯溫之所未及陳懇者有二焉❸:一則感陛下之隆恩,已有明旨而不可遽違;一則以衰兇在病❹,所當諱避❺而不敢於輕瀆,故隱忍以自狥爾❻。夫諱避❼乃一時之私情,人倫實萬世之常道。故苟含悽於公所,內不能以自盡,則非所以爲子;進退無據,外無以稟於君,則非所以爲臣。大節一隳❽,前美盡棄。故臣願陛下保全伯溫之節,廣錫同❾類之孝,責令陳情,乞終禮制。

臣春間曾閱伯溫陳辭,本內云:"七月二十日,服闋。"則是守憂之時無幾,而報陛下之日甚長也。如❿陛下矜其人子⓫至情,令其暫回原籍,以至家之日爲⓬始,補曩者離疚之時,以足三年之制,畢事乃起,一如常例⓭。則天下皆知陛下善以禮導其臣,大臣能以禮律其身,無爲後世譏誚。昔富弼有母喪,韓琦言起復非盛世事,富公竟不可奪,仁宗卒從其請,天下後世咸嘉其君臣賢明,共由以⓮禮而不悖。如使伯溫今日果於自奪而不亟請,大臣不以爲非,小臣不以爲言,則天下後世謂陛下聖明之時猶有此

---

❶ 退,《皇明兩朝疏鈔》作"懇"。
❷ 於,《皇明兩朝疏鈔》無。
❸ 焉,《皇明兩朝疏鈔》無。
❹ 病,《皇明兩朝疏鈔》作"疚"。
❺ 避,何本作"忌"。
❻ 爾,《皇明兩朝疏鈔》作"耳"。
❼ 避,何本作"忌"。
❽ 隳,何本作"墮"。
❾ 同,《皇明兩朝疏鈔》作"爾"。
❿ 如,《皇明兩朝疏鈔》作"臣願"。
⓫ 人子,《皇明兩朝疏鈔》作"不得已"。
⓬ 爲,何本無。
⓭ 常例,《皇明兩朝疏鈔》後有"如陛下念其遠來,不忍遽去,不得已暫令移出郭門,擇閒僻之館處之,以奉晨夕盡禫而止,然後方面拜朝廷之恩,出履臺綱之任,是本經以從權,誠一舉而兩得"。
⓮ 以,《皇明兩朝疏鈔》作"是"。

事，伯溫身爲憲臣❶猶忍爲此，則胥效成軌，循私滅倫，將無所不至矣。異日國史演之曰："大臣起復，自陛下今日始矣。"豈不可深惜哉！臣日夕痛心，以所關至大，一念至誠，不能隱默，謹具所以❷，伏乞聖明裁斷❸。

---

❶ 身爲憲臣，《皇明兩朝疏鈔》作"之才"。
❷ 具所以，《皇明兩朝疏鈔》作"此控陳"。
❸ 伏乞聖明裁斷，《皇明兩朝疏鈔》《嶺南文獻補遺》後有"則伯温幸甚，世道幸甚，不勝隕越，祈望之至。"

獻愚忠陳時務以備採擇以保治安疏

臣惷懜不敏，心直才疎，誤❶蒙皇上儲育，列職臺諫。茲者奉命巡按福建，一年已滿，心力徒竭，無補地方，虛辱明命，愧負此生多矣。甘心罪譴，夫復何言？悚懼之餘，尚祈寸進，除地方利病興革事宜，及各屬文武大小官員賢否，實跡通俟，再加詳覈，次第條陳，外所有得之見聞，積之計慮，舉自一隅，可以達之天下，言之淺近，可以資之治理。關係世道汙隆❷，民生休戚，謹釐爲五事，齋沐昧死，爲陛下陳之。其間有不識忌諱，冒瀆天聽，據事論事，觸忤權姦者，臣非不知言出禍隨，然於生死利害之際，籌之屢矣。竊觀今日之事勢，實切中心之隱憂。臣既叨言責，兼有官守，身立公朝，時非家食，感義循分，職在當爲，鞠躬盡瘁，情難自已。揆之善道，似昧明保之幾；律以致身，非當容默之日。區區血誠，苟利社稷，則一己禍福所不暇計。陛下俯察臣言，若有纖毫沽激，臣輕則甘受譴黜，重則濡首就戮，無復悔憾。儻蒙聖慈，詳察蒭蕘葑菲之言，頗切曲突徙薪之計，清讌之暇，從容賜覽，勅下所司，備加酌議，上請裁擇施行，則天下幸甚，生靈幸甚！

一慎遷擢以責成功。臣聞"設官分職，使之治事，所以爲民也，爲民所以爲國也"。故官必因能而授，任事必責久以成能。是以官修其職，民安其治，而君逸臣勞，天下治化可坐而致。此君人任官之要道，百王所不

---

❶ 誤，何本無。

❷ 汙隆，何本作"隆汙"。

能而易也。迨觀歷代季世，主權不立，威福日竊，舉措倒置，而賢否混淆。神姦者憑藉得計，或一歲而屢遷；慎守者薦引無階，歷多年而不動。〔是〕以大臣不法，小臣不廉。官狗利而行，民被虐而〔怨〕，上侵下謾，國乃滅亡。明君英辟有鑒於此，知國之所保者在民，民之所理者在官，知官必久而後政可成也。故限之一定之年，以為之資。人之才不可概而同也，故酌之輿論之公而為之望，望所以待異才也；必公而後行，望行而衆心服，資所以致中人也。必久而後徵事，徵而政勳❶著。

我聖祖立法垂統，官惟其人，不少輕授；任惟其久，不苟遷擢。列聖相承，恪守此法，是以政治昇平，民安物阜。然而法久人玩，苟且遷就，趨習之弊，日漸不同，至於今則又甚矣。一官垂闕，衆討紛如；善地有閑，百計競取。是以畀之不審而奪之亦亟，遷之太驟而更之甚輕。力弗濟者則遝遝而久淹，計足行者何詭遇之不獲。或一歲而屢遷，或數月而驟改，或未任而即更，或無故而易地。電掣風飆，東衝西逐，眇民務為蒭狗，視官職若❷置郵。數年以來，愈趨而愈下。夫比周而進，營計倖圖，貪鄙姦巧之徒姑不待論，即如志在事功，心存民瘼者，不久其位則不能〔行〕其志，旋至旋易，雖有良法美意，莫可底敘。且其〔間〕更代之頻煩，日月之延閣，吏胥上下，緣伺為姦。與夫往來送迎之勞，供給泛應之費，比至而即行者，則又以物宜人事之營辦，腳力盤費之需求，汙者率以為常，才者亦所不免。新舊煩費，動經千百，貪夫席捲，甚至掃空。民之膏血，吮啜靡遺，國之命脈，緩急何恃？是設官本以為民，今則反為民病；昔也為官擇人，今則為人擇官。國紀日隳❸，關係至重，不思亟圖而力救❹之，臣恐民無休息之期，而陛下所以責成圖治，日益非矣。

且如各處巡撫重臣，以一身總戎民之務，地方係安危之寄，其責甚

---

❶ 勳，何本作"績"。
❷ 若，何本作"為"。
❸ 隳，何本作"墮"。
❹ 效，何本作"救"。

重，是以推不會不除，代不至不去，蓋慎重而專責之也。近來陞遷太驟，遠近頻易，輒不問其職事之稱否，人品之優劣，亟予而亟奪之，漫改而漫代之。比經言官陳列，蒙皇上勅下該部，責之久任，慎之推除矣。至於在外府縣以上官員，在布政則有錢穀出納之司，在按察則有總憲明刑之政，在守巡各道則有兵戎刑教。各項地方之責，守令親民，承流司牧，所繫俱甚不小，官必慎所選以畀之。

　　得人任必責之久，以要其成功。縱不能如國初久任之法，亦當申飭而倣行之。如蒙勅下該部，參酌舊法，詳加擬議，將天下南北直隸十三省大小見任官員，通備查覈，除有年資已深，居官稱職者，查照常資陞用。有德望素著，才能異常，勳成功著者，訪覈公實，不拘常資擢用外，其中才之士，歷任未滿，或雖有令望未徵實事者，今後俱宜一體，限以一定之年，責以經久之任。任滿而稱者，照資陞用。未滿而賢聲卓異者，亦必俟之以責其成，比滿則超資拔擢以優其進。或賢聲雖久，年資亦深，適另轉一職者，亦必待其新職之滿，方加陞改。任俱以到任之日爲始計算，守常者遠不踰九年之久，卓異者近必足三年之期。寧任滿覈考而加遷，毋旋任未久而邊擢。如此，則官有定志，無懷顧望之私，事可責成，皆切圖報之實。平治天下之道，實不出此。伏乞聖明詳察。

　　一禁朋比以彰公道。臣歷觀古今史載，凡公道昭明則治理日昌，私黨下植則國紀漸替，是治亂之幾，彰彰可睹。臣無暇遠舉，謹以今日時事論之。臣昔置身內地，則知國論之不定，近歷外省，益驗法紀之不行，其所以不定不行者，大端有三：曰黨與勝之也，曰賄賂奪之也，曰囑託狗之也。夫法者，人臣不得而私也，受之天子者也；天子不得而私也，受之天者也。人臣能守法，而後朝廷之法信；朝廷之法行，而後人君之勢尊。故天下之患，莫大於國法之不行，使臣下有所撓；莫大於公道之弗彰，使私黨有所奪。宋臣蘇軾曰："黨與互進，氣勢一合，豈惟臣等奈何不得，亦恐朝廷難奈何矣。"自今觀之，道揆不彰，法守日墜，同己者顯庸，異己者斥謫。下得以干援於上，外得以紏結於中，遠得以關節於近。朋比茹連❶，根深蒂固，是以內而竊法權姦得而頤指，以濟其私；外而貪虐小人有所恃賴，以縱其欲。贓姦敗露，執而付之有司，雖情真跡顯，然或畏其依憑氣焰，或忌其黨比朋盛，遂爲之曲意回護，屈法狥情，致使事當問而不問，法可行而不行。踰時越歲，干犯多罹纍及之苦，彼窒此妨，下民并無赴愬之門。是使天下之人，畏臣下之私黨甚於畏陛下之公法。臣待罪言責，得於見聞，五六年來日甚一日。此朋比之可憂者一也。臣望陛下勑諭中外大小臣工，恪遵國家憲章。如有黨同伐異，附利憑姦，違法欺公者，在內聽科道，在外聽撫按，指實參奏，拏送法司，從重究治。仍勅吏部、都察院，今後差除遷補，除在京另議外，其在外巡撫、巡按并設所在，及布、按二司掌印正官，守、巡同道俱不得差除選補，并同一省之人，司道員闕，改代署官，及會同勘事者，亦并宜異之。二司各道官同省者，每司只可各一人，多不得其過三人，每府縣正佐官各不得過二人。而查委會勘等事，亦宜并異之。如此則黨與不羣，邪疑易釋。執法鮮涉嫌之避，下屬寡望庇之圖，官司免扶同之弊，冤異有伸訴之所。事以煩細，揆今之勢，救今之弊不得不如此也。

臧孫達曰："國家之敗，由官邪也；官之失德，寵賂彰也。"臣稽閱載籍，歷涉中外，以迄於今，貪墨之吏，無時無之，然未有甚於此時者也。昔也或始謹而中變，今至而即縱，誅求之急。昔也或飭己以畏人，今則公恣谿壑之欲，法度罔顧，廉恥頓忘。苞苴之行，雖古不免，然多在閹戚之流，縉紳士❷夫猶恥爲之，今則爲之而不恥矣。昔也或伺於昏夜，今則白日公行矣。昔也或以百十，今則動以千計矣。昔之貪也，無恥心而有懼心；今之貪也，不畏刑而且滛刑。所以然者，非他也，以陛下之法不行也。何也？夫姦吏巧計易行，錢神一通，反皁爲白，數年以來，有犯贓而見問，內則亟擢之而遷去，有問結而革職，內則以不及而調用。事方被發，則誣

---

❶ 茹連，何本作"連茹"。
❷ 士，何本作"大"。

陷之書已入，贓贖未追，而訴辨之詞已至。致使執法者未終而蒙禍，得計者幸脫而益縱。如是而天下之吏何所懲而不貪？如是而陛下之法誰其爲守？如是而生民荼毒之苦何時可已？此可憂者二也。臣望陛下嚴勑吏部，申〔明〕舊法，重贓吏之誅，嚴行賄之禁。凡在京文武大小官員有接受贓私，并在外官有差遣入京送饋行賄者，緝事衙門拏送法司問理。切責科道等官，今後悉心採訪，但有實跡，即時指實劾奏，毋得觀聽顧忌隱避。仍勑下都察院轉行各處巡撫、巡按等官，各於按屬官員，有貪汙顯跡者，必須從公親自究問。仍行司、道等官，會覈明實，務求公當，毋縱毋枉。應提問者即行提問，應參奏者作速參究奏❶。司、道問官，延違回護，聽撫、按官參奏，不許狥❷情容隱。其各犯贓官員事發，聽從公問，不許裝誣強辯❸。今後部、院等衙門，採訪天下官員賢否，須博詢公論，詳覈事實，在外參以撫按等官，舉劾章疏、填註考語，一一對證，查訪有無異同，定其黜陟去留，誠爲公當。其各官間有私相投遞揭帖，是皆懷挾私忿，妄捏摭拾，以求快已計者，絕不可憑信。各該衙門不許接受，以杜陰害擠陷之姦，違者各治以罪。都察院仍行十三道掌道御史，今後除軍民人等，陳訴冤枉地方利害興革，俱照常審覈準行外，其各處官吏已經撫、按、法司等衙門問革，朦朧奏訴者，俱照例將奏詞立案，不與準行，犯人仍遞回問理，違者亦治以罪。如此，一以絕其墨囑辯復之計，一以免地方干連重纍之苦。官邪仕進，皆知所恥畏，而陛下之法不爲私黨所奪矣。

管子曰："禮義廉恥，國之四維。四維不張，國乃滅亡。"夫囑託者，乃無禮義廉恥之大者，況所關者則又甚不輕也。囑託一行，偏黨立見，以之用人則紊衡鑑之公，以之聽訟則枉是非之實，以之立事而事謬，以之行政而政舛。公道之所不明，民情之所不平也。今之內外臣工，多有沼風踵

---

❶ 應參奏者作速參究奏，何本作"應參究者即行參究"。
❷ 狥，何本作"徇"。
❸ 辯，何本作"辨"。

陋，罔顧行恥，或放利而乞哀，或循❶情而干請，或於其所親愛而求以恩庇之，或挾其所尊貴而求以變易之。敢犯公議，求挾己私，阿從者則虛譽交騰，忤拒者則讒毀立至，位均則切反報之圖，勢焰遂肆中傷之計，自非守陛下之法重於愛身，鮮有不為其所奪者。此風不息，則日寖月盛，上援下阿，而民無所措手足矣。此可憂者三也。臣願陛下勅下吏部、都察院，申明憲綱，再加嚴飭詳議，上請備行。內外大小文武官員，今後若有狗情囑託及聽囑託者，囑者、聽者事小情輕皆降級。內者調外，外者調邊。情重無贓者，各罷黜，犯贓問罪吏部、都察院。撫、按、科、道并在外按察司等官，但違忿即罷，奪犯贓，從重加二等。受囑者未行，許首發免罪。如此則行者有所畏而不敢以干請，守者有所恃而不敢以阿從。而陛下至公之法，不為臣下所狥❷矣。以三者各從其類，其實相因以生，望陛下察臣之言，切中時弊，勅下所司備議施行。於以消未形之患，保治安之道，實不外此。伏乞聖明詳察。

　　一作人才以臻實用。臣聞：天生一代之才，自足一代……（原文下闕兩頁）年亢陽，匹夫懷憤，六月飛霜，近歲竄逐之人，豈止匹夫匹婦之倫，得不逆和氣、召災沴乎？臣願明慈矜體而深思之。仁宗嘉納其言，於是以至誠待羣臣，開公道以收善類，怒罵不及於公卿，鞭朴不行於殿陛。昔之斥逐於外者相繼召用，以故當時賢士匹休踵美，協成嘉治，後世尊之曰仁。三代以下之君，至今得為首稱。臣嘗自二臣之言，歷觀古今治亂之機，莫不由於君子小人進退分數之多寡，乃知人才有益於國家，而振作長養之機在上而不在下。蓋人之才也，成之甚難，摧而壞之甚易。今夫雷霆之所擊，無不摧折；萬鈞之所壓，無不糜滅。人主之威，非特雷霆勢重，非直萬鈞也。士以微陋，幸而委贄策用，感義書職，效力圖報，乃分之常。其間有背公懷利，沽名植黨，自干憲度者，是則法有所當加，故刑行而人足勸。乃若志切於為民，事專於報主，心固諒其無他，跡或類於過

---

❶　循，何本作"狥"。
❷　狥，何本作"徇"。

举，中才之士本难尽美，欲加之罪，夫岂无辞？但不计其心事之是非，人品之美恶，辄按其迹而遽致之，谴其左右权奸之言，又乘间而中伤之，是人主之怒愈激，而挤陷之计易行。是以威加势压，轻则或遭于贬逐，或置之废弃；重则或系之桎梏，或毙于鞭朴。严刑峻法，见者屏足，闻者酸心，由是而当途之士则莫不依阿泯泆，承望竞逢，或趋权以求合，或阿焰以希容。其视天下国家事，如越人视胡人之肥瘠，漫不相涉。私谈则徒怀太息，事至孰肯图维？而志士逢適，则或以伤弓之鸟，畏入于矰缴；或以不容遭弃，终老于岩穴；或以微罪见逐，竟郁❶于下僚。此人才之所以日乏，世道之所以日降，灾戾之所以日甚，生民之所以日蹙，古今理乱兴衰之效历可鉴睹，此忠臣义士所以扼腕愤叹而不能自已也。

　　我皇上以严明驭臣下，以仁爱泽万民。岁当大辟，皇上慎恤刑狱，恐有不当，屡以停罢，德至渥也。推是心也，则臣下罪不至死，圣慈岂忍加刑？其有执而杖之者，正以示警，使之省改已尔。但以威詟魂褫，身非铁石，有不幸者辄即暴死，则足以致灾召戾，为水旱、为疹疫、为地震、为星陨。诚有如宋臣之所谓非匹夫匹妇之冤而已也。失❷今不图，臣恐天下后世得以是而议陛下之仁。陛下乾刚❸独御，烛奸嫉邪，悍愎如某，贪佞如某，鄙庸如某，皆能斥而去之，至明断也。然而数年以来，仕辙宦榖，未见日登于理，士之见利则逝，瞰便则夺，顽顿丧耻，雅诟亡节，阿合者蒙显庸，触忤者遭谴罚，天下士气湮郁弗❹宣，待用人才，剥落殆尽。臣又观九卿等官，各举遗逸，该部皆疏名上请，迩者起尚书唐龙、张润，都御史王大用等，颇慰时望。然而向所举者，多以党与见疑而未用，所未举者则以疎迹未同而不闻，是使沉滞者登用无阶，在位者缄默是竞，诚有如唐臣所云者。失今不察，臣恐天下后世得以是而议陛下之明。臣望陛下

---

❶ 郁，何本作"屈"。
❷ 失，何本作"及"。
❸ 刚，何本作"纲"。
❹ 弗，何本作"不"。

思臣所述李安期、包拯告君之言，俯察微臣芻菲之見，知國之所楨榦者在士，則培植之使有成；難成而易壞者人之才，則長養之使不傷。今後凡臣下有違犯者，則付之法司議擬，上請明正其罪，則威不怒而人心畏，刑不煩而士志服。毋遽杖責❶以傷天地之和，異日筆之史册，恐爲聖德之纍。仍勅下吏部，會同都察院，備將前後諸臣所舉遺逸，并歷年各處撫按所薦地方人才，及查內外大小臣工，有以微罪細故見在禁謫者，逐一從公查覈，分別可否，疏名開列事由，上請裁奪，或使之生還，或以時錄用，仍將一二竊法❷權姦，罷而斥之，以絕其私門之黨。則公道彰明，而士心日勸，各安其位，各修其職，居常皆靖共守正之臣，濟變有捐軀仗節之士，陛下端居垂拱，天下可得而治。而所以詒燕翼之謀者，益悠久無疆矣。伏乞聖明詳察。

一黜姦邪以警臣工。竊惟相臣執政，與國同體，任用匪人則憑藉靈寵，擅作威福，植黨罔上，懷姦誤國。君子必被其禍，生民必罹其毒。天下治亂、升降之機，全繫於此。臣謹按，少傅兼太子太傅、吏部尚書、謹身殿大學士嚴嵩，陰憸蠱毒，貪鄙狼詐，濫竽❸禮秩，久騰物議，忝竊宰執❹，大拂輿情，前後諸臣白簡之所擢❺數，皂囊之所鳴攻，既詳且悉。然而尚玷元僚，未遭顯斥，任重而惡愈❻縱，人畏而不敢言。此非❼聖嚴明威故爲曲全之者哉？良由嵩之爲人柔態弇阿，外弱而中姦，巧佞變詐，言滑而行譎，慧捷足以文其非，機深莫得測其際。陛下得於接見，或覘其動趨勤給，順承足託，則量其或不能爲惡，故始則姑而用之，繼則信而任之。又以大臣任重體尊，未可輒以人言斥罷，故委曲保全。聖度恢弘，臣何敢

---

❶ 杖責，何本作"責杖"。
❷ 竊法，何本無。
❸ 竽，何本作"汙"。
❹ 宰執，何本作"執宰"。
❺ 擢，何本作"摘"。
❻ 愈，何本作"易"。
❼ 非，何本作"豈"。

不將順？若以事無大關涉，所利在嵩，而所損不在朝廷，所惡在嵩，而所憂無預❶社稷，則臣亦觀聽之而已，何敢冒死以瀆天聽？但其所係，害大禍深，臣當言責，義不容默。夫執宰重臣，臣姑存大體，不必指摘細事，直論據❷大端，自可備見其惡。《傳》曰："媢嫉之人，迸諸四彝，不與同中國。"是何如其嚴也？惡其妨賢病國也。《書》曰："臣之有作福作威，其害於而家，兇於而國。人用側頗僻，民用僭忒。"何言之甚也？臣僭而民陵，不可長也。

嵩自秉政以來，藉寵而懷姦，盜權而植黨，阿附汙合者則援之以進用，守正忤己者則擠之而貶斥，睚眦之怨必報，纖芥之讎必復。無辜善類，每被中傷，平時物望，動罹譴黜，貪夫黷客，多出其門，牙爪腹心，分居要路。致使外而憑依，小人有懸其貌像，挾勢以縱貪；內而附趨，鄙夫多聽其頤使，濟惡以黨害。恩市私門，氣焰中外。天下徒知畏嵩之姦黨，而不知有朝廷之公法。此其嫉賢害正，作福作威，懷姦蠹國，嵩之罪大也。前歲諸臣奉旨廟議，嵩陰主邪說，將以謠惑上聽，傳之中外，士論切齒。仰賴聖聰天縱，明物察倫，尊尊親親，凜❸不敢犯，其說遂寢。及檢討郭某至京，得其頤指，遂從而倡其議，太僕寺寺丞某又從而附和之。幸聖上洞燭邪姦，明命震赫，下旨云："這典禮自有裁制，再有輕議奏擾的，拏問重治。欽此。"某既奉明旨，乃敢故違，輒又陳奏，及爲《七廟解》以進，觀其廟解之詞有曰："桓僖親盡，無大功德，而魯不毀。故天火之近者，天災豈無從始？"是何言也？逆天悖倫，是可忍也，孰不可忍也！某小臣也，廟制大典不許再議，若非嵩陰主要結於中，則某邪悖不道之言，安敢以屢瀆再擾拏問？聖旨尊嚴，若非嵩維持庇護於上，則郭某違旨［罔］上之罪何得以倖免？跡某某❹之情狀，而嵩之陰導［彌］逢之姦

---

❶ 無預，何本作"不在"。
❷ 據，何本無。論據，《(嘉慶)三水縣志》作"據"。
❸ 凜，何本作"懔"。
❹ 某某，何本作"某"。

居然可見。向非聖上明健中正，洞察羣枉，則嵩幾誤陛下於千倫斁典，而天下後世以陛下爲何如主？嵩之悖逆欺罔，其罪又大也。原任副都御史某，年老衰庸，拜跪艱扶，已不堪用。嵩乃力而薦之，陛下速之，使來秩之貳卿而不用以事，已洞見嵩之誑矣。今任通政某，貪鄙小人，罷黜已久，乃潛投京師，厚貲寶鑽，嵩納而豢之，既而薦而用之。夫明廷取舍，關世道之隆汙，一時舉措係萬代之瞻仰。嵩之欺罔，引進匪人，朋植私黨，固其鄙夫患得患失之心，無所不至。其如天下後世謂陛下聖明之主，乃爲其誑惑，豈不深可惜哉？此嵩之罪又大也。

臣跡嵩之所爲，大抵其嫉賢妬能如李林甫，其陰害忮己者如盧杞，其藉權寵納貨積如鄭註，其與近習盤結如元載，其詐悖憸❶毒如史嵩之。在廷臣工有一於此，則宜亟在誅絕之科，況身兼衆惡，罪浮四兇，豈可尚居弼丞之位？臣踈遠孤立，與嵩絕無纖芥之嫌，今首論其惡，則禍且不免，忍輕生以希微訐之譽？臣愚竊謂：自古姦權當［國］❷，若察識不早，必至誤國。追鑒往事，未嘗不痛恨於林甫諸人也。目擊時憂，心懷忠憤，興言出涕，不容自已。仰❸望陛下俯諒臣心，詳察臣言，盡取前後諸臣論劾章疏，參考其罪狀始末，乾斷雷厲，將嵩亟賜罷殛。某某責令致仕，某某斥逐，仍行法司拏問，以爲奔競無耻違旨欺罔者之戒，庶內外大小臣工俱知惕懼感服。姦黨畏遜而公道昭彰，法紀日振而聖治清明，此實宗社之福也。伏乞聖明詳察。

一勵憂勤以修內治。臣聞寇虜之患，雖帝王之盛所不能免；水旱之災，雖堯湯之世所不能無。要在禦之有道，則外患自弭；備之有豫，則內變不作。是以自古明辟獨觀萬化之原，思圖治安之實。修之廟廊，自可以運之天下；行之中國，自可以達之四彝❹。故可以祈天永命，徽聞令譽，

---

❶ 憸，何本作"險"。

❷ 國，據何本補。

❸ 仰，何本無。

❹ 彝，何本作"夷"。

施之後世,悠久無疆。歷觀古今天下治亂,後世監戒,皆在於人君之一身,可不深長思哉?陛下所居者,堯舜之位也;所治者,堯舜之民也。即位以來,未嘗一日不欲以堯舜之德澤天下。然而今日之民,未被堯舜之澤者,其故何哉?《書》曰:"慎厥終,惟其始。"《詩》曰:"靡不有初,鮮克有終。"陛下登極之初,憂勤圖治,未明而視朝,日中而聽政,篤意聖學,納諫求言,開無逸之殿,扁豳風之亭,成恭默之室,弘九五之齋,以此而事天享帝,以此而奉親臨民,行之十有餘年。百官庶士,肅肅法守;四方遠邇,顒顒沾化。臣時尚伏草莽,則見父老欣騰,思見德化之成。及臣登十四年進士,改庶吉士,讀書時以朔望得預❶朝班,恭覲天顏,未嘗爽期。及候法駕,躬祀南郊,宴御慶成,經筵講學,以時舉行,未嘗廢輟。然而臣民追誦昔美,已云漸不如初。至於今,則又❷月異而歲不同矣。朝儀久曠,國紀多隳❸,陛下每切憂民之言,而天下多有失所之民;陛下時嚴勤政之令,而百官多有傲怠之政。致使揆度未熙而化理日窒,取舍倒置而公論不明。苞苴公行而官邪莫警,黨與漸成而威福日竊。是以數年來,官失其職,政失其理,民蒙其害,物受其殃,邊庭多警,震動京師。且江北諸郡則罹水潦之慘,江南各省則被旱魃之災,關陝以西則有地震之警,浙閩江廣瘟疫盛行。民多夭扎❹,歲歉民饑,流離困苦,山狼海寇在處,竊發四方,奏章疊見,屢聞內憂外患併於一時。仰伏❺聖武明威,生擒逆惡,醜虜寒膽,可爲無事,然不可不慮也。今之進說於陛下者,孰不曰:"天下已治安矣,邊境可無患矣,四方可無憂矣。"殊不知軍民嗷嗷仰❻哺,人心洶洶嗟怨,流亡之徵已兆,意外之虞可憂。《詩》曰:"迨天之未陰雨,徹彼

---

❶ 預,何本作"與"。
❷ 又,何本無。
❸ 隳,何本作"墮"。
❹ 扎,何本作"折"。
❺ 伏,何本作"賴"。
❻ 仰,何本作"待"。

桑土，綢繆牖戶。"夫未雨而治牖，蓋思患而預❶防。矧今災屯已形，苟不亟爲之，所將見憂不在邊境而在中國，患不徒手足而在腹心，元氣耗竭，百病交乘，衆志不固，邦本動搖，事至而方爲之圖，勢逼而迫爲之悔，蓋亦晚矣。

　　臣望陛下察臣之言，惕然警勵，大奮乾剛，俯觀今日之時事，追懷初年之盛美，歷監古今治亂興衰之由，圖惟❷宗社生靈長久之計。思百姓之困苦流雜，則求所以安戢之；思水旱之變故因仍，則求所以祗應之；思人言之足畏也，則求所以順承之；思天變之足懼也，則求所以時保之；思人才之空乏也，則求所以振作之；思耳目之壅蔽也，則求所以開導之；思壬憸之蠹政也，則求所以遠放之；思寇虜之未戢也，則求所以安攘之；思陛下之天下受之祖宗，則求所以光大之，傳之子孫，則求所以培植之。思以祈天永命，修勵中興之盛，非但爲陛下今日計，也所以爲聖子神孫萬世詒翼之計也。昔者宣王感脫簪之諫，奮然勵精，周室所以中興；武帝下輪臺之悔，惕然悔悟，漢祚所以復振。是人主一心，轉移之機，遂能去危即安，轉否爲泰。古今所謂明君賢主，多在於悔過遷善以成，其所以大過人者如此。況我陛下正當春秋鼎盛之年，懋遜❸始終典學之志，則中興大業將超漢而并周矣。臣敢以憂勤終始之說進焉，伏乞聖明詳察。

---

❶　預，何本作"豫"。
❷　惟，何本作"維"。
❸　遜，何本作"遷"。

慎修聖德安內攘外以隆中興疏

隆慶元年十月

臣以迂愚，蒙陛下召用，叨受今職，感激趨赴，入侍朝❶班，得覲天顏❷，納諫受言，事從至當，經筵日講，學務時敏，羣工在列，濟濟蹌蹌，奏事承❸旨，莫不祗慎。大臣奉公，小臣守法，苞苴不入，請託不至，盡洗往昔〔日姦〕恣❹貪黷之習，清平景象。臣謂此出，竊幸遭逢，夙夜❺矢心，隨分盡職，以事陛下，固不敢以言塵瀆天聽。但覩今時事，尚切隱憂，有不容已於言者。仰惟陛下踐阼之始❻，正世道，維新之會，固宜天心克享，災害不生，化行俗易❼，姦宄不作，中國尊榮，外彝❽賓服，馴致盛治。顧今有未盡然者❾。

臣自外來，江淮南北百姓罷病艱苦萬狀，官府威信不立，上下不相維

---

❶ 朝，《皇明疏鈔》作"清"。
❷ 天顏，《皇明疏鈔》後有"端穆聖德仁明"。
❸ 承，何本作"奉"。
❹ 恣，《皇明疏鈔》作"專恣"。
❺ 夜，何本作"昔"。
❻ 始，何本作"初"。
❼ 易，何本作"美"。
❽ 彝，《皇明疏鈔》作"夷"。
❾ 者，《皇明疏鈔》無。

繫，民恣頑獪，軍逞驕悍，士踵澆訛，以下凌上，以賤辱貴，法紀陵替，漸不可長。比至❶畿甸，霪❷雨釀災，傷稼圮廬，餓殍委野。加之遠方州郡山酋海醜尚多竊發❸，頃者土蠻東犯永平、俺答，西躪石汾，荼毒之苦，慘不忍聞。至於陷城虜官，百十年來實所未有❹。將弱兵疲，緩急何恃？虜❺情叵測，後患當虞？臣竊爲陛下憂之。夫當此內憂外患之時，正奮勵警惕之日，故臣敢以修德安攘之說告❻。臣願陛下每於講讀，不徒聽之以耳，而聽之以心。將所說經史咨析疑義，務稽帝王修德立政之方，古今治亂興衰之跡，以爲法戒。又於大臣中有才德可資啟沃者，推舉數人，俾與講讀❼。諸臣或輪次入直，或❽以時召見，以備顧問。要知心何由而可正身，何由而可修家，何由而可齊國，何由而可治天下，何由而可平內治，何由而❾尊嚴外寇❿，何由而⓫制服，講明而力行之。及退居宮中，擇老成謹厚內臣諸人，服勤左右，崇護聖躬。俾游處有常度，幸御有常節。則出入起居，罔有不欽，聰明睿智，皆由此出。以此敬天法祖，以此用人行政，無不可者。每日朝講之暇，請御便殿，與執政元老商確⓬治理。將中外臣工所題奏⓭事務，撮其關係重大，緊切要略⓮，裁確⓯施行。仍召部院大臣詰問所

---

❶ 至，《皇明疏鈔》作"之"。

❷ 霪，何本作"淫"。

❸ 發，《皇明疏鈔》作"負"。

❹ 有，《皇明疏鈔》作"見"。

❺ 虜，何本作"膚"。

❻ 告，《皇明疏鈔》後有"陛下，然所謂修德者非有難行之事，不過自陛下之聽講視政者之加意耳"。

❼ 讀，《皇明疏鈔》作"論"。

❽ 或，《皇明疏鈔》無。

❾ 而，《皇明疏鈔》作"而可"。

❿ 寇，《皇明疏鈔》作"夷"。

⓫ 而，《皇明疏鈔》作"而可"。

⓬ 確，何本作"榷"。

⓭ 奏，《皇明疏鈔》無。

⓮ 要略，《皇明疏鈔》後有"開坐上請"。

⓯ 確，何本作"榷"。《皇明疏鈔》作"奪"。

司，如進退百官，當何以久任責成，以熙庶績，責之吏部；錢穀會計，當何以量入爲出，以經制國用，責❶之戶部；憲章典刑❷，當何以品秩名分，以端習尚，責❸之禮部；詰戎禦暴，當何以簡帥❹練兵，以安邇控遠，責❺之兵部；刑罰訟獄，當何以明允欽恤，而使民不冤，責❻之刑部；水利土木，當何以舉革罷行，以節紓❼民力，責❽之工部；貞僚肅度，當何以振揚法紀，以風勵天下，責❾之都察院。其餘職掌，悉付所司。

陛下提絜大綱，時賜叮嚀，則百工愈加警勉，和衷協寅，爭相磨濯，以趨赴事功。如有怠玩及不當於職者，言官據事論劾，使不敢肆。況近日當事大臣，多有誠心體國，堪❿隆委托，正人布列，足備任使。但臣子去留無常，後先識見或異。陛下宜及是⓫時，將天下國家機務悉心共爲圖理，以預⓬桑土綢繆之防。且⓭皇上春秋鼎盛，正當憂勤惕勵，未明求衣，日旰而食。苟非隆冬盛暑⓮，不宜暫⓯輟朝講，兢兢業業，以理萬幾，不可自暇自逸。蓋天下安危，生民休戚，人心向背，天命去留⓰，皆繫於陛下之一心。陛下之心正則發邇見遠，以正朝廷，以正百官，以正萬民，天下莫敢不正。此古

---

❶ 責，《皇明疏鈔》作"而責"。
❷ 刑，《皇明疏鈔》作"制"。
❸ 責，《皇明疏鈔》作"而責"。
❹ 帥，《皇明疏鈔》作"師"。
❺ 責，《皇明疏鈔》作"而責"。
❻ 責，《皇明疏鈔》作"而責"。
❼ 紓，何本作"紆"。
❽ 責，《皇明疏鈔》作"而責"。
❾ 責，《皇明疏鈔》作"而責"。
❿ 堪，《皇明疏鈔》作"甚"。
⓫ 是，《皇明疏鈔》無。
⓬ 預，何本作"豫"。
⓭ 且，《皇明疏鈔》作"且我"。
⓮ 暑，《皇明疏鈔》作"寒"。
⓯ 暫，《皇明疏鈔》作"屢"。
⓰ 天命去留，《皇明疏鈔》後有"夷狄順逆"。

帝王所以安中國而撫四彝❶，以成中興盛治者，用此道也。伏望陛下詳察❷。

---

❶ 彝，何本、《皇明疏鈔》作"夷"。
❷ 詳察，《皇明疏鈔》後有"臣言果有可採，亟與諸大臣裁酌而力行之，則宗社幸甚，天下幸甚"。

比例乞恩追贈前母疏

　　臣由嘉靖十四年進士改翰林院庶吉士，十六年正月除授浙江道監察御史。蒙先帝推恩，照銜頒給，封臣父某如臣官，臣母馮氏、妻勞氏俱封孺人，惟前母陸氏未得預❶贈。臣以筮仕卑微，不敢陳乞，時念前母尚安厝淺土，比例陳情，回籍遷葬。後以病家居，至二十二年五月還京，九月差往福建巡按。二十四年六月內以言事被詔逮，恩賜爲民。跧伏林野二十餘年，自甘迂朽，絕意世榮。須蒙皇上簡召，歷今官，臣感激驅馳，同母前來供職。比至，復遇恩典，臣父得贈中憲大夫、大理寺左少卿，臣母封太恭人，妻封恭人，而前母尚未之及。臣竊念子於前母，以母視之，所生之恩不同，以父推之，因心之孝則一。況臣父素稱前母事太父母賢孝，語罷輒泣下。臣自童時，即往讀前母家，事前母舅如母舅。歲時忌諱祀事，我母奉之惟謹。由臣父母觀之，存歿愛敬合同無間，乃今貴賤名稱，大相懸絕，臣母子之心實有不能自安者，故敢比例陳情上懇。臣查先廟參政葉盛，學士蔡昂，與近日尚書黃光昇，侍郎王本固、徐綱等，及中外大小臣工，凡乞追贈前母者，俱蒙準賜頒給。臣與諸臣情事相同，體例均一，伏望陛下俯賜矜覽，勅下該部查照先後諸臣事例，一體準給前母應得誥命，則親心愜原配之宜，聖德廣錫類之孝，而臣母子款［款］❷私情，亦獲少慰矣。臣無❸任懇祈，激切之至。

---

❶ 預，何本作"與"。
❷ 款，據何本補。
❸ 無，何本作"毋"。

勤聖學勵臣工以成治道疏

　　臣聞人❶臣盡心爲國，當以帝王之道事其君；人❷君盡心爲民，必以帝王之治責諸己。蓋帝王之治本諸道，帝王之道本諸心，帝王之心本諸學，帝王之學本於上下交而後成。臣嘗❸觀古昔盛時，君臣非自能神聖也，其曰："勑天之命，惟時惟幾。"君以此責難於其臣。曰："念哉，率作興事，慎乃憲欽哉。"屢省乃成❹，臣以此責難於其君。至於成湯則有若伊尹，太甲則有若保衡，太戊則有若伊陟，祖乙則有若巫賢，武丁則有若甘盤，文武則有若呂散，成康則有若周召。上下君臣，交相儆戒，不敢荒寧，共成此學，以臻大道，運諸心以達於政。當是時，內則百揆四岳，外則州牧侯伯，莫不同心一德，以欽厥職。百工庶政惟和，六府三事允治。德普天下，聲施後世。自是❺厥後，教弛道湮，人心陷溺，君不知所以盡君道，臣不知所以盡臣道。徒以智術相事，使功利相征逐，挾法制，以把持天下而籠絡斯民。其相與有爲者，又不過隨世低昂，殫慮於章程法守之末，以致力於補偏救弊之方。所謂修己治人之理，天德王道之要，不復講求。其間英君如漢文、宋仁，有可學願治之資而不遇其臣。聖賢如孔、孟、周、程，有好學輔治之實而不遇其君。君不遇其臣，則不能以成其學而達之治；

---

❶ 人，《皇明疏鈔》無。
❷ 人，《皇明疏鈔》無。
❸ 嘗，《皇明疏鈔》作"諦"。
❹ 成，《皇明疏鈔》後有"欽哉"。
❺ 是，《皇明疏鈔》作"時"。

臣不遇其君，則不能以行其學以濟夫時。自漢迄今，道汙治陋，極矣。

　　肆❶惟我皇上淵穆溫文，寬仁恭儉，嗣服大寶。敬承先帝遺詔，以推廣德孝，信任輔臣，以幹❷旋世道，日就月將，遜志時敏，節戒佚遊，罔失矩度，法行近習，教肅宮闈，恩威出自淵衷，取舍裁於宸鑑。納諫從言，懋昭帝王之度；謙虛弘［大］❸，允裕聖學之基。大小臣工，夙夜祗承；三公輔政，恊德和衷；卿士大夫，靖共法守。衆正盈朝，姦邪歛跡。上下際遇之隆，時運昌泰之會，二千❹餘年，實所曠睹。敬而守之，帝王事業可坐而致。然臣竊慮之，難得者時，保時者幾，察幾者學。蓋天命無常，理亂安危相爲倚伏。今雖時泰運昌，然幾微謹畏之不存，則怠荒之所自起。上下儆戒之不至❺，則變故之所由生。況人主一心，攻之者衆，喜怒好惡❻，世道汙隆❼，國家興替所由繫，不可不慎。故臣敢以交修進學之說進，復列君道臣道，今日所當盡之實以告陛下，伏望聖明詳察❽。

　　一曰盡君道。人君一心，萬化本原，君心正則天下治，而享國長久。君心不正則天下亂，而天祿永終。故曰："與治同道罔不興，與亂同事罔不亡。"昔❾殷高宗宅憂三祀，既免喪，弗言。羣臣諫曰："天子惟君萬邦，百官承式，王言惟作命，不言臣下罔攸禀令。"高宗悅而言，乃命傅說曰：

---

❶　肆，何本作"仰"。

❷　幹，《皇明疏鈔》作"斡"。

❸　大，《皇明疏鈔》作"重"。

❹　千，《皇明疏鈔》作"十"。

❺　至，《皇明疏鈔》作"一"。

❻　好惡，《皇明疏鈔》後作"之微，用舍予奪之機，端人正士視之以進退其身，壬人憸夫伺之以作止其惡"。

❼　汙隆，何本作"隆汙"。

❽　伏望聖明詳察，《皇明疏鈔》作"然臣所謂學者，非有異論，不過自陛下之心與群臣之心求之而自得之耳。陛下之心即堯舜禹湯文武戊丁成康之心，群臣之心即皋夔益稷伊傅周召之心，篤學以存心，因心以達政，自身而家而國而天下，唐虞三代之治可運諸掌。伏望聖明詳鑒。臣言當以帝王之治自任而責難於群臣，群臣當以帝王之道事上而責難於陛下，上下交修，共成德業，則世道幸甚"。

❾　昔，《皇明疏鈔》作"昔者"。

"爾惟訓於朕志，爾交修予，罔予棄，予惟克邁乃訓。"於是學於古訓，道積於厥躬❶，旁招俊乂，列於庶位。股肱惟人，良臣惟聖。故四海之內，咸仰高宗之德，而享國五十有九年，稱爲盛治。陛下諒陰不言，恭默思道，同符高宗。茲者先帝服除即吉，正可言乃雍之日。臣❷伏望陛下鑒高宗允懷於茲之心，及今可❸與諸大臣言。每日視朝之後，請御便殿，宣召元老講論❹經史道理，以爲政治本原❺。間召九卿各衙門大臣，問以職掌，責令奏對❻，凡有嘉謨❼、嘉猷，悉以入告。及於中外羣❽臣有學術純正，德行老成，堪資啟沃者，舉十數人，或隨時召見，或輪次入直，朝夕納誨，相與講求帝王❾心法，以達天德，率由帝王治法，以弘王道❿。陛下恭己淵默，靜理化機，則自深宫以至大廷⓫，莫非戒懼修省之地，自旦興以至晦息，一皆憂勤惕勵之時。思平天下之在絜矩，則公好惡以欽厥止；思喜怒中節由於慎獨，則致中和以贊化育。思帝王一日二日萬幾不可以太康，則必如堯舜兢兢業業，戒逸欲於有邦；思天祿永終由於四海困窮，則必如舜⓬禹相告戒，罔滛於佚，以執厥中。思后從諫則聖，不可陷於酒德之愆，則必如禹之惡旨酒而好善言。思君臣咸有一德，則必如湯之不邇聲色以恊於克一。思君子有大道，惟命不於常，則必如文王望道，未見而視民如傷。思王者所其⓭無逸，則必如周公之戒成王，先知稼穡之艱難乃可以保文武之

---

❶ 厥躬，《皇明疏鈔》後有"惟說式克欽承"。
❷ 臣，《皇明疏鈔》無。
❸ 可，《皇明疏鈔》無。
❹ 講論，《皇明疏鈔》作"講讀近臣咨論"。
❺ 原，《皇明疏鈔》作"源"。
❻ 對，《皇明疏鈔》作"封"。
❼ 謨，何本作"謀"。
❽ 羣，何本作"大"。
❾ 王，《皇明疏鈔》後有"之"。
❿ 道，何本作"度"。
⓫ 廷，《皇明疏鈔》作"庭"。
⓬ 舜，《皇明疏鈔》無。
⓭ 其，《皇明疏鈔》作"云"。

業而無失。此❶皆君道之所當❷盡者❸。臣望陛下以此而❹責成於己，毅然行之❺，則協德率憲，享國永年。匪惟無俾❻專美於有商，而都俞喜起，天保卷阿之盛，可復見於今日。伏望聖裁。

一曰盡臣道，高宗《說命❼》有曰："惟暨乃僚，罔不同心，以匡乃辟，俾率先王，迪我高后，以康兆民。"蓋人臣必以道自盡而後可以道事君，必交修於下而後可以責成於上。故曰："后德惟臣，不德惟臣。"臣觀由漢以來，人君不能致治安民，實由臣僚不能治❽道匡正，有負於君。無論前代，即先朝事可為近鑑。世宗先皇帝聖智英斷，足大有為，使得賢臣同心輔相❾，則嘉靖殷邦，可致盛治。顧曲學褊夫，瞰時兢❿勝，黨同伐異，姦權專政⓫，逢悅諂惑，比周恣肆，荼毒生靈，天下若⓬岌岌矣。晚幸先帝悔心，殱鼠渠惡，一二元輔，維持幹⓭旋，而勝負消長之機，亦艱且危。我皇⓮御極⓯，二年以來，人心轉淑，世道改觀。然承⓰酷烈之餘，四海困窮未甦，災異姦宄未息，職思其故，實原於此。調元葆⓱泰，正在此時。今

---

❶ 此，《皇明疏鈔》後有"數者"。
❷ 當，《皇明疏鈔》後有"必"。
❸ 者，《皇明疏鈔》無。
❹ 而，《皇明疏鈔》無。
❺ 毅然行之，《皇明疏鈔》作"仍勑下部院與諸大臣擬議，上請乞賜裁定，宣召日期，毅然行之，責成此學，共圖治理"。
❻ 俾，《皇明疏鈔》後有"高宗"。
❼ 《說命》，底本、何本均誤作"命說"，據《尚書》改。
❽ 治，《皇明疏鈔》作"盡"。
❾ 相，《皇明疏鈔》作"德"。
❿ 兢，《皇明疏鈔》作"競"。
⓫ 奸權專政，《皇明疏鈔》作"典禮罔正，元氣已索，繼而權姦顓政"。
⓬ 若，《皇明疏鈔》作"蓋"。
⓭ 幹，《皇明疏鈔》作"斡"。
⓮ 皇，何本作"皇上"。
⓯ 御極，《皇明疏鈔》後有"明明在上，赫赫在下"。
⓰ 承，《皇明疏鈔》無。
⓱ 葆，《皇明疏鈔》作"保"。

卿士❶大夫忠清敏慎，守正奉公，大異往昔。乃精神志意，未孚通於上下；法紀軌物，尚睽滯於多方。羣邦庶邑，踵故襲常。所督責者，簿書職守❷之末，而開誠布公之體未彰；所計量者，體貌勢分之常，而僉謀大同之誼未協。紛更則❸於浮議，實意衰於彌文❹。事未畫一，或此是而彼非；政乏遠圖，多朝行而夕改。且姦僻❺包藏，伏深憂於莫測；乘間抵隙，隱機檻於無形。慮遠察微，貴於定志；上致下澤，責在同心。伏❻望陛下勅諭內閣輔臣，申飭中外大小臣工，共圖同心，盡道之實，每❼朔望朝畢，輔臣即出與九卿各衙門長佐會於公所，廣忠集思❽，揆政論道。各將❾掌職❿事，摘⓫取重大者，質詆訂確，⓬當付所司施行。上關君德，及今昔⓭機務所當變通釐定⓮者，從容商議，愜求經久，乃以入告九卿、各衙門之長，每五日堂事畢，率僚屬於後署，坐論職事當否，有無怠玩比⓯護，互相救正。若偏執⓰怙終，及欺罔姦私，即當聲責，繼以參治。俾人知警畏，爭赴事功。其⓱在外撫按與司道郡長，亦倣朔望之會，以究軍民休戚，以察官吏賢否。

---

❶ 卿士，何本作"公卿"。《皇明疏鈔》作"卿"。
❷ 職守，何本作"錢穀"。
❸ 則，《皇明疏鈔》作"劫"。
❹ 彌文，《皇明疏鈔》後有"以調停爲善而不稽其所敝，以搏擊爲能而不慮其所終"。
❺ 奸僻，《皇明疏鈔》作"姦回革面，遏不敢肆投種於地，有俟而生閃縮"。
❻ 伏，《皇明疏鈔》前有"臣"。
❼ 每，《皇明疏鈔》後有"月"。
❽ 廣忠集思，《皇明疏鈔》作"廣公積思"。
❾ 各將，《皇明疏鈔》作"將各"。
❿ 掌職，何本作"職掌"。
⓫ 摘，何本作"擇"。
⓬ 質詆訂確，何本作"質證訂確"。《皇明疏鈔》作"質訂確"。
⓭ 昔，《皇明疏鈔》無。
⓮ 定，《皇明疏鈔》作"正"。
⓯ 比，《皇明疏鈔》作"庇"。
⓰ 偏執，《皇明疏鈔》作"倚勢"。
⓱ 其，《皇明疏鈔》後有"朔望大臣會日，各屬衆多，難以共聽，擇公所訂同爲會，相與講明道術，辨析義利，扶植綱維，即心論學，即學察政，無得侈談玄虛以滋盛世之惑。省郡之吏至自外者亦得預會，以詢政俗"。

事關廊廟，亦即以入聞。司道郡邑之長，暨乃僚屬，亦倣五日之會，忠告規勸，節用愛人，盡心修職。有不恭❶不恪者，有常罰❷。如是，則大夫師長，不敢逸豫，而切於憂勤；中外遠邇，不敢欺玩，而一於畏敬。《書》曰："百官修輔，厥后惟明明。"又曰："凡我有官君子，欽乃攸司，以公滅私，民其永懷。"是上可以匡正君德，下可以康濟民生。

臣言若迂，實切治理，伏願陛下俯賜詳察。勑下公卿大臣及時裁酌❸，期在必行❹，交修定志，興道致治，所繫不細。伏乞聖裁。

---

❶ 恭，《皇明疏鈔》作"共"。

❷ 常罰，《皇明疏鈔》後有"是使心志交孚於聚晤，德業相勵於觀摩，視履稽謀，可以覘性術之邪正，治理之得失，官常賢否，斜激薦揚，考覈黜陟，咸據於此"。

❸ 裁酌，《皇明疏鈔》後有"擬議上請"。

❹ 期在必行，底本作"期必在行"，據何本、《皇明疏鈔》改。

懇乞聖明飭勵羣工慎修實政共圖中興盛治疏

　　臣聞天人之徵，運於無心，而感於無象。惠迪吉，從逆凶，惟影嚮，惟吉凶不僭在人，惟天降災祥在德。自古沴異時至，治世或不能免，此固適然之數。然天心仁愛人君，默寓警戒至意，不可不慎察也。我皇上睿德天縱，聖學時敏，尊信大臣，作率羣屬，中外法守，顒然效職，君臣相得，宮府一體，漢唐以來少如此者，固宜大化均調，日臻治理。乃有未盡然者，冰雹、雷火、星殞、地震、水旱之警，四方奏報沓至。頃者淮河泛濫，浙海暴嘯，漂溺民物，尤屬異常。是或天地適然之數，乃聖心鑒惕，不以適然自諉，警戒思以慎修，恐懼所以致福，祈天永命，用保治安。昔者堯水湯旱，二君不以適然自諉，業業警予，慄慄自責，且欽若敬授，允釐百工，以熙庶職，敷求哲人，各守爾典，共承天休時雍、允殖之化，古今稱隆。臣觀今日，感召未得其故。然天不言而示以事，道雖遠而幾則微。況近該各處撫按，論劾貪酷官員，尚多縱恣，日切見聞，感填衷臆，有不容已於言［者］。顧思嫌出位，未敢他及，謹以臣所參佐預❶聞者，條為七事，上陳睿覽。伏望皇上，體文王望道未見之心切，視民如傷之念思，天意不可忽察，民困所當矜。勅諭臣工，亟致修省之實，共圖保泰之機。臣今所言，固極迂愚，或有一得，堪酬聖擇。乞勅所司，議擬可否，上請裁行。臣所未言，并諭羣臣，各思職掌，務攄❷所見，參酌上聞。則

---

❶　預，何本作"與"。
❷　攄，何本作"抒"。

明目達聰而光被四表。好問則裕，而建中於民，萃天下之中和，致位育之盛治，帝王盛德大業，可復見於今日。臣不勝大願，一專責成，以覈實政。

　　古稱知人，惟帝且難，天下百司庶職，非一二聰明所能詳察，輒憑上官考語以爲進退。但所考註，類多漫忽，託詢訪於任使，借耳目於左右，毀譽狥❶情，開報爽實，以致賢否混淆，舉措易舛，官非其人，民失其所，叢怨召災，實由於此。蓋緣法守未一，難以責成，治狀詳稽，乃可底績。古之觀人，必察其行事專且久而後論定。今欲論量百官，必先專責內外長吏，以考覈屬官爲首政，以當否多寡爲殿最，在內部、院、省、寺、司、府、苑、監、長、佐各察所屬，在外知縣察一縣之屬，知府察其❷僚佐及州縣之屬，守巡各道察所轄府州縣之屬，二司之長察其僚佐及各府州縣之屬，撫按二院察各司、道、府、州、縣之屬。務在詳覈職掌，填註事跡能否，分別上中下三等，開報確當，毋得含糊兩可，苟且塞責。各官考語下列長吏姓名，以備稽行連坐之法。凡註考不采事實，輒肆浮詞，宜上而中，宜中而上，宜下而中，宜中而下，錯二人降一級；宜上而下，宜下而上，錯一人降一級。後以此遞降，錯十人以上罷職不敘。古之所謂功者，以任官稱職爲能，非以積日纍勞也。今考屬官，必考其職掌，以稽政事之失得❸；按其境土，以察民心之從違。司銓衡者，人才有無周知，考覈有無當否，陟黜有無枉濫；司民社者，黎庶有無樂業，丁口有無逃亡，田里有無墾闢；司錢穀者，會計有無明當，收支有無侵尅，錢糧有無完欠；司教化者，庠序有無振興，士習有無崇正，節義有無表揚；司戎務者，兵壯有無克練，營堡有無踈虞，盜賊有無生發；司刑名者，獄訟有無冤枉，囹圄有無淹禁，臟贖有無完追；司邦土者，城池有無完固，水利有無興舉，橋梁有無修理；司臺省者，論列有無公慎，糾察有無明當，風紀有無振肅。及諸衙門所司職務，不拘兼專，一一覈實能否，分別等第，照款開註。如

---

❶ 狥，何本作"徇"。
❷ 其，底本作"共"，據何本改。
❸ 失得，何本作"得失"。

職事備舉，衆心戴服者，爲上考。政事能修，民無怨言者，爲中考。政事民心半得半失者，爲下考。咸無考❶取者，罷斥不敘。夫責專長吏，法嚴連坐，則考覈不敢怠忽，可悉人品之真，是非無惑浮議，可得治狀之實，賞罰進退，自然公當。百工庶屬，益勵進修，此官人安民，關係治理。伏乞聖裁。

一廣辟薦以弘大公。昔周以伯冏爲太僕正，命之曰："慎簡乃寮，毋以巧言令色，便僻側媚，其惟吉士。"則周時爲官長者，皆得自舉其屬，其餘百官，大則委宰臣敘用，小則聽州郡辟薦，廣所知於各舉，以啟衆正之門。協僉謀於大同，用布至公之道，賢以彙征，官無倖位，用康庶事，毋剝蒸人，治理休明，率由是道。其後循蹊易轍，計日算勞，廢周漢之遐規，狥❷魏晉之陋格。昔人所謂百僚萬品，惟專斷於所司，勘薄呼名，可受成於一吏，無惑乎賢庸雜進，壬巧混容，蠹政殃民，召災病國，歷代相沿，勢極難反。更化善治，幸際昌時，近該本部申題，遍行撫按查覈屬官，有貪污不職亟行題參，州縣員闕，許推佐貳乃教職相應官員具奏陞補，遠近景從，蓋有維新之漸矣。但未詳定覈實薦舉之法，今宜倣周官太宰之職，歲終令官府各正所司，受其會計，聽其致事，而詔於王。在京部、院、省、寺、司、府、苑、監，在外撫、按、司、道、府、縣各衙門長吏，詳覆各屬。上考者於內表薦可當大任者若而人，中考者可循資備用者若而人，下考者於內可亟行追治者若而人。備稽各所職掌事跡，開註論列，俱於歲終彙❸報吏部。吏部以百官之成質於朝廷。凡內外重大員闕，即於所舉員內敘用，其循資遷補於稱職中平內敘用，京堂員闕即於題闕之日具達，應同會推衙門長佐各舉相應數員，開報吏部，吏部擇所舉多者數員，備歷治跡。上請[敕]❹下輔臣裁行，其內外官，六年三年考察，率藉

---

❶ 考，何本無。
❷ 狥，何本作"徇"。
❸ 彙，底本作"類"，據何本改。
❹ 敕，據何本補。

此爲誅賞，是予奪之權操❶於吏部，而統於輔臣。體勢專一而不撓賢否之實，責成長吏而協於僉謀，公道大同而不偏。又必條定賞罰格例，視所舉多寡爲陞獎階級。蔽賢不以聞及以不肖爲賢者，覺發即行連坐。亦通計所失多寡，爲罪重輕，各長吏有不公不當，在內聽部、院，在外聽撫、按查參。撫、按舉劾參究不公不當，部、院即行查參。若部、院查參考察，及該司黜陟不公不當，聽科道官隨事論劾，是謂賞罰嚴明，不敢不盡心以稽覈是非詳實，不敢不守法以布公。如此則朝廷之上不出戶庭而周知天下之人才，不俟苛責可盡得人才之實。用官修其職，政得其理，民心用安，天意可得。此執簡御煩，平治天下之要道也。伏乞聖裁。

一慎陞❷擢以懷永圖。臣曩見有司長佐，不二三年多陞王官，竊以爲舛。今貳銓部，始知候選猥冗，員闕有限，曠滯歲時，未臚錄用，故爲騰併，以冀疏通。蓋緣開納途廣，干進門多，不問行檢，止較錢幣，清時舉動，溷若肆廛，公家憑檄，眇如質券。使蹊徑❸旁通，正途淹室，白手攮先，積勞躓後，仕無固志，各懷苟且之私，官以倖成，愈肆谿壑之欲。苛政甚於虎狼，膏脂嘬於蠅蚋。昔人謂剜肉醫瘡，瘡未愈，而骨已寒。擊嘆時事，何以異此？目今同事諸臣，曷嘗不激中太息，顧未能議處者，蓋以用人理財各有職掌。輸粟鬻爵，起自漢廷，但始時條級簡約，未爲民害。自後費侈例繁，殃民蠹國，承訛襲陋，流弊無窮。頃因言官建白，該部酌議，停止一二，蓋委曲調劑矣。然銓格循仍，行品雜遝，積冗未汰，宿蠹尚滋。夫經國制用，在權利害之重輕；達體識微，貴慮事機之終始。民之無所，實由官邪；官之失德，彰於寵賂。揆厥所貽，祗緣利誘。上之所誘，爲下之所必趨。例之所導，則法之所難禁。臣望勅下吏、戶二部，集羣臣議，通查週歲納例所入若干，見任緣例中外官員若干，每年廩薪需給若干，概以一考兩考論量每官，始之所輸，終之所得，大約相當與否。至

---

❶ 操，底本作"慘"，據何本改。
❷ 陞，何本作"遷"。
❸ 徑，何本作"逕"。

其倚法虐下，所入何啻百倍？是陽取而陰予，得一以償十。使朝廷負鬻貸之名，下民罹尪剝之苦。經國若此，非計之得也。然司國計以歲需爲急，而又安敢遽議罷乎？說者謂姑就今例，再行酌議，宜加之遙授，益以添註，畀以內外各衙門所屬散秩，不授以親民之職，遙授者照階論敘，優免身徭，添註者查年上選，隨行銓職，考滿無過亦得貤恩。夫祿馭其貴，優復其身，榮及其親人，必遵奉上納。如或不然，則聖明經制，豈無遠猷？蓋足國不在於斂財，而貴於節用。乞勅所司通覈天下，週年歲輸及度支實數，通融會計，以爲經制。臣聞古者大臣於歲杪五穀皆入，然後制國用；以三十年之通制國用，量入以爲出，蓋每歲所入均析爲四，而用其三，每年餘一，則三年之餘三，又足一年之用，此所以三十年而有十年之餘也。以三十年之通，雖有兇旱水溢，民無菜色，此古昔君臣相與定爲中制，以慎長久之圖。《書》曰：“慎乃儉德，惟懷永圖。”蓋謂是也。漢文帝欲爲露臺，召工，計百金，曰：百金，中人十家產也。遂止不爲。以天下大，君猶爲天下惜百金，蓋以財者，民之命也。文帝志切憂民，務敦儉以謹度，不傷財以害民，故衣綈履革，後宮衣不曳地，集上書囊爲殿帷，德至儉也。至其養老勸農，議賑貸以佐百姓，每詔令下，父老扶杖仰觀德化。是以百姓乂安，天下富庶，幾致刑措，治比成康，具在圖鑑，可爲世法者也。伏乞聖裁。

一議調謫以勵進修。有司官員或以不及，或以浮躁，或以註誤而降調者，類多處以偏遠。被謫之士，苟不能自信，一遭擯斥，輒自貶損，視謫所爲窮途，以民事爲芻狗❶。才者輒漫忽自輕，不肖者益肆恣罔忌。昔人所謂以罪吏牧遐方，是謂惠姦而遺遠。偏州下邑，何負聖化，而獨受其憝，似非懷馭❷平施之政也。又外官有才堪治繁，見任偏僻，及堪治簡，見任繁劇，撫按具奏更替，固有明例。以臣愚觀之，猶屬未安。夫縣有大小，

---

❶ 芻狗，何本作"芻狥"。
❷ 馭，何本作"遠"。

而衆寡皆吾民也。民得賢令，如赤子之戀慈母，襁抱❶率育，方幸悅安，吾遽忍奪之他乎？況一經遷調，新舊迎送之勞，不免煩費，移彼趨此之政，未即感孚，或治行少損，兩者皆失，似非愛民一體之道也。伏乞勅下再加詳議，今後降謫官員只論事務煩簡，勿得通謫偏遠，宜處以近地。庶幾詿誤者能策勵表見，以大振新之機。不肖者有所畏忌，少戢貪饕之虐。及於撫按所請更調，未可遽從，須慎加詳察。如見任煩劇而才力不堪，起送赴部別用。或查所轄地方，見有相應員闕，具奏下部酌議填補。若簡僻賢能必久任俟滿，以責其成，覈績超遷，以優其進。是徒謫寓激勸之機，調用無紛更之擾，則遠方免橫罹之苦，偏邑蒙惠澤之終，揆之治理，裨益不少。伏乞聖裁。

　　一嚴追治以警貪酷。本部見行事例，官員貪酷，革職爲民，不謹罷輟❷冠帶閒住，或有查追贓私，究治酷虐，法亦詳矣。但間行於卑雜，而每忽於崇要。大貪極酷，多止罷職。故人易於放縱而貪得無厭，敢於作惡而滛刑以逞。叢怨召災，含冤致旱，欲求化理，愈不可得。伏望勅下部議，參酌法例，通行各該衙門遵守。今後內外大小官員，考註論劾，貪酷顯著者，不獨罷宮裭職，所開贓私，除風聞指坐不追外，其納賄枉法，過付明證，及侵尅科斂，逼抑求索入己者，通行追併入官。伏讀隆慶二年詔書內一欵，凡官員犯有贓私者，務行提問的實，名下贓私，盡行監併入官。又該大學士張某條陳內一欵，守令貪污顯著者，不必引例發遣，但將所犯贓私嚴行追併，押發各邊自行輸納，完日發回原籍爲民。此當遵照舉行者也。所開酷虐，除因公聽斷，依法拷訊，邂逅致死不坐外，有懷挾私仇，而故禁故勘平人，及故出入增減人罪，與決罰不如法，因而致死者，各照本律科斷。查得讀律瑣言，謂官吏因受人財，及法外用刑，將無罪之人而故入以罪，及本有罪之人，而故出脫之，各以全罪坐之。若增減人重罪至死者，坐以死罪。此宜查照擬斷者也。凡此二端，合再通行，申飭遵

---

❶ 抱，何本作"負"。
❷ 輟，底本作"軟"，據何本改。

守。如各衙門長吏阿縱，不肯覺察，問官畏避，不行覈追，及照本律科斷者，在內責部院，在外責撫按，查參究治。如查參不當，悉聽科道官糾劾。必如是而後法可行也，法行於追贓吏，則人知貪之爲❶纍，而不敢肆以奪民之財；法行於治酷吏，則人知刑之當懷，而不敢逞以戕民之命。則庶乎誅求少息，百姓得遂生養，刑罰日平，下民得措手足。二者亦安民保治之大端也。伏乞聖裁。

一均要職以通湮塞。凡一方軍民利病，地方休戚，官屬賢否，人才得失，各項緊要事務，必此方之人親見熟聞，乃能周悉。其休戚利病，賢否得失，得以上聞者，亦必此方之人預❷聞共事，乃能詳達。今得條陳地方利病、軍民休戚者，科道之職是也。居是職而少此方之人，則一方耳目壅滯，疾痛疴癢不相干涉，是使地方之事有偏而不舉之弊。采訪文武官員賢否，地方人才得失者，吏兵之曹是也。居是官而少此方之人，則稽察弗❸周，是非失實，且使偏遠巧宦得縱恣無忌，有比而不周之嫌，誠非聖王弘不忘遠之仁，成大道爲公之治也。乞❹勅下部議，今後銓選科道、兵曹原屬員❺，每省多者三四人，少可一二人。吏曹分職，原有定限，今當再行酌議，添設主事二三員，以克各省一人之數，庶備員弘遍，而稽訪易周，幹濟同情而幽隱得達。且使見任地方官屬才而詘者，可以表見；劣而陋者，不敢縱偷。揆之政理，實有裨益。況以通省添一二要屬，似未過爲榮重。臣之心❻，蓋專爲各省地方軍民計爾。齊一之要，是在今日，不可不加之意也。伏乞聖裁。

一重王官以責職守。祖宗成憲：每王府設有左右長史，其屬有審理、紀善、典簿、典膳、教授、奉祀、典寶、工正及郡王教授等官。所以翼事

---

❶ 爲，底本作"後"，據何本改。
❷ 預，何本作"與"。
❸ 弗，何本作"不"。
❹ 伏，何本作"伏乞"。
❺ 底本衍一"多"字。
❻ 心，何本作"愚"。

宗室，職輔導以崇宗教，實非細故，往代咸重斯任，以優其進，今則視爲閒散，藐若贅疣。凡有司冗員瘵❶職，及孤遠之士，悉投於此。是以王宗之屬，顒爲擯斥之區，銓擢沓至，候代淹期，皓首窮途，棄如敝屣，以故職業叢脞，法守謬悠❷，宗人蕃衆，動多踰越，罔有約束，肆虐害良，無所顧忌，甚❸非所以恪遵祖憲，推敬宗親者也。嘉靖八年，大學士楊一清題將王府長史等官俱許考滿序遷，該吏、禮二部覆題奉旨，長史等官果有才力可稱，與各衙門官一體推遷推用，誠有見於王官之當重也。當事者莫究要理，未見遵行，殊可太息。夫官不重則不振，政不覈則不修。崇而導之，其機特在轉移間爾。今王官不稱，固考覈去之矣。其稱職而賢能者，不宜一概淹抑，當遵先帝明旨，與各衙門官員一體敘擢，示進取之途，以作向上之志。責當修之職，以重輔導之權，則凡遷補於此者，不自輕忽，監司長吏咸知敬重，各有司官員亦不慮此爲逼逐窮途，尚翼保愼，不敢遽虐下民，而銓選亦屬均當。培植王化，肅清吏治，[惠]我元元，誠一舉而衆善皆得。伏乞聖裁。

---

❶ 瘵，何本作"墮"。
❷ 悠，何本作"忽"。
❸ 甚，何本作"殊"。

申明風憲事宜以重臺綱疏

　　臣萬曆二年九月內奉旨起用，着以原職，協理院事。臣捧檄赴京，供職將一月矣。日與左都御史臣、右僉都御史臣商確❶臺憲事宜，關繫治道，弘綱要領，固尚多端。然舉今日至急至切、易知易行者，參酌衆見，僉謀大同，條爲四事，開坐上請❷，伏乞聖覽，裁斷施行。

　　一慎選授。竊惟御史之職，內則恊議國政，繩糾官邪，外而巡歷，則一省生民休戚，庶屬賢否，皆繫於御史，其任爲至重。故必心術光明正大，操持端勤公慎，風猷練達者❸，然後可以稱職。祖宗朝選授多以進士、舉人、監生拔其尤者，其時三途并用，惟其才，不惟其資，乃後仕途惟重甲科❹。近時行取，推官知縣，及行人博士等官，考選❺行人博士固多賢才，但未經歷外任，宜選置科省，科臣僚寀聚晤。凡參駁裁議，可以恊衷商確❻。御史出巡，居寡聞之地，操得縱之權，若不稽其閱歷而輕授以新進之人，則踈躁立見，舛謬乘之。況司道老成，旁睨左右，百司庶屬，承望下風，敬忽勤怠，視爲重輕。臣蓋謂御史選當慎者以此。請自今將行取到推官知縣，多選拔其尤者，置之臺屬，庶差委巡察，可以得人。伏乞聖裁。

　　一充委任。國初選授御史，多至百十餘員，闕十員以上即當請補。近

---

❶ 確，何本作"推"。
❷ 開坐上請，何本無。
❸ 底本衍一"成"字。
❹ 甲科，何本作"科甲"。
❺ 選，何本作"取"。
❻ 確，何本作"推"。

時員闕太多，差委不敷，各處巡按，無人接管，以致曠官廢職。況近日四方水旱盜賊災變異常，其所以督察羣屬以爲消弭安賑之計，全藉御史及原設十三道，各有專掌，以備僉序建白、參駁彈劾之任，所以肅中外臣工，端朝廷法紀，關繫不細。今各道止二三人而兼掌，或旬日而輒更，臺綱憲體，日益隳❶墜。臣等目擊，相對太息。良由選授員數，阮不克足，又連經考察，罷調遷陞數多，一二年來，兩次考選不滿十人，無怪乎積曠則災。今次行取推官、知縣等官，選授縱多，亦不過二十餘人。然皆新任試職，未得掌道，未得巡按，再需幾月，曠閣益甚。臣請勅下吏部，於選取推官知縣等官之外，再於南北各部寺主事、評事等官，特爲訪選，并咨行兩京各部、寺、堂上官，廉察❷庶屬，凡端勤公愼，風猷素著，可當御史選者，各舉三四員，開報吏部、都察院，再加訪覈。另行改選二十餘員，以備目下巡按掌道各項緊急委用。或云選改❸，恐啟嫌滋競，臣等以爲不然。堂官舉之，部院覈之，若有不公不當，言官得以指摘論劾，後有不職負舉者，法重連坐。夫臣子視天下事當如一家，同舟共濟，惟才是用，惟急是圖，豈分彼此？且負數充足，則推擇不舛，南北其宜繁簡易劇，察才量力，委任相稱。視之不問可否，輪序挨點，大相逕庭❹。伏乞聖裁。

一嚴考覈。御史試職滿日，及巡歷還京，必詳加考察，條例禁嚴，恪爲遵守，孰不畏愼。但法久人玩，因循容悅，不肯着實遵行，實臣等奉職無狀所致。今後特爲申明，試職必於一年，滿日方行考覈，必守正奉公，通曉法律，練達政體，方準實授，否者送部改用。差出在外，必責令該道及河南道掌印御史，周年博訪，巡歷稱否，分別殿最，還京之日，會同各道互相保結，臣等細加嚴覈必無推姦避事，贓私過犯等事，方敢具題回道管事，果有違犯，必指實參究。若考察不實，保結不當，事發，分別輕

---

❶ 隳，何本作"墮"。
❷ 察，何本作"訪"。
❸ 選改，何本作"改選"。
❹ 按，此句底本舛誤較多，難以卒讀。

重，連坐降黜。如是，決不敢再效尤阿縱，以負陛下矣。伏乞聖裁。

一專責成。御史面奏點差巡按，奉君命也。必俟巡歷滿日，還京復命，考覈之後，方可陞黜。今在地方邊擬遷擢，甚非尊君之體。且事多中止，官吏姦弊，乘間百出□以□□之宜。今後□□□□□□□不公不法，□趨□□事□□□□□□□□。其餘俱聽交代，還京復命，方得考覈陞遷。且❶不得在任改擢，以□憲體。及照掌道御史，視之部屬諸司，職掌尤重，必每人專掌一道，以稽訪分轄地方。生民休戚，官吏賢否，凡有大政大疑，協衷酌議，僉序建白，以振風紀，且久歷臺憲，明習世務，足豫後用，故所掌日期必周年以上，方得更替。每季輪直三❷員，對閱題覆章疏，及查覆咨鈔堂呈，凡所以上承朝廷，下達邦國者，必專稽察，防有差謬，即行糾正。至於巡視五城以革澆俗，以恤商困，以詰姦細，培植畿甸，根本重地，關繫❸匪輕，亦當限以年月，委任專久，不可旋更旋易。如此則御史職任，方可責成。伏乞聖裁。

---

❶ 且，何本作"并"。

❷ 三，何本作"一"。

❸ 繫，何本作"係"。

星象示異乞賜罷黜作回天變疏

臣聞庶民惟星，生於［日下］，則是民以君爲心，君以民爲體，上下維繫，理象昭彰。然君不能以獨治，必設官分職，布君之政，以致之民。官得其人，則政理而民安，民安則上感於天，順氣成象，而禎祥見焉。不得其人，則政隳而民怨，民怨則上干於天，逆氣成象，而災沴❶生焉。是天降災祥，繫於民心；民心得失，繫於庶官；庶官賢不肖，繫於吏部。吏部進退百官，操用舍予奪之權，佐天子以均平四海。是□□□□□□□明□博訪，僉謀大［同］。然後□擴知□□［明而稱衡］□□□，以勝端揆之任。苟好惡眩於愛憎，是非淆於聞見，則不肖得以倖位，而播其惡於衆。賢能淹抑下僚，而弗見用於時。泄邇忘遠，疎邈吻閽，弗耀於光明，遂使衆志銷沮，習偷玩愒，婬妸❷巧肆，民滋❸不堪，無惑乎叢怨召戾。官人之責，咎將誰諉？

臣遠地寒踪，先朝棄物，蒙皇上起用，叨貳銓職，竊有報國之志，實歉致用之才。庸祿迂踈，識不足以鑒物；瞍孤行劣，信不足以孚人。上之不能奉揚德意，協贊立賢無方之益；下之不能淑勵庶司，以覃小人樂利之休。旅進素餐，厚顏竊位，分揣踰涯，義宜早退。自念幸遭聖明，千載一會，需竭狗馬，冀效涓涘，未敢輒再陳請。顧今星變垂戒，曉夕憂惶，上奉明旨，考察百官。當此羣工陳休之時，正切臣負愿聽斥之日。自思年齡

---

❶ 沴，何本作"異"。
❷ 妸，何本作"阿"。
❸ 滋，何本作"誅"。

衰邁，智慮昏庸，在廷之臣，莫有如臣之甚者。冒忝班行，久妨賢路，黜［幽］❶首及，宜莫如臣。近因南京尚書闕員，在廷諸臣，以臣年資推補，誤蒙簡用。是臣以當首罷之人，復冒殊常之擢，負乘非據，慚悔益深，挽□天□□□□責，伏望皇上察臣悃衷，收回成命。俾以原職，亟賜罷斥，獲安愚分，以終餘年。於犯老而在得之戒，用警羣工，共圖修省，以勵敬事後食之忠。庶官得其人，政得其理，民心悅而天意可回。臣無任懇切俟命之至。

---

❶ 幽，據何本補。

比例陳情懇乞天恩俯賜祭葬以光泉壤疏

臣由嘉靖十四年進士改翰林院庶吉士，授浙江道監察御史，巡按福建。以言事被逮❶，恩賜爲民。隆慶元年，皇上錄用建言得罪諸臣，臣首被拔擢，感激殊遇，同母馮氏來京供職。一二年來，薦沐恩典，臣父應初贈通議大夫、都察院左副都御史，前母陸氏，贈淑❷人，臣母封太淑人，榮踰涯分，誓報涓涘。不幸臣母於正月二十三日在京病故。臣初受國恩，未少報答，豈敢復有陳請，以干恩澤？但念母氏劬勞，且責於大義，即願與臣同趨召命，間關萬里，祿養未幾，遽逝旅邸。臣痛恨罔極，況奉明例，何忍自違？是以不得不哀鳴於君父之前。臣伏覩《大明會典》一欵：凡兩京三品文官并父母曾授❸本等封者，俱照例祭葬。又查得見行事例：一品至四品文官并父母曾授本等封者，各得并祭。其無封贈者不許。及查先任兵部左侍郎張時徹母孫氏，吏部左侍郎歐陽德母蕭氏，俱以三品封太淑人，病故，例賜祭葬。時徹父張忄德父歐陽席俱得并祭。今臣父母與二臣事體例同，伏望。（原文下闕）

---

❶ 逮，何本作"遞"。
❷ 淑，何本作"太淑"。
❸ 授，何本作"受"。

卷之二 地方事宜

聞會省警變亟與撫臺李公條議

隆慶戊寅七月

　　一報至後，即會本兵該［科］諸公議處錢糧，僉欲於司道長督解項內，擇可留者權宜那用。一面題請，一面即行動支，以濟目前之急。夫以朝廷錢糧救朝廷赤子，且輸解到京，多給邊餉。而廣人亦赤子，且在本處，以彼濟彼，即準支銷，義亦甚當。否則，待事寧補解，無不可者。至於各省原借之數，雖部中題……（原文下闕一頁）蕩之績，惟明公加意。

　　一兵船旋造旋毀，百姓膏血，投之無用，可爲憤恨。且造船通津，非計之得。今若再造，須在上流僻曠裏河，賊不能到處，所修造大者二三十隻，以爲先鋒，其餘當別爲區畫。且治舟於官，費用不貲，合宜俯論民便，稍弛報稅之禁，以通島舶之利。居民大賈，聽其自行打造，隨便販貿，則烏艚巨艦，日漸衆多。一旦有急，輸流刷攭，可濟險難。所用之船，戮力給食，舟工篙子，皆我士卒。事已即發還，及給票付照次數，以杜混攭之苦。如是則人皆樂從，而師旅易集。且弛稅通商，生理阜通，則驍悍之徒，日鮮從賊，亦是一道也。幸加察。

　　一東莞、新會、順德、香山驍悍之徒，慣諳水戰，募之即可克兵。但豫處錢糧，以時優給，則隨在皆兵。擇選將領，申以法紀，則兵皆可用。

最不宜遠調客兵、目兵，徒滋煩費、抄❶掠之苦，伏加❷裁酌。

一重堂奧，當守門戶。佛堂南頭，皆海防要害，然尚在曠遠。至如波羅，則省城之門戶也。今不守門戶，俾賊徑入堂奧，計甚左矣。往昔輿議，謂宜屯兵守禦於此，實爲有見。請乞廣集輿議，專仗毅斷，參舊爲新，僉謂宜因波羅傍海鄉村築立土城，以爲營寨。置造巨艦十餘隻，以備❸戰禦。其守禦兵卒，多則至千，少或數百。即行番、南、順德、東莞數縣，分撥民壯，大縣七、八十名，其次三、五十名。及將鹿步、茭塘巡司，對鎮兩岸。其民壯弓兵工食，率照近日錢糧帶徵，分派給領。即召波羅上下附近鄉民之勇壯者，及編僉水蛋，聯之約法，以充其役。庶便居防，可以經久。二項工食，不足千數，可從長別處，或查原額，召募打手，銀兩移助充給，擇選有智略守備，督領道郡，時行❹嚴察，以成重鎮。則門戶既嚴，衛護內地，鄉村共保無虞，省城安能突犯，此策之上者。至於置鐵鍊橫江之策，亦甚可行。須選委廉慎有心計官員集議，置造鍊鑰。即如浮橋，抽分所在，事體關欄❺。凡官船、渡船、商船各色大者，立爲常規，以時啟閉。又於近村海旁，留通一線平淺水路，以便魚米薪蔬小船販貿往來。如此則長江隘口截然險固，匪惟劇寇可禦，而尋常顆❻賊舟楫，亦畏欄截緝捕，不敢滋恣，亦保境內之一策也。請乞待事寧之後，亟賜圖之。地方幸甚。

---

❶ 鈔，何本作"捎"。
❷ 加，何本作"乞"。
❸ 備，底本作"被"，據何本改。
❹ 時行，何本作"以時"。
❺ 欄，何本作"闌"。
❻ 顆，何本作"躲"。

奉答制府劉公條議

戊辰八月

一安境內以固根本。廣自潮惠有倭寇以來，山海不逞之夫，相繼煽作，征調頻煩，供需百出，加以掊❶尅，民苦不堪。狼兵、客兵所經，民輒遠徙，廬舍物畜盡罄。比至戰壘，點賊業遁，遺所擄以噉刃，兵將相蒙恣虐，殺良以獻。退掠子女財帛而去，是括內事外，剜肉❷醫瘡，膚指未理，本實先撥，往事大都若此。伏冀節鉞臨鎮之始，特賜榜諭，以號召人心。明示告戒，下之有司，仰體皇上憂遠，特發內帑，周急救民至意。自命百凡軍需，上下供億，皆出公府，不以勞民；召募訓練，皆選土兵，不煩遠調；將佐統領，皆遵節制，不犯秋毫，庶使有衆各安居業。及地方宿蠹有不便於民者，隨在廣集父老於庭，細詢疾苦，以振頹拯溺。是仁聲德意，本乎惻怛至情；遠猷辰告，復以申飭明威。繕兵守險，民獲安撫。隨吾所指，易以底績。伏乞加意。

一招流亡以安反側。廣海東中西三路防守及募召等項兵目，原俱土著，曩者❸柘林戍卒闕餉七餘月，該管不行請給，衆挾把總赴省告討，復

---

❶ 掊，何本作"剖"。
❷ 肉，何本作"月"。
❸ 者，何本作"著"。

惟呵責，將逃卒盡，揚仇突犯。後來料兵惑聽謬計，往募外省，多出賊黨，本土驍勇之徒反棄不用，以故強悍無依，流亡四散。曾賊懸厚貲以廣招納，實繁有徒。爲今之計，凡所招募調應，均屬參遊把總各部下兵卒，及兵海各道郡邑民壯、打手、弓兵等役，俱行令官司隨地召募本境勇壯之人，充爲兵用。則此輩俱有利賴，可以聊生，不敢從寇，以滋烏合之虐。乞加意。

一撫脅從以攜賊黨。山海負固，窮兇作俑，嘯聚四方，礦舶亡命，烏合日衆。小民苦逼誅求，困窮凍餒，甘心從賊，漸成猖獗。至於近山旁海村落，居民首罹荼毒，控救無門，奔徙莫及，父母妻子，命懸戈刃。致有需首脅從，以緩須臾之死，亦有被擄良弱，倖脫刀鋸，姑就投降者。是其黨類之中，委有玉石之辨，不容概焚。凡所至請下令道郡行縣正官，細查賊劫鄉村被擄之人，按其姓名、籍貫、年貌，造報該道，以憑告首賊酋渠魁。至一概勢迫脅從者，許其來歸，悉給票照。待以恩誠如此，則賊黨日孤，渠魁可獲矣。乞加意。

一廣屯營以禦要害。廣南山海多沃壤曠土，事寧後乞行道郡，稽查可爲屯種處所，爲之區畛營寨，召募游手壯勇徒衆，給以子粒、牛具，任其墾種，不責輸納而謂之民屯。道郡以時稽督，比其什伍，覈其訓練，使守要害，以防出沒，遠近大小聯絡犄角，有事則合而調用之，可以足兵裕食，坐策制勝。伏乞加意。

一增建置以守門戶。南頭中路原有城池，設立守備。但濱海村落如福永、西鄉，固素皆強悍生長之區，其間良善下民，十居六七，往年父老士民請立爲縣，以便輸納，以辨淑慝，使惡者有所憚，善者有所依，此宜俯從民便。當事者懼煩叱止，使此方之人，混無辨白，坐失倚毗❶。所繫匪細，請俟事寧之後，博訪民情，果協僉同，即爲題請添設一縣，約束強悍，以雄保障。在東莞爲藩籬，在省城爲門戶，是一舉而三得也。至於添

---

❶ 毗，何本作"畀"。

撥兵船，以防守虎門上下，橫置江鍊，欄截波羅海口，則又全省保境切近急務。前所謬議，并以附覽，乞加意。

一禁接濟以杜姦宄。黠賊鷔驁，本自恣肆，亦由內地姦民，外省悍商，多掠民間子女，私載硝黃穀粟，接濟勾道。此輩不除，劇釀禍本。況今番夷窺伺不測，隱憂尤甚於曾林諸酋。乞行該道悉心區畫，於舟商出入處所，設法關欄❶，嚴爲禁革，務得杜絕。又營屯重兵，鎭防要害，以控制島夷，則外變不生，境內可保無虞，乞加意。

一稽流寓以防姦細。省城各處，近因鄰省倭寇荼毒，輒來避地，城內外雜居錯處，不下數千百家。其本等營生，何所不可？中間勾引窩藏，作歹爲非者，亦復不少。前月賊犯省外王馬二院，嚴行稽覈，得內應姦細數十人，發覺擒治，而姦宄消弭。今至嚴行郡邑，申明各隅、坊、廂、舖、舍保長保副之法，於流寓之家，審編客籍。俾其同鄉熟識，互相保結，若無認識，即時驅逐。則姦細不至潛藏，內應外援，可伐其謀矣。且居止既定，即與土著齊民，一體輪流，地方更甲各項差役，毋得巧稱孤客名色，倚恃同鄉官司，以專市利，貽害居人，此亦息盜安民大端。乞加意。

❶ 欄，何本作"闌"。

約里中諸公條議保障事宜呈當道各衙門

　　廣省耆老某某，各庠生某某，謹集羣衷，請早酌議以豫防禦事。廣城瀕河，四方賈舶輳集，姦宄易生。加之饑饉薦臻，師旅繁興，民之憔悴，莫甚此時。比年重臣良拔，相繼捐棄，吾民城中隍社各處，千百年喬木，無故偃萎。天時人事，觸目堪嗟，山海寇盜，滋蔓彌布，人心熒惑，恬無警忌。今夏大將擁兵東征，過省浹旬，而順邑惡少❶竊發，踰城劫縣，如履無人之境，官民罹毒，慘不忍聞。順邑去省僅餘百里，奚啻震鄰之急。省爲十郡根本重地，公家貯蓄，囹獄所關至重，百萬生靈，舉屬安危。且今當道有事，嶺東上司舊闕，銓補未備，衆情洶洶，懸望倚毗。昨者兵巡本道，甫臨，首視城郭軍門，移檄榜諭，嚴飭守備。蓋隱然遠慮，思患預防。吾黨士民，情切桑梓，若不仰體上意，廣集衆思，議擬防守機宜，申禀當道，以祈裁酌施行。萬一設有意外之虞，束手無措，噬臍何及？某等杞人私憂，過討僉集衆見，條畫防禦事宜，少效芹曝，固知出位，實切剝膚，況好問下及於蕘蕘，采善不遺於蒭菲，用忘鄙陋，輒敢上陳。惟諸明公望重四民，憂同一體，仰祈早賜定期會議，將衆見所陳事宜，逐一詳加商訂❷，務求至當。畫一可行，亟爲轉達當道，詳照給示，諭衆遵守，則地方幸甚，人民幸甚。所有條陳防守要略十事，條開於後，以備裁擇。

　　一聯序屬以修人和。省城周圍九里，原建七門，城內居民數萬計，舖

---

❶ 少，何本作"小"。
❷ 訂，何本作"確"。

一百三十有奇,大舖百餘家,小舖數十家。間有偏僻里巷隱漏地方,今查附入鄰近❶舖內。每舖多則二十五家,少或二十家,編爲一甲,立保甲一人;四甲爲舖,立保長一人;五舖爲同,立隅長一人。因七門爲七隅,隅有正,立隅正各一人。保甲周知甲內人氏虛實淑❷慝而時省之,保長稽而籍之,隅長得以通融均節之,隅正總率覈之,以別淑慝,程能否。居常則講信修睦,有事則協力趨勤。下情幽鬱,隅正集議公當,會質於當道,以聽其政令。如此則上下同心,遐邇一體,萃渙聯異。譬之一人,身之運臂,臂之使指,一氣流通,內和外順。孟子曰"地利不如人和",此今日救時之急務也。

一均丁力以輪班守。序屬既聯,外虞當弭,且有備無患,亟當預圖。苟處置失宜,衆情難協。況今日之事,乃一時權宜之術,比與尋常輪當地方事體,迥然不同。擬通將省內士民,除見在仕途,及家居年七十以上者與有疾者優免外,其餘縉紳不拘見任未任,凡在家居及生儒吏承❸各役,不拘貧富,弟男子姓僮僕人等,凡同居異爨,但年二十以上❹,俱要隸入本甲數內。軍衛之家,除見伍正軍遵照差操,原定戍守,茲不敢概列,其餘丁舍人等,見在各舖內居住者,一體編隸。周給班守保甲,籍其數於保長,保長質於隅長,各得以通融均節之,共質於隅正,隅正督而行之。設有警急,輪班登城、排立,信地固守,此權宜協力,共保身家,關繫非細事。寧則復舊蠲豁,不以爲例。

一議周給以繫人心。在城小民,十室九空,朝無夜糧,平時挑負,猶可度日。一遇荒歉,米價湧貴,即束手。若加警急,萬一城門閉守,公家策應不暇,庚廩無措,此輩枵腹,無路求食,勢必攘搶。外變未禦,內憂尤作。此時各家,縱多蓄積,其誰與守?妻子骨肉不暇顧救,雖有餘粟,

---

❶ 鄰近,何本作"鄰里"。
❷ 淑,底本作"媱",據何本改。
❸ 承,何本作"役"。
❹ 上,何本作"上者"。

安得而食？興言至此，良可慟心。似宜通融權處周濟，以維繫衆心。保長集同保甲，將舖內人民會覈，分別上富、中富、下貧、極貧，及中間僅能自活者，列爲五等，質於隅長，細加詳覈，質於隅正，大約議處。上富倍出，中富量出，下貧量賑，極貧倍賑。僅能自活者，不出不賑。其五舖內，或貧富多寡，大相懸絕，隅長得以通融均處之。議定各該某名下出穀若干，出銀若干，某人該量賑若干，倍賑若干，數目一一登記於册，以便臨時支給，以俟事寧稽考。間有尚義加意倍出者，特書於册，以俟隅正舉呈獎禮。今請於各該出粟出銀各家名下數目，大概銀以三分取一，以備制置器械、火藥、油燭，及一應公費，庶免計擾。穀以五分爲率，暫先量捐，其一公貯，查舖內見有老疾孤幼、失所無依之人，先行量給，以示優恤，激勸人心。其餘定數，俟有警急，乃行斂給。幸而無虞則止，蓋寧有備而不用，不可患至而無謀。各舖保長凡有支給一一請於隅長，隅長達於隅正，通知乃行動支。且數記册，以便查考。待事寧呈官，以行勸懲。如此則先事有備，人心維繫，潛弭姦宄，保禦之策，似莫踰於此。

一定隅位以固防禦。城有七門，因布七隅，大約以四牌樓十字大街而中概之。自惠愛坊東迤南至肅政街，轉馬鞍街，達仙湖街，而東抵長塘。自長塘鐵鑪巷口大街以西，會於惠愛坊，計大小若干舖，是爲南隅。南隅正督之，以控守大南門。城上東西相距計窩舖者幾，布列旗幟、牌甲，率以南門爲號。自孝友坊起，迤西轉朝天街，由糧儲道後，至天濠街，西達城北。自忠烈坊，轉雨帽[街]❶，迤東至大石街，抵越秀山，計舖若干，是爲北隅。北隅正督之，以控守北門。城上西北相距，計窩舖者幾，布列率以北門爲號。自布政司❷後街，轉芳草街，迤北至天關，東達城南。自番禺縣東大街，抵城[東]❸計舖若干，是爲東隅。東隅正督之，以控守東

---

❶ 街，據何本補。
❷ 司，何本無。
❸ 東，據何本補。

門。城上南北相距，計城窩者幾，布列率以東門爲號。自天濠街之南，由寺後轉糧儲道，以東歷朝天街，轉新店米市街南，太宰坊大街以西，西抵西濠街，計舖若干，是爲西隅。西隅正督之，以控守西門。城上相距計城窩者幾，布列率以西門爲號。自南濠街口，由小巷轉太宰坊，以東大市大街，北抵中❶賢坊。東自❷肅政街，南轉於箍桶街東，計舖若干，是爲西南隅。西南隅正督之，以控守歸德門。城上東西相距，計城窩者幾，布列率以歸德門爲號。自都司後街、洛城街出［低］街、大石街之東，由布政司後街轉東至河沿天關達城，計舖若干，是爲東北隅。東北隅正督之，以控守小北門。城上計城窩者幾，布列率以小北門爲號。自長塘以東，由縣前以達城西北，自城隍廟前街北東達城，是爲東南隅。東南隅正督之，以控守小南門。城上計城窩者幾，布列率以小南門爲號。以上隅位不過大略如此。其中舖舍多寡，街巷大小，居民繁簡，更望會集履歷，計畫均一。

一重保甲以慎稽防。一舖分爲四甲，二十五家，或二十家。各保甲當周知甲內人氏、丁田、房屋多寡之數。每甲置長牌一面，開明填註：某戶人丁成丁若干。下註何項生理，及官吏生儒名色。自己房屋若干。若典賃他人房屋居住者，亦開某人典賃某隅、某舖、某人房屋若干。及某人有房屋，置在某隅舖，見典賃與何人姓名，亦附註於下，以便彼此互相稽考。凡有房屋租賃與面生之人居住者，須要遵奉軍門見行告示，慎察來歷，必有相識引證之人，乃得與居。須告於保甲，開報姓名，圖籍填註附入長牌內，同遵約法。若本保甲稽查開註不的者，聽中內人氏互相發覺，告於保長。若本保長稽覈不實者，聽本舖長甲及居人互相覺察，告於隅正。如此則姦細不敢潛伏，無內顧憂。凡各舖內原有社會，保長保甲，量因節序，定期爲會，以致里黨出入勸戒、守望相助之意。如甲內人氏，有違約各項過失，許於會日相告，小故勸解和息，大則達於隅

---

❶ 中，何本作"忠"。
❷ 自，何本作"至"。

長、隅正，裁酌聞官施行。其置書寫泛用，即於出賑銀內量數支辦，毋得概行科斂。

一精器械以備不虞。城圉戈盾之備，公家原有處置。但事出急遽❶，一時難得具備，議將舖內出賑銀兩，量行支給製置。每舖［計用］弓弩、箭銃、旗、鑼、鼓、牌、鏢、鎗、炮、石、火藥、燈油之類，共該若干，通共置立若干，務在堅固，貯於舖舍，籍數於册。各家自備若干，臨時自行操執。今且量支工食，給與舖內貧民有力者預行❷採拾石塊，稜厲尖角堪用者，挑至各舖，原派信地堆積，以備急用。此項工食程能量給，計所費不多，必須倍積。其餘守禦機宜，俟諸明公會議裁酌，臨時策應，豈敢妄及？此項捐處銀兩不足，議請當道每隅給銀二三十兩，發隅長、保長措備。開具支銷散數具報，隅正轉達司府，查考何如，再詳之。

一愼僉舉以率衆志。保甲之法，自古稱良。上官時常興舉，位懸勢隔，不能親董其事。下人奉行，祇成虛應，反增煩擾。今日此❸舉，承上行下，因舊爲新，重在捍災，非圖飾美。凡預同事，苟非其人，則衆情弗協，何以信從？各舖原日僉保長、保甲，立心行事，公當可信者，照舊申飭優禮。間有偏曲，爲衆所壓❹殺者，俱當另行僉補。衆議集齊，各隅鄉老耆士會叢，將各舖居人，不拘官員、生儒、耆民中推舉行誼平正，處事公當者，一人爲保長，四人爲保甲。五舖之內，推舉士❺大中爲鄉里所稱服者，一人爲隅長。每隅中推舉士大夫爲當道所敬重，鄉里所信服者，一人爲隅正。公論出於興衆，推保協於僉謀。吾黨恭率子弟敦禮造請，申稟當道，隆書貽帖，質成行事，仍乞給示，諭衆遵守。凡我居人，務要仰體

❶ 遽，何本作"卒"。
❷ 行，何本無。
❸ 此，何本作"之"。
❹ 壓，何本作"厭"。
❺ 士，何本作"士大"。

鄉邦聯和弭變、救時急務至意，遵奉上司明文，不敢違越。其間有恃奸逞頑，幸災樂禍，以故違約法，及有懷私挾術，以惑衆志者，查訪得實，小則白於隅長、隅正懲戒，省❶令改過。大則會衆申呈上司，按法究治。其保長保甲人等，行事偏執，有不公不當、衆所不悅者，聽集衆申請，另行僉保❷更替。如此則事體允當，約法易行，地方幸甚。

一飭營衛以協防守。省內各達營衛所，官舍旗軍，調發戍守，聽命公府，糧餉支給，自有定時，與編戶庶民不同。況世受餼養，役專戎伍，其勇事效勞，想百倍衆庶。但恐軍民異轄，分別彼此，合請上司申飭各營，聽隨彼中便宜，稍倣舖甲之意，什伍相爲聯屬，有無相爲周給。遇有警急，分布七門兼同七隅，協謀策應，守禦旗軍，悉照原定城上窩舖信地，嚴飭各管軍官員整備，兼同防守。務使軍民一體，休戚相關，同心戮力，以捍外變，共圖保障。此無❸形之❹險也。

一豫外禦以防衝突。城外居民，自東迤南而西，何止數十萬？設有警急，一時難得盡搬入城，僉議欲於沿河一帶建築外城，一勞永逸，固經久至計。但工程浩大，卒難遽議，今日尤當權宜預爲之防禦，宜一體編立舖甲、隅長、隅正。若無隅正，分附城內隅正。其預❺備處給各項事宜，查照城內事體，參酌以行。且先將沿海一帶，處置杉木，樹立排沙，以便防截。各隨街口方便，開立水門，以通出入，以時啟閉。其輪守之法，亦編定附近地方，分別多寡，通輪班巡邏，互相聯絡。若聲息緊急，各隅正請於當道，酌議在永安橋、國計亭驛前、官渡頭、大觀橋、彩虹橋等處，大要害所在，各立大營。七門外擺列小營，各委謀勇官員，督率官兵駐扎，協同民兵防禦。庶城外居民，免倉卒衝突之患，而城內亦可

---

❶ 省，何本作"責"。
❷ 保，何本作"補"。
❸ 無，何本作"不"。
❹ 之，何本作"於"。
❺ 預，何本作"豫"。

以設備矣。

一嚴斥候以通聲❶息。此項事體，全在官司處理。各隅正請於當道，酌處健〔步〕，計道里遠近，刻期飛報真實聲❷息，庶城外扎營，得以預爲調度。而人家婦女，可以預❸先搬移入城，無臨時警惶奔仆僵尸之慘。且城內防守事務，亦可預❹備矣。

❶ 聲，何本作"消"。
❷ 聲，何本作"消"。
❸ 預，何本作"豫"。
❹ 預，何本作"豫"。

擬立嘉桂縣治議

即今新建花縣

　　省城後二百餘里而北，與清遠、從化萬山聯絡，叢巖邃洞，鬱爲盜藪。且各邑界壤遼曠，疆理備禦空闕，公府政令，勢難周浹。以故逋逃亡命，窩聚於此，實繁有徒，時出流劫。附近鄉堡每罹荼毒，擄掠官民物畜，慘不可言。往年番禺、南海❶、三水各縣，擢桂、神山、桃子、三江等堡耆老士庶黃祚昌、邱有松等數百人，僉議舉呈於撫按、司道、府、縣各衙門，擬在擢桂堡，土名嘉桂嶺，地方適中五縣交界處所，土地平曠，風氣融聚，可以建立城溝❷，添設縣治，以控制要害，聯轄❸各壤，安戢衆志，以保障地方。此五縣民情，所汲汲舉手加額以望安定者，已蒙準行委勘。後以各邑所委簿尉後先卒至，彼中士民有力者，俱徙居省城，不及豫期回待登答，朦朧具報，議遂中沮。彼處惡少❹，竊見衆議不就，更益縱恣。隆慶三年冬，擄去截捕巡檢。萬曆元年秋，劫殺解官黎指揮。舊年冬，復❺掠殺胥江巡檢，職官蒙難，莫如之何。下民罹殃，其誰與理？今

---

❶ 番禺、南海，何本作"南海、番禺"。
❷ 溝，何本作"池"。
❸ 聯轄，何本作"聯絡"。
❹ 少，何本作"小"。
❺ 復，何本無。

不早爲區畫，以鋤暴保民，則茲蔓難圖，致煩大衆，動擾民生，靡所底止。孰若因衆所欲，與之聚之，一勞成逸，以垂久遠，尤爲得計。且立縣有五利：握萬山之中區，據五縣之正界，山川險要，控制彈壓，盜賊不得勾連潛聚，誠能建立屛捍，無復山寇之慮，一也。向日父老舉呈立議之時，擬聚十八甲新民老稚，相率鈐戒，黨類混入□□□□□□，因而招徠之，渙黨弭變，二利也。縣治既設，則刑教政令易及，錢糧詞訟易理，禁兇保良，□□爲□□□□□三利也。城郭足恃，向所徙避黎庶，□□□□□□□能樂業，彼中曠土沃壤，□□□畝□□懇，則田野日闢，戶口日增，四利也。又桂嶺□□□□□□□□□和，足當奇勝，工勢平衍，河水通流，舟楫利導，□□□□，異時生理蕃阜，文物顯［萃］，嶺海奧區，當與番、南❶并美，五利也。興此五利，而使□日免劫掠，□□□無經略之洪圖，貽經久之休❷澤。疆理上□□□□□□□，幽遠難以［上達］。茲荷明臺□□□□□□□□□民事，茲其大者。僕等情切，□□□□□謹歷❸輿情，代爲詳懇，伏望明察，採納準行，委勘具報，早賜會議，題請施行，則保障豐功，疆理大計，五邑士民，奕世感戴，貽於無極，地方幸甚。

　　右件曩因委官未經同至會期，以備悉輿情，遂倡立鎮之說。夫立鎮必因人民室廬衆集所在，止以曠遠多故，從而保鎮之以安其居，此人人所至願者。今此地在萬山之中，據五邑之界，土曠人稀，立爲空鎮，誰肯往居？徒費無益。若建縣則城郭完固，溝池導潮，舟楫阜通。上而公府庭宇，車馬駢闐，黌序齋舍，羣士樂業；下而胥徒壯皂，百役供應，分圖列堡，里甲供輸，居聚漸衆，生齒日蕃，比之鎮寨，何啻倍蓰？況以往事觀之，正德以前，十三村諸處，憑山作梗，致煩大衆，自立三水，而地方寧謐。南頭、福永濱海渠魁煽嘯，已非一日，今建新安而海壖斂

---

❶ 番南，何本作"南番"。
❷ 休，何本作"保"。
❸ 歷，何本作"瀝"。

輯。姑舉二邑，足徵明鑒。昔人謂治廣以狹，誠爲確論。今日呈立嘉桂縣治，比之二邑，尤屬切要。伏望尊慈，體念下民，采納衆議，力主斷行，亟賜會覈，早爲題請，奉有成命，用慰輿情。至於規制式度，措處錢糧，仰仗明臺，妙有裁酌。今各直省添立縣治，如清蒲、□平、長寧等縣，新築城池。如蕪湖、銅陵、望江、桐城等處，當道咸有區處，先行議請，繼乃建創❶，旋即報成。□廣□□□□項□源□□□貯蓄，亦有羨□□□□□□□□□□□保□□外協順，想明臺垂念□□□□□□□□言，仰冀鈞聽，地方幸甚，僕等幸甚。

　　□□□□□□□□一嘉桂嶺在擢桂堡地方，正當番禺、南海、三水三縣交界，適中處所。後則連接從化、清遠二縣山峒，爲盜寇出沒往來之衝。且鄰壤接界，鄉夫官兵，自分彼此，不相聯屬。雖有巡司各拘信地，不能管轄。且東南至省城一百四十餘里，西南至三水縣城一百二十餘里，東北至從化縣城二百餘里，西北至清遠縣城一百八十餘里，相距曠遠，公府政令，法制難週，是致峒賊負固，彌布山谷，恣肆荼毒。附近鄉村，惡少❷效尤窩聚，與峒兇通氣，擄捉❸良家子女，劫掠行商貨財。舟途梗阻，蟊蠹易滋，自昔已然，於今益❹烈。數十年來，巨家良民，莫不徙避，里社空虛，土地蕪棄，逋負日甚。所以彼中父老士庶，肫肫懇懇，思望保障，添立縣治，萬口同詞，爲此再瀝輿情，備附上達，謹懇。

---

❶ 建創，何本作"創建"。
❷ 少，何本作"小"。
❸ 捉，何本作"掠"。
❹ 益，何本作"爲"。

卷之三 雜著

題春風萬里卷贈郭子孔瞻

萬曆元年正月人日，郭生孔瞻赴太學，就試北畿，告別天山。同游諸生聲詩盈冊，請題，題曰"春風萬里"。於是舉酒式餞，賡咏勸酬。有酌而言曰："天朗氣清，物熙景融，於時爲春，子爲萬里行，先生命名道其實也。子念之！"有酌而言曰："大塊噫氣，鼓於橐籥，入於無垠，虎嘯鳶鳴，雀化鳥動，物有從類而起者，大鵬摶扶搖而上者九萬里，子固鵬也。同學於天山者六十餘人，前後舉於鄉者三十餘人，第進士者十餘人，官守□責，靖共謇諤，爲時推重。子夙負才名，有聲庠序，顧屢不偶於有司。今茲之行，蓄極而發，時至而奮翔於天衢，觀光上國，萬里鵬途，始於跬步，子其勉之！"有酌而言曰："四序迭運，寒暑推遷，無時無風者。然燠而焚輪，號而淒惋，烈而凛慓，使人困怫黯鬱，嗟慨離合，列乘葛指，宋賦荆歌，何取焉？故風於四時，惟春爲宜。春之爲言，蠢也，天地之盛德氣也。細能開甲，順不搖條，習習徐來，穆穆翼入，故君子比德焉。魯氏舞雩，伯子座上洒然，無滯於物，不言而飲人以和風，□□世春滿吾腔，蓋嘗稔承先生之教，而得其大旨矣。學者之於學也，猶農夫之於田也，修禮以耕之，陳義以種之，講學以耨之，本仁以聚之，播樂以安之。有事而匪懈，優游以俟成。所謂舞雩三三兩兩，正在勿忘勿助之間，而吟風弄月以歸，有吾與點也之意。先生嘗舉此，循循然開示吾黨所當服膺者，如是充之，則天地萬物皆歸一鬮，宇宙分內，莫非吾事。行此以爲政，可以育民生；立此以爲教，可以正士行。及其至也，上之而賡歌起喜，可以弼成風動之治，不則起頑立懦，足以爲百世之師。是瞬息今古，囊括寰區者也，何啻萬里？子其勉之！"郭生躍然喜，拜而質於予，予曰："君子之學，言近指遠，可以悟道；比物醜類，可以明志；利用安身，可以致遠。諸子之言，至矣盡矣。勉之哉！"郭生起而再拜，曰："敢不敬共夙夜，以祗承明訓！"

書魯橋劉子同心卷

嘉靖壬辰，予讀書西樵山中。魯橋劉子從四峰霍公遊，時訪予古梅洞，相與徜徉山水間。見其年資茂雅，駸駸然志上向者，予喜之。別既三十餘年，不謂有後見期。隆慶紀元，予應召還朝，魯橋子以貢入太學，得聚首談新溫故，切切偲偲。魯橋子充然有會於予心者，間出《道統圖說》，雖其系敘未必盡期於合，而自得之趣，獨苦之心，卓爲有見，非剿襲依倣者。至其溫簡敦履，則又異於侈談玄虛、無當實用者遠甚，予益敬之。

既數月，還楚，遺予《同心卷》，欲一言爲別。予撫卷曰：《易》言出處語默之道，而要之斷金如蘭之實，同人之義備矣。予更何言？蓋君子不同者跡，而所同者心。心具天地之中，以貞天下之動。四方一闔，萬物皆備，完全渾成，無餘無欠，無人無我，無古無今。自天地聖人之大，以至於愚夫愚婦之可與知與能，本無不同者。然庶民去而君子存，於是始有不同者。心存則同，不存則異。故曰：君子之所以異於人者，以其存心也。君子非異於人也，人不能存心，自異於君子也。君子終日乾乾，反復於道，自強不息，乃見天則，先天而天弗違，後天而奉天時，置之而塞乎天地，無弗同也。前乎千古，後乎萬古，守先生之道，以俟後之學者，無弗同也。萬里同堂，溥之而橫乎四海，而四海皆準者，無弗同也。苟於身有不誠，則私意起而町畦立，物我間而驕吝生。父母、妻子、兄弟、朋友且不孚信，何以大同人於野之亨？然此之不同者，猶待人也。乃惛冥冥而伸昭昭，勵衆視而忽莫覯。自同者而自異之，是不足與有言也。故必致力於著察之常，而頻復於幾微存亡之項；能審慎於取舍之辨，而或失於造次顛沛之時。則其自同自異者，又相爲賓主，要亦未盡得爲同心之實。嗟乎！易知易能者，同心之良；至易行難者，事心之學。大哉！同乎！厥幾微矣。知崇以慎微，可與幾□；禮卑以蹈實，可以敦履矣；敬終以恒守，可以一德矣。是之謂能自同，必自同而後能可以同人。至於出處語默，乃應跡之常。其不同，正所以爲同也。吾與魯橋子離合去就，先後迥不相同。而所以同者，固有在也。吾求吾之同，以同子之同；子求子之同，以同吾之同，不要諸大同不止。子之鄉有友楚侗耿子者，善求同者也。子歸而語之，當有共得志大同者。

書柯子喬可白沙真跡卷

　　右白沙先生真跡也。此不過先生游藝手澤佳處，不出育人之上。天下後世得其片紙隻字，如獲圭璧，何者？重其人爾。柯子此紙，得其真者，故謂之真跡。雖然得先生之真跡，孰若求先生之真心？先生之學，以無欲爲至，以忘己爲大。去耳目支離之用，全圓虛不測之神。無所安排矯飾，而直達道原。不事著述表暴，而忘言自得，此先生之真也。柯子生於其後，不遠千里，南徂南海，過江門，造先生墓謁焉。既則入西樵，問學於甘泉湛子，至粵洲，問禮於泰泉黃子。一日訪予於古林，予嘉其志賢於時人遠矣。再越月，復過予，相與二日，得以盡知其所學。柯子所著有《禮學經傳》《學庸》《釋原》《小學》《小訓》等書，不下數千言，亦卓自有見。予嘉其甚博，而惜其用心獨煩且勞也。先生不云乎："夫道，自我得之，自我言之，可也"。又云："千古遺編俱剩語，晚生何敢復云云"。又云："莫道老夫庸著述，真儒不是鄭康成。"先生非去載籍者也，惡煩言之害道，欲人學求有諸己而已。有諸己，則載籍之言，皆得我心者也。否則如對塔說相輪，貧者之談金，終非己物也。且學莫嚴於義利之辨，而名實之審也。張子曰："無所爲而爲者，義也；有所爲而爲者，利也。"有所爲而爲善，則善必不成。周子曰："名勝，恥也；實勝，善也。有一聞知而急人知者，薄也。"柯子好學由己，吾諒其無所爲者，竊勉其終也孜孜不息，務實勝焉爾。子足跡半天下，所與遊、所與言者，則皆名士也，不審有語及此否？予與子在閩有夙昔之雅，敢附忠告之義，以期歸於道，無孤嚮往白沙至意。

富春舘說

　　番禺梁生文中於所築"華胥洞居"之右結屋數間，讀書其中，扁之曰"富春精舍"，質予言以識之。予領之而詰其名義，拜而言曰："中，山人也。竊聞夫子端靜之教，故恒於此藏焉、修焉、息焉、游焉。室當羣峰之中，萬木羅翠，衆芳獻奇，好鳥和鳴，上下其音，芬郁鬱葱，四時不改，不出戶牖，百爾生意具備。又素迂囗❶，間出會城，見聲利喧赫，塵鞅雜沓，輒俛首不樂。自分爲明時棄物，敢竊嚴陵富春之意，夫子以爲何如？"余莞爾而笑曰："噫嘻！汝知春之在物，孰若求春於吾心，爲自有之真？汝知隱之在山，孰若求志於平居，爲可隱之實？夫春在天爲元，於人爲仁，天有四時而元爲統，人有四德而仁爲長，故《易》言：'天地之大德曰生。'《記》言：'仁者，天地之心。'先儒言仁者，以天地萬物爲一體。今夫父天母地，民胞物與，凡爲人者，無弗同也。但牾於有我之私，而好惡無節，驕吝相乘，不能反躬，雖至戚如父母、妻子，且德色反目，而尚安論其他乎？若能察識此體，而敬以養之，慎於靜以豫動之所發，察夫動以驗靜之所存，翼翼昭事，不敢有違，本心體物。人己無間，上下四方，往古來今，皆歸我闥，熙熙乎與造物遊而同其自得，愷愷乎篤實光輝而天則形見。肅乂哲謀，根心生色，施於四體，四體不言而喻，是謂一身之春，施於有政，是亦爲政。父父子子、兄兄弟弟、夫夫婦婦而家道正，是謂一家之春。宗族稱孝，鄉黨稱弟，朋友稱信，而在彼無惡，在此無射，

---

❶ 似爲"闊"字。

是謂一邦之春。其君用之，則安富尊榮；子弟從之，則孝弟忠信。窮則獨善其身，達則兼善天下，是之謂天下之春。其至也，爲天地立心，爲生民立命，爲往聖繼絕學，爲萬世開太平，是之謂萬世之春。昔者顏子，陋巷簞瓢，窶儒也。拳拳於不遷不貳，以克己復禮，而天下皆歸其仁之中。至爲邦之問帝王禮樂之道，即日可見之行事，是王佐之具已蘊，於窮居不改之。其樂之時，春孰富焉？吾子有志於是，則當學顏子之學，以求其所以爲仁，抑何徒善夫隱者之爲高？"梁生躍然避席曰："中不敏，敢不敬奉教！"遂拜而歸之，以銘於座。

書冰霜交游卷

　　此楊斛山、劉晴川、周訥溪三君下獄時墨跡，金吾楚望戴君襲而珍之，用示冰霜交誼。萬曆乙亥，予再至都下，戴君出此二帙，請予記之。予讀之，有今昔無窮之感焉。世廟初勵志銳精，察倫考度，誠大有爲，使得純良匡翼，周道可燦然興也。惜任事羣公，雖雄才卓識，乃歉包荒中行之度，秉議固正，而元氣□索，自是制作紛紛異同，鮮當上心，以故卑藐□□，無足與語。而憸夫壬人，巧爲逢悅，寖移威禍，天下遂日多事。官競黷賂，民罹荼毒，當途之士，緘口結舌，而不敢言。忠憤吐氣，倉卒斃杖下。即不斃，非編遣則幽禁，倏忽變幻，易紳作囚，殊復不少。若三君者，則久且烈也。彼時氣焰威熾，聞見謷懾，媕阿附合，曩把酒諧洽，意氣相期許者，反眼若不相識，其疇遑恤，楚望君則不然。三君前後各以直言遭朴撻，幸不死，相繼下獄，五六年間，楚望君慨慷周旋得無恙。三君蒙難正志，固其所素植者厚，乃同心金石之誼，無改於患難、擠陷之時。若楚望君者，當於古人求之也。憶予自癸卯夏至京，始與周君邂逅蕭寺中。時海內同志徐存翁、程松溪諸君子月爲數會，蓋陶陶然樂也。是秋，周君遽有此，予出按閩。乙巳春，余痛恨權姦誤國，道揆法紀蕩然，外而憑藉威勢，凌虐上下，當事者莫敢究詰。予首發其罪狀，與朝政國事之日非，及人才之罹摧陷者，條疏馳奏，言頗戇直。疏入，果被詔逮，至則與周君同處一圈，溫話新故，商確古今，評品人物，亹亹不倦。楊、劉二君，暨尹介石桂、近山林虛、江□龍岡四君，則矙覷於隔圈。數君亦候予便隙，相對桎梏拱立，晤頃刻，日僅一二次，乃周君則相爲朝夕。以是備述四君以予牽連之故，予嗟唔媿謝，不可爲懷。已而，又知三君數年規勉，應答賡詠，莫非道真險阻塞難，用增□衡堅定之貞益裕熟仁修德之義。助乃戴君則左右調護，時復訂析疑義，平險交情，悉根彝懿，正氣浩然，流行宇宙，明不可息固如此。予嗟壯久之，既而周君謂予曰："諸君咸述大疏，肫誠懇至，切當事情，尤宜淹此，顧時事未可測，奈何！"予答曰："倘不死，得從容復此陪笑語，亦前生緣際。"既而取出拷訊，備極苦楚，予一一以正對。牽連四君者，亦遂得白。又數日，幸天恩浩蕩，同四君先釋放，三君旋亦釋。後復捕繫，既而又釋。甫還及期，楊、劉二君相繼下世。隆慶紀元，惟予與周君復録用。忽獲晤對，真如昨夢。數月，周君復以言外調謫，予尋伏疢南歸。踰年，周君復召入，竟賚志旅没，不及究用。予顧叨有今日，竟未得一操柄以見之行事，陳乞罷歸，虛負此出，仰媿諸君子多矣。撫卷太息，曷能已已？日過楚望君告別，則見其蓬牅瀟然，若將終身無少外慕。間出《太極》《心性》《圖說》種種，悉根要理，自成一家言，益知其老不倦學，懿德之好，實有所本。予故樂道之，而因以識吾感云。

題風木興思卷

　　民受天地之中以生。中者，天之命也。仁義者，民之性也。斯理充塞宇宙，人人充足，本自完備。耳則聰、目則明、心則思、父則慈、子則孝、夫則義、婦則貞。良知、良能非由外鑠，天之與於人者，固如是其厚也。人能篤循厥良，不暴於天，在親爲親，在子爲子，在夫爲夫，在婦爲婦，盡其愛而愛焉，盡其敬而敬焉，盡其義而義焉，盡其節而不敢過失焉，是皆求在我者也。我，固有之也。存其心，養其性，所以事天也。天壽不貳，修身以俟之，所以立命也。故曰：「生人之性，仁與義也。」嗟乎！予觀風木興思之作，而知曲江曾氏之文舉，錄其祖母劉之節與其先子世英之所思慕之情，以深慨夫民彝不容泯，天之與於人者，如是乎其不可易也。曾氏之操，不二所天，矢心不渝，日烈冰潔，完婦道也。世英之思，追維先德，稱揚不逮，耿耿罔極，子職然也。《詩》曰：「威儀棣棣，不可選也。」劉之謂也。稱其所美，又觀其所爲，以時思之，亡而不忘。曾氏孫子之所永孝思者，當何如耶？夫子之慕親也，致愛則存，致愨則著，根心生色，不言而喻，隨感而應，無俟外假，默而識之，率而由之，居處則思，笑語則思，衣服則思，飲食則思，莫非思也，莫非吾心自然之風木也。何者？思者，心也。心則思，思非自外而至也。今夫風與木也，無心之感也，風不與木期，遇之自成聲也。孝子之思親也，因心而生也，愛敬之心切，感之自形也。是故君子求内自盡也，内重則外亦重。苟自迷罔厥衷，而待之於外，吾見其感也亦淺矣。文舉思乃祖之攸行，承先志之未逮，反之於心，思迪之於彝倫，惇愛而不龎，篤敬而不弛，秉義以爲行，擇善而罔譽，思所以自盡而自重焉。以無棄於其天，則隨在而莫非隆思報親之地矣。《詩》曰："立我蒸民，莫匪爾極。"又曰："無忝爾所生。"文舉其勖諸！文舉稽手，曰："翔不敏，敢不勖諸！"

岩窩易會說

　　予記往時與堯山陳子、青蘿王子論心訂學，登涉沂泛，近自珠江、龜石、靈洲、白雲，至於嘉桂、中洞、西樵、大隱諸勝，百里內外，策箠航葦，隨所意適，渝時窮歲，徜徉吟弄，無所顧慮。後數年，山行水宿，稍擇處所。又數年，經所擇處，凛凛有戒心。其後數年，雖附郭浮丘矩洲，東山環谷，咫尺地不敢往。回視昔遊，如在蓬萊九天之上，俛首喧囂，繫跡城市，時使然也。五羊古稱仙都，多名跡，率爲有力者據。獨城西有法性訶林，歲習大體，得不廢，中有菩提壇種，自西竺航海而至，經今千百餘年，蒼翠蓊鬱，掩映日月，挺然獨盛。壇下舊爲大鑒禪師祝髮上乘，度無量衆，開示單傳之旨，流傳迄今，香火炬耀。凡邇者、遠者、居者、游者、仕者、旅者、才人、名士莫不造此禮焉。丁未之秋，予筮得遘之上九，遂即雲澗小窩，寓扁"天山草堂"，日與學子游息，討論其中，参悟名理，直探本原，日乾夕惕，察見天則。念念而不滯於念，是謂克念；應物而不過乎物，是謂格物。慎辨毫釐，詣我精進，二三子益洒然得，陶然樂也。又數年，而吾同志舊友素予劉子歸自梓潼，唐山陳子歸自鍾祥，五嶺鄺子歸自海寧，弼唐龐子歸自滇南，千里懷人，一時併合，遂過草堂相與訂析《易》義，月兩三會，仰觀天時，俯察人事。凡天地陰陽之運，消息盈虛之理，進退存亡之機，出處語默之道，酬酢事物之宜，居安樂玩，應時順變，蓋將有契於卦畫形象之外者。越二年，而勉齊霍子歸自四明，艾陵林子便道過此，咸來預會，友朋良集。雲澗小窩不便分席，遂從東北隅住持僧岩窩方丈，南有容跡亭，亦曩予惠陽葉生伯仲所舘處，茂樹嘉葩，清馥可人，鳴禽上下，情境俱適。會之日，正襟危坐，焚香展《易》，儼對三聖，爰稽傳義，析疑訂是，究竟精蘊，觀象得意，漸入忘言。既則散帙舒談，鼓瑟投壺，把酒賦詩，各極興趣。有時擊磬招僧，而岩窩輒具茶果，入坐此中，僧不下數百衆。然疲於輸納勾攝，及杞菊蔬笋，醯醯豉辣之需，公府持恒例呼索，供奉不給，時作皺眉狀，甚於市人。惟岩窩常有好顏容，能開口而笑，又知所敬重，故諸君子樂與之言。於是素予子爲書"岩窩號"，諸君聲詩華其軸。而□予久寓此，宜有言，予諾之。未幾，省下有柘林叛卒之變，會尋輟，年來復會，諸君速予言，予因叙述來臨聚晤後先如此。昔人嘆洛陽之會，關氣候盛衰，自今□今地觀之，所可慨嘆復當何如？夫否極而泰，剝極而復，《易》道也。循環倚伏，安知自今以後，不復泰然盛耶？君子順時而動，動罔不臧。《易》曰："時止則止，時行則行，動靜不失其時，其道光明。"程子謂讀《楞華經》一部，不如讀一艮卦。艮，止也，止其所也。應天下萬事萬物，各得其所，則異乎釋氏之所謂止矣。毫釐千里，其愼辨之。

天山草堂說

　　有朋過予，問曰："草堂扁名'天山'，其義何居？"予曰："予自讀《易》以來，靜觀盈虛消息之理，吉兇休咎之幾，居安樂玩之旨，深信易道之無窮，實切於變化，云爲之用，故將有爲也，將有行也，必有事於泰筮，以定猶豫，以決可否，敬而質之，不敢有非，日而行事則必踐之。嘉靖乙巳夏，自閩被詔逮，幸歸舊廬，□十餘年所筮，推蹇與困及否，各得其一，餘皆遯卦，或全象示象，或□辭迭見，顯著先詔，因貳濟行，以明失得之報。夫遯者，退避之象也。天崇高而莫及，山重厚而不遷，自天而下，惟山特立於中，有艮止之象。且曰遯姤而遯二陰浸長，小人日衆，君子日消，機兆乙形，蓋將入於否，時宜止而遯避之矣。君子觀艮止之象，則當遯而避之，以遠夫小人，不可近狎。然必不動聲色，端嚴凝重，肅然使人不敢犯。君子處遯之時，義當如此。初六，遯尾，厲，勿用有攸往。初居微。下尾厲□□之象，遯宜遠且速。若在後，則有危厲。遯而後且厲，安可往乎？故戒勿往，遯而不往，可以免災矣。六二，執用黃牛。黃中色，牛順物而居中得正，中順自守，其志堅固，見機而作，人言不足以奪之，決於遯也。九三，係遯，有疾厲。三陽剛不中下比於二，有所係戀不能明決，以遯爲疾厲，□困憊致有疾，至於危厲□。此眈愛之過，畜養臣妾則可，其於天下國家大事，則力不足以任之矣。九四，好遯，君子吉，小人否。四剛健，自信，不爲係纍，時義當遯，則心悅而遯之，不蹈危厲。是以君子能遯而吉，小人則柔弱而昧於遯矣。九五，嘉遯，貞吉。

九五，居中，得正，協時義之宜，可止則止，其道光明，得遯之美善也，故得正其志而吉。上九，肥遯，無不利。上九，剛健有終，遠而在上，無所係戀，明決以遯，寬裕優游，綽然物表，無入而不自得，無所疑慮也。遯之彖象爻辭時義如此，予處遯避之時，二十年來惟此卦迭示，予服膺而弗失，敬守而無違，出入以度，如臨師保□志。退遁無所係戀，悠然順適，無所凝滯，此栢仰藉先聖啟迪之功，俾知學《易》寡過、能遯而亨也，扁堂名義取此。"有朋悅曰："吾今而後知先生學《易》名堂之旨也。"遂出而識之。

【講義】

君子不重則不威,學則不固。主忠信,無友不如己者,過則勿憚改❶

此章夫子言君子自修之道。學以厚重爲質,君子端凝淑慎,正其衣冠,尊其瞻視,儼然人望而畏之。斯其所學,擇善而固執之,可與適道而有立。如或內欹寧靜專一之素,外多輕忽暴慢之形,則容止不足觀,威儀不足法。人得《易》而玩之,雖從事於學,知及之不能守之,雖得之,必失之。亡而爲有,虛而爲盈,約而爲泰,難乎有恒矣。學以誠實爲貴,忠信所以進德也。學者以是爲主,發己自盡,無一念之不直;循物無違,無一事之不實。內不欺己,外不欺人,君子大道庶幾乎得之矣。君子以文會友,以友輔仁。友不如己則無益而有損,故所相與切磋而講習者,必合志同方,營道同術。如己所學之友乃與之友,庶乎同聲相應,同氣相求,德業相勸,過失相規,觀摩夾持,共進於道。若佚遊宴辟之人,則遠而絕之,不與之爲友。蓋匪人之比,燕朋之戒,不可不慎所與也。人不幸不聞過,過而不改,是謂過矣。君子內省自訟,不敢文過以飾非;雷厲風行,不敢畏難而自恕。言有餘則口過必修而省之。發禁躁妄而言寡尤;行有疚則身過,必懲而戒之,澡行浴德而行寡悔。是改過而後可以寡過,寡過而馴至於無過。君子之道,庶幾盡之矣。夫子舉此四者以勉學者,真實喫緊爲人處。至於莊涖動禮之訓,文行忠信之教,損益❷三友之誡,見過內訟

---

❶ 該題目,何本作"君子不重則不威全章"。

❷ 損益,何本作"益損"。

之論，無非發明此理，以示後學。吾儕今日之會，請從事夫子之言，小心翼翼，致慎乎威儀動作之則，遜志時敏，多識前言往行，以蓄其德，庸言之信，庸行之謹，言顧行，行顧言，慥慥篤實而不衹於悔尤，終日親師取友，切切偲偲，忠告而善道之，孜孜然以修德講學、改過遷善爲事，駸駸乎[日進]❶聖賢之域而不自知，則此會爲不虛矣。幸相與勉之！

子曰：君子喻於義，小人喻於利

此章夫子勉人爲君子，而不可爲小人。君子小人之分，義利之間焉爾矣。是故自心術之微，以至事爲之著，無所爲而爲。本吾心之公，達之天下而皆宜者，義也。有所爲而爲，狥❷意必之見以濟有我之私者，利也。君子質直好義，出之以無所爲之心，以行其所無事之智。直內方外，深契事物當然之理，以協推行時措之宜，實見得是，則一家非之而不顧，天下非之而不顧，體經達變，可以舍生取義，無不爲也。非其道義，則一介不以與人，一介不以取諸人。知明處當，授之萬鍾千駟，有弗屑也。不信不果，而義以爲質；無適無莫，而義與之比。君子之所以異於人[者]❸如此。小人則不然，猥庸鄙陋，每懷計功謀利之私，夸詐憸壬，用濟詭遇傾排之術，望焰則趨，矚利則奪，苟便身圖，至於崇貸賈禍亦不之顧。在上陵下，在下援上，黨同伐異，甚而蠹民病國，亦莫之恤。婥約涊洟，巧爲機械，而無所用其羞恥。難事易悅，不辨禮義而甘自失其本心。小人之所以爲小人，類如此。小人之汲汲於利，猶君子之汲汲於義也。義利之間，幾微之辨，君子小人之所由分，不可不慎也。吾儕服膺孔訓，則將欲爲君子乎？欲

---

❶ 日進，據何本補。
❷ 狥，何本作"徇"。
❸ 者，據何本補。

爲小人乎？欲爲君子則當義以爲上，不欲爲小人則不可做❶利而行。語曰："己所不欲，勿施於人。在家無怨，在邦無怨。"人皆稱之，曰君子哉若人！若徇私以滅公，損人以益己，欺世以盜名，則人指之曰：茲人也，小之尤也。嗚呼！鈞是人也，不能爲君子，使人目之爲小人，誠可哀也已！

顏淵問仁章❷

此章夫子因顏子之問，直告之曰："克己復禮爲仁。"傳註以爲："己者，己私也。克去己私，復還天理爲仁。"此說素以爲然。但顏子之學，知幾之學，有不善未嘗不知，知之未嘗復行，不待有私欲而後克治之也。《論語》全書未嘗見以己爲私欲者也。且"爲仁由己"，己字說不得私欲，未有一章三己字而分二義者。故克己之己，與由己❸之己皆一己也。如曰："仁❹遠乎哉"，"於己取之而已矣。"夫仁者，天理之全體也；禮者，天理之矩則也，皆己之所固有也。能求諸己而循本然之則，以復固有之良，則仁之全體在是矣。天地萬物，皆備於我，上下四方，皆歸一闔，莫非己也。己欲立而立人，己欲達而達人，視天下之人猶己，故天下皆歸於吾仁之中。賢愚大小，一切包裹，老安少懷，各得分願。而疲癃殘疾，顛連無告，匹夫匹婦有弗被堯舜之澤者，若己推而內之溝中。仁者，心體已固有之也。"我欲仁，斯仁至矣❺。"故曰："一日克己復禮，天下歸仁焉。"夫仁，原於一心之微，而達之天下之大，皆取之己而已矣。何待於外，何❻求於❼人哉？此見聖人之

---

❶ 做，何本作"放"。
❷ 章，何本作"全章"。
❸ 由己，何本作"爲仁由己"。
❹ 底本有"豈"字，據何本、《論語·述而》刪。
❺ 矣，何本無。
❻ 何，何本無。
❼ 於，何本作"乎"。

教，皆反求諸己。古之學者爲己，顏子上智之資，已洞見本體，夫子因其問，直以爲己告之。顏子固知以仁爲己任，然以有復禮之教，直以條目爲請，庶得以自考也。夫子以視聽言動語之，四者皆切己也。有物有則，聰明肅乂之體，皆己之固有也。少違其則，則非禮矣。君子終日乾乾，見此天則，危微之幾，戒愼切至，閑邪存誠，反觀照察，獨炳幾先，故微有息則自無不知，知即復。故曰："不遠之復，以修身也。"顏氏之子，其殆庶幾乎！此孔顏授受心法，即虞廷危微精一執中之旨也。夫以顏子之高明，孔子之善誘，悟見本體，而猶以條目爲請，視世之談說玄虛，一悟百了。至以非禮爲禮者，無惑乎去道遠而。

《曲禮》：毋不敬章 ❶

毋不敬，內外動靜，無不整齊嚴肅，修己以敬也。儼若思，誠之於思，思無邪也。安定辭，謹是樞機，言不妄發也，皆敬也。天德所由立，王道所由達也。至心發政而出之有本，出身加民而動得其宜，故動而民莫不敬也，言而民莫不信也。在彼無惡，在此無射，各安於道化之中，是之謂修己以安人也。

《學記》：君子如欲化民成俗，其必由學乎章 ❷

此言學也者，明德新民之學也。致禮以治躬，莊敬之體，顯然以肅；

---

❶ 該題目，何本作"毋不敬儼若思安定辭安民哉曲禮"。
❷ 該題目，何本作"君子如欲化民成俗其必由學乎學記"。

致樂以治心，和樂之德，油然以生。存之爲天德之純，達之爲王道之要，修六禮以節民性，齊六禮以和民行，一道德以同民俗，王道四達而不悖，是之謂"化民成俗"。

學問之道無他，求其放心而已章❶

此章孟子以人不知求放心爲可哀，故欲學者知所以求放心也。學問之道，豈有他哉？不過求人之放心而已。學於古訓乃有獲，多識前言往行以蓄其德，就有道而正，道義由師友，有之，故學之、問之、皆所以求吾之放心焉爾。然此是孟子就世人放心而不知求者說，若學者終日乾乾惶惶內照，安待放而後求？

子曰：老者安之，朋友信之，少者懷之章❷

此章舊說老者養之以安，朋友與之以信，少者懷之以恩。看來天下之人，如此其衆，必一一自吾而安之、信之、懷之，何等費力？夫子之志，只是願天下之老者皆有所終，能遂其安；天下之朋友皆以誠心相與，能敦其信；天下之少者皆能幼有所養，而遂其懷。聖人以天地萬物爲一體，以萬物各得其所爲極致，物各付物，而己不與焉。此是上下同流氣象，伊尹以匹夫匹婦[有]❸不與被堯舜之澤者，若己推而內之❹溝中，聖人之心無

---

❶ 章，何本無。
❷ 章，何本無。
❸ 有，據何本補。
❹ 之，何本作"諸"。

窮，固如此。

盡心知性章❶

　　心也者，理之所從出也；性者，心之生理也；天者，性之所由命也。故能盡其心，則可以知性；知性，則可以知天理之合，一是如此，聖人之能事也。此"盡"字，猶《中庸》"盡性"之"盡"，"知"字猶《中庸》"知化育"之"知"，皆誠者之事也。存心養性以事天，學者所以希聖，誠之者之功也。其心有未盡，必日乾夕惕，敬守之而不放，性未有知，必勿忘勿助，直養之而無害。小心翼翼，昭事上帝，於時保之。故曰："所以事天也"。至於"夭壽不貳，修身以俟之"，則存心養性，詣乎其極，可以窮理盡性，以至於命矣，故曰："所以立命也"，立命即是❷知性、知天。

大學之道全章

凡四段

　　大學，大人之學也。大人以天地萬物爲一體，家國天下爲己任，體用一源，物我無間。明德，吾身之所固有也。天下之道本諸身，必自昭明德、盡其性以立天下之大本。德，人人所同得也。於民而親之，以其

---

❶ 該題目，何本作"盡其心者知其性也全章"。
❷ 即是，何本作"是即"。

昭昭，使人昭昭，以行天下之達道。至善是明德新❶民本然之天則，大中而至正，純粹而至善者也。明德新民，在止於至善者，明德新民以至善爲則，猶規矩以方圓爲則。故此"止"字，即《書》"安汝止欽厥止"之"止"，即《詩》"緝熙敬止"之"止"。學能真知其所止，而後志有定向，定則心不妄動而靜，靜而後能居之，安固❷不搖，安則事至物來，一致而百慮，可以揆度其至善而止之矣。故曰："知至至之，可與幾也。知終終之，可❸與存義也。"明德爲本，新民爲末，知止爲始，能得爲終。本始所先，末終所後，知其先後，違道不遠。是故古之大人知天下之本在國，故欲明明德於天下，以協和萬邦者，必先平章百姓，以治其國。國之本在家，欲正是四國，使百姓昭明者，必先親睦九族，以齊其家。家之本在身，欲假於有家以交相愛者，必❹言有物而行有恒，其儀不忒，以修厥身。心爲一身之主，必思毋邪，而先正其心意者。心之所發，必毋自欺，以先誠其意。知者，意之所起，必知至，至之以先致其知。人心之動，物使之然也。物至知之❺，而後好惡形焉。人所不知而己獨知之，其幾至微也。大人致虛以立其本，乾惕以慎其動，精擇以協厥止，著察以利其用，此明善修身之實學，端本之要道也。正其本，而萬事理。家之所由齊，國之所由治，天下之所由平也。故自天子以至於庶人，無不以修身爲本。蓋自士大夫以上，皆有天下國家之責，而庶人則有齊家之道。刑於之教，孝友之政，而日與所親厚者聚處一家，愛其所親，敬其所尊，達之天下，無貴賤一也。然家難而天下易，家親而天下疎也。若身不修，則本不端，而求均齊平治之得，其理不可得也。於其家也，有所辟而不得其正，阿所好而不得其齊，則所厚者薄，而欲達之天下邦國之大而能厚者，未之有也。是故君子以天下國家之

---

❶ 新，何本作"親"。
❷ 固，何本作"而"。
❸ 可，底本作"何"，據何本改。
❹ 必，何本作"必先"。
❺ 之，底本作"知"，據何本改。

本在身，修身以道，而格物知止爲明德實功。道之所進，莫先於家，故親親爲大，而善則和親爲新民首務，其功不可闕，序不容紊者如此。

格物工夫，聖門第一切要心法。學者須在自心上格去，乃可以言格物工夫，始爲實際。心者，吾身之主也。心之所發謂之意，心之明覺謂之知，心之應感謂之物，物至而知之，知之而意動，意動而心發，一時感應，三者皆在，故曰："人心之動，物使之然也。"君子慎其所感之者，物至知之❶，反躬內省，閑其知誘之蔽，而不化於物，終日乾乾。見此天則，戒懼隱微，以酬酢萬變，存之身不敢有所[僞]❷焉，施之人不敢有[所]❸辟焉。挈之天下國家，不敢不均，齊方正焉，是之謂物格。物格則善無不明而知至，至之矣。明善則可復不善之動，而意可誠矣。心之所由以正，身之所由❹修也，天德之所由成，王道之所由達也。故曰："有天德，便可以語王道，其要只在慎獨。"

格物之物，即感應之物。感應之物，其輕重長短，皆有自然之天則，與《禮》言："仁人孝子，不過乎物。"《詩》言："天生蒸民，有物有則。"《孟子》："萬物皆備於我。"《中庸》："誠者，物之終始。"皆是物也。本自完全，俱餘無欠，直上直下，均齊方止，所謂純精而至善者也。但危微之幾，至難著察，必精擇以協一致，虛以執中，夫然後可以言格。格是揆度整齊、規矩準繩之意，格物即所以挈矩。能挈矩則物之輕重長短，皆應之以本然❺天則。在聖人爲"安汝止"，在學者爲"欽厥止"，是之謂物格。物格則善無不明，意無不誠，心無不正，身之所由修也，三者一時并了。

物格工夫，須兼上知下學而言，始爲徹上徹下之道。蓋"天生蒸民，有物有則"，本有善而無惡，然出乎善則入於惡，只在幾希間爾❻。故上知

---

❶ 之，底本作"知"，據何本改。
❷ 僞，據何本補。
❸ 所，據何本補。
❹ 底本衍"以"字。
❺ 然，何本後有"之"。
❻ 爾，何本作"耳"。

明幾順應，不過於物，下學領惡而全好，不化於物。

用九見羣龍無首吉❶

　　一、三、五、七，皆陽爻也。用九而不用諸陽爻者，九，陽之成數也，天之德也，數至九至矣，大矣。一、三、五、七，羣陽莫之與敵矣。故曰："見羣龍無首"❷，言不可爲首也。故用九乃見天之則也。陽明道盛，天下所以治也。若坤，則用六而不可用十者，陰不敢極也。不敢敵陽，所以以大❸終而弗敢成也。所以利永貞也，聖人扶陽抑陰之意深矣。

六二屯如邅如

　　六二，屯如邅如，乘馬班如，匪寇，婚媾。女子貞，不字，十年乃字。象曰："六二之難，乘剛也。十年乃字，反常也。"❹

　　初以陽剛爲濟，屯之主，蓋汲汲廣求賢才以自輔。二以中德比近於初，初汲汲以求之。然二之正應在五，五陷於二陰之中，方在屯險，未足有爲，不可以往。而人爲初剛所逼，不敢以往，故有屯邅，乘馬分布不進之象。然初之求也，匪爲寇也，乃求爲婚好。二以貞固自守，初非正應，故不之許。至於十年，數窮理極，乃許而字於初。初之與二雖非常道，然救時濟屯，時義至此，不得不然也。君子以天地萬物爲一體，以民物各得

---

❶　何本標題後有"乾"。
❷　何本有"吉"字。
❸　大，何本作"六"。
❹　何本標題後有"屯"。

其所爲己責。知五之不足，有爲而不可往，以初爲天下民物主，求之而終不往，則吾非斯人之徒與而誰與？君子生斯世也，將以斯道覺斯民也。時之已極，不得不從於初者，爲人下也。昔者伊尹時，桀君也，五就之而不足以有爲，乃終歸於湯，以成伐夏救民之功，此豈常道哉？蓋君子以民爲重，以求時爲急，不得不如此也。

九二包荒用馮河

九二，包荒，用馮河，不遐遺，朋亡，得尚於中行。象曰："包荒得尚於中行，以光大也。"凡二段❶

二以剛中，上應六五之君。君雖出治，輔治者大臣也。故上佐大君，以成泰道，大臣之責也。必光明正大之君子，而後得尚於至弘、至剛、至明、至公，中行之德，乃能當此任也。九二中德，居大臣之位，聖人明著以垂教焉。

天下之道，中爲貴，然中行之士不可多得。夫勵精明之志者，多歉含容❷之度；持渾厚之體者，或乏明作之功。智有所昏隔，則怠忽於遐遠；心有所係吝，則比昵於親愛，皆不足以語。中德之臣，何以成天下之泰？惟九二君子，則以天地萬物爲一體，以天下國家爲一身，含弘光大，洞視八荒，賢愚大小，一切包裹。凡天下之懷能抱藝，隨村器使❸，各盡其能，而不過爲刻責求備，休休有容，有以通天下之志。於天下國家機務，必好問好察，以用其中，廣思集益，以協於一。如其道也，如其義也。發謀憲慮，毅然任之而不辭。實見得是，實見得非，用舍舉錯，確乎行之而不

---

❶ 何本標題後有"泰"。
❷ 容，何本作"宏"。
❸ 底本衍"使"，據何本刪。

拔。推行變通，利涉濟險，必有以成天下之務。又慮藏於淵密，知燭於無疆，獨觀昭曠之原，明見萬里之外。凡四海九州之廣，舟車所通之地，川谷異宜，民生利病，吏治臧否，文物厄塞，莫不心運而神謀之，昭昭乎智周❶天下而不遺遐小。且己正於無我，道公於大同。其好也，必天下之同好；其惡也，必天下之同惡；其用也，必天下之公是；其舍也，必天下之公非。大公顯比，左右不得干以私；正直靖共，朋暱無所阿其黨，蕩蕩乎不敢有所好樂而辟於親愛。是弘以居之，毅以成之，明以察之，公以行之，此中行之所得尚也。上匡乃辟，下康兆民，以成泰道。《大學》稱"絜矩之君子"，《泰誓》述"斷斷之大臣"。為世道之利賴者，蓋其識慮光明，心術正大，始足以語此。九二，剛德居中，為輔治保泰之大臣，聖人特致意焉。

六二同人於宗吝

六二，同人於宗，吝。象曰："同人於宗，吝道也。"凡二段❷

二以五為正應，以陰從陽，以臣從君，得所宗也。然謂之吝者，非謂可羞吝也。界限之嚴，辨別之正，不混於所同，有似乎吝，乃其道當如是也。二以柔中得正，上從于五，貞，不從眾，其跡似吝，道則然也，故曰[吝]❸道也。吝如出納之"吝"，惟恐有泛濫混錯之失，即以類族辨物之意。宗如"亦可宗"之"宗"，得其所宗主，非私黨也。二以一陰，柔中得正，上從於五，乃是正道，而謂之可羞吝。然則混同雜比，合汙同俗，方謂之勿吝之亨乎？必不然也。卦有全體之象，爻有效動之宜於野者，總其大同也。於宗者，從其正應也。《象傳》以柔得位，得中而應乎乾二是

---

❶ 周，何本作"用"。
❷ 何本標題後有"同人"。
❸ 吝，據何本補。

也，曾何羞吝之有？

又云：二以一陰，爲衆陽所求同者，似乎可吝。二不能與之大同，而惟宗於五，則其吝也，乃道當然也。中正自守，君子之貞，辨物之智，不得不如此也。

上六拘係之乃從維之

上六，拘係之，乃從維之，王用亨於西山。象曰："拘係之，上窮也。"❶

上六處隨之終，極之而無所之也。然人心固結而不可解，拘係之又從而維摯之。上六終極，高而無民，貴而無位，人心雖隨之，時則窮困甚矣。昔者太王避狄之難，去豳來岐山，豳人隨之如歸市，多難興邦，卒定王業於岐山之下。蓋窮而有亨通之機焉，是窮極而必通者也。觀周王之所以興，由人心之所歸，隨之時義大矣！

臨，元亨利貞

臨，元亨利貞。至於八月，有兇。《彖》❷曰："臨，剛浸而長，說而順，剛中而應，大亨以正，天之道也。"至於八月有兇，消不久也。❸

地在上，澤在下，上臨下也。大者陽也，小者陰也，二陽浸長，大臨小也。故曰："臨者，大也。"相臨之義取此。二陽漸長，兆於泰矣。坤，

---

❶ 何本標題後有"隨"。
❷ 彖，原文誤作"象"，據《周易》改。
❸ 何本標題後有"臨"。

順也。兌，說也。上順而下說，九二剛中，六五以柔，中應之大亨之道也。剛柔合德，上下順說，天道之正也。臨道備是❶，所以大亨以正，法天所行也。自臨至否，是爲至於八月，則是大往小來，陽不久而消矣。內陰而外陽，內柔而外剛，內小人而外君子，天地不交而萬物不通也。上下不交，而天下無邦也，兌之至矣。此陰陽循環之數，姤復否泰之機，盈虛消息之理，可坐而計也。聖人於陽之浸長即憂其不久而消，以至於否，則以大臨小者，能幾何時哉？盛者衰之漸，福者禍之伏，泰者否之基，治者亂之微。觀天道盈虛之數，而人事得失之理可從識矣。智❷者不恃其已然，而覷其將然；不玩其將然，而防其未然。憂深慮遠，兢惕憂勵，不敢至於滿極，以免兌也。

九五王假有家勿恤吉

九五❸，王假有家，勿恤，吉。象曰："王假有家，交相愛也。"

假爲"奏假無言"之"假"，取感假之義也。九五，以剛明之，德居中正之位，是能正位乎其外也。其爲父子、兄弟足法，言無不信，行無不敬，善則而和親，身正而家齊。刑於之化，格於有家，故不俟防閑，無攸憂恤。一家之內，合敬同愛，父父子子，兄兄弟弟，夫夫婦婦，懽欣無間，交相孚愛，吉孰加焉？《關雎》《麟趾》之化，文王其至矣。士君子有家者，不可不反身以率之也。

---

❶ 是，何本作"足"。
❷ 智，何本作"知"。
❸ 五，底本作"二"。據何本、《周易·家人》改。

九五莧陸夬夬中行無咎

九五❶，莧陸夬夬，中行無咎。象曰："中行無咎，中未光也。"❷

莧，菜名，俗所謂馬齒莧。受陰氣獨多，性柔脆，至易生之物。莧之生於陸，猶陰之據於上五，比近之則，當毅然守中以爲行，夬夬然決而去之，方可無咎。五剛健中正，宜元吉，止言無咎，何也？上之陰柔媚悅易以❸惑人，下乘於五，恐爲所眩，則中道未爲光明，心勇決而後可得無咎。自古明君有志盛治而多爲小人所惑，不能辨於居夬決之勇，馴致蠹國殃民。如宋神宗之惑於姦邪，可不謂殷鑒哉？

六四王用亨於岐山吉無咎

六四，王用亨於岐山，吉，無咎。象曰："王用亨於岐山，順事也。"❹

以陰居四，順體之下，當位而正，何咎之有？然近君之尊，君柔在上，宜以順事，乃得吉而無咎。昔者文王有君民之大德，有事君之小心翼翼，敬止以服事殷。此文王之所以爲至德，而岐山王業之所由以亨也。文王曷心哉？盡其順事以止於臣道，順而在下，道當然也。六四爻詞，教天

---

❶ 五，底本作"二"，據《周易》改。
❷ 何本標題後有"夬"。
❸ 以，何本無。
❹ 何本標題後有"升"。

下後世之爲人臣者，宜師文王也，所以保吉而無咎也。

九五孚於剝有厲

九五，孚於剝，有厲。象曰："孚於剝，位正當也。"❶

陰邪剝陽，小人媚君，自古然也。六以陰柔居重兌之上，引類援黨，逢迎爲悅，以剝蝕君心者，蓋無所不用其情矣。五比於上，承於剝者。然以剛明之德，居得其中，位爲正當，故能中心無爲，以守至正，而不惑於非道之說，固足□□。感上六而不敢說之，不以道矣。然小人投閒抵隙，窺在上之意向，凡可以售其邪媚之術者，無不用也。一或不謹，則說之易入，寖寖乎入於其中，而莫之覺矣。人君處此，必兢兢業業，恐冒於非幾，凜凜❷然可畏之甚也。《易》著"有厲之戒"，使人主謹未然之防，以遠讒邪之說，天下治亂之機，邦家安危之繫也。剛明之君，猶以有厲爲戒，而況非剛明者乎？嗚呼！可慎鑒茲哉！

---

❶ 何本標題後有"兌"。
❷ 凜凜，何本作"懍懍"。

語錄

先生曰：白沙先生云

先生曰："白沙先生云：'終日乾乾，只是收拾此而已。'收拾便是洗心，退藏於密，自下學者言，便是惺惺心法，使不放失❶，更無別法，此字宜細玩❷。"

《易》曰幾者動之微

《易》曰："幾者動之微，吉之先見者也。"此"幾"字有善而無惡，握此把❸柄，終日乾乾，反復於道，察見天則，方可謂知幾而修之，吉也。不然，則辨之不早，至於屢失而屢復焉，難免於頻復之❹厲也。始學於❺未信得及，須就敬上漸積久，當有得也。

---

❶ 失，何本作"心"。
❷ 字宜細玩，何本作"細玩也可"。
❸ 把，何本作"霸"，《粵東名儒言行錄》與何本同。
❹ 之，《粵東名儒言行錄》作"於"。
❺ 於，《粵東名儒言行錄》無。

《中庸》言慎獨

《中庸》言"慎獨最爲緊切"。於此二字，能實用其功，即所謂"致良知"矣。良知即是獨知，致良知即是慎獨，一念之發，善不善無不自知之，豈不是良知？能勿失其良知，是謂能慎其獨，能慎獨即所謂致良知矣。

不覩不聞是吾心

不覩不聞是吾心本體，至虛至靈，無方無所，明目而視之，不可得而見也；傾耳而聽之，不可得而聞也。雖不覩不聞，而實至明至著。幾微之動，儼然如十目所視、十手所指，不可掩也。故曰："莫見莫顯，君子所以必慎其獨也。"戒慎恐懼，即是慎獨工夫，能慎其獨，則寂然不動，廓然大公，未發而謂之中，感而通天下之故，物來順應，發皆❶中節而謂之和。

古人於好惡二字最緊

古人於好惡二字最緊用功，爲學只在無有作好，無有作惡。爲政只在民之所好好之，民之所惡惡之。爲學與爲政，致審於好惡，更無有分別

---

❶ 皆，何本作"而"。

也。學者可深思焉。

語會友曰

語會友❶曰："爲學只於人倫日用求之，如事親從兄、親師取友，無往而非實用其力之地。"

司馬溫公云

司馬溫公［云］❷："學自不妄語，始雖未得霸柄入手，然却是得力。"

《論語》道千乘之國章

《論語》道千乘之國章，爲政之要，終身用之不盡。宋時趙普有"半部論語"之說。趙普只是智謀之士，《論語》"修己以敬"一句，且未之能行，而況於半部乎？

---

❶ 友，何本作"有"。
❷ 云，據何本補。

天下之事成於同而敗於異

天下之事成於同而敗於異，處鄉、處國、處天下莫不皆然。欲天下太平，須是當事者不自用而用其中。於天下之人，以天下之見爲見，故法行而曲盡人情，可以垂之永久，不至朝更而夕改。今之人執己之見自以爲是，而謂人之謀莫己若也❶。故一己之見不足以盡天下之是非，法行未幾，而弊孔旁出者多矣。須是存一體之意，如家人父子，相與共成一家之事始得❷。

友以輔仁

友以輔仁，義重聚樂，居常加朋友講習之功，自然夾持此心，提起不放，得益更多。故曰："道義由師友有之。"諸君相會，切勿悠悠蹉過日子。

予乙未歲釋褐

予乙未歲釋褐，在京師，與海內有志之士同會。一友問近日作何工夫，或答云："有工夫便不是工夫。"予聽之甚駭愕。蓋以本體即工夫，工

---

❶ 也，何本作"以"。
❷ 何本文未有"也"字。

夫即本體也。此豈初學者一時能悟？看來只是儱侗依傍光景，全非下學實落工夫。夫子教人謹言信行，直內方外，積漸深造，顏卓曾唯，豈易遽及？年來講學，忽略庸常，騖意高遠。每到作用，便即差錯，全不得力。

學貴反求諸己

學貴反求諸己，自得於心，必於聖賢之言實見之，力行乃可，不宜於訓釋字義上求之。

顏淵喟然之嘆

"顏淵喟然之嘆"首節"仰之彌高，鑽之彌堅，瞻之在前，忽焉在後"，是嘆聖道之妙，其無窮盡、無方體有如此，迨其得聞博約之教而後欲罷不能，既竭吾才以至於卓爾之見。然從之末由，依舊是無窮盡、無方體也，此顏子學既有得，故爲此歎，若以首節爲先難，則恐未然。

《中庸》其次致曲

《中庸》："其次致曲。"曲者，微細之謂，與《曲禮》之"曲"同。三千三百皆道委曲周匝處，致曲，推而極之，欲其克周，曲暢旁通，无少欠闕，以完全其本體，是謂之有誠❶。

---

❶ 誠，何本作"成"。

白沙先生詩云

白沙先生詩云:"春夏誰開發育功,直憑天地閉秋冬。"此即藏而後發之意。

寡欲而後知有欲

寡欲而後知有欲,改過而後知有過。譬如掃地然,必當加掃之之功,而後覺塵有未盡處。不然,則蹉過不自知也。

民之質矣

民之質矣,日用飲食,而妙道精義存焉。惟其囿之而不知,是謂行不著、習不察。故曰:"人莫不飲食也,鮮能知味也。"

《樂記》人生而靜

《樂記》:"人生而靜,天之性也。感於物而動,性之欲也。"至於大亂之道也，此章最可玩味。其言好惡，無節於內，知誘於外，不能反躬，天理滅矣。物之感人也無窮，而人之好惡無節，則是物至而人化物也。悟此可以格物矣。其要在反躬，而不化於物。

飲食男女

飲食男女，從古聖賢，自這裏做工夫，真是親切語。

士者能成大業

士者能成大業，致大名，決非逸豫可得，必自苦刻❶中來。須有圓木警枕之意乃可。

學者須是實用其力

學者須是實用其力，而後能有疑，疑而後問，問而後覺。故白沙❷曰："疑者，進道之萌芽也。"若平日無工夫，安能有疑？無疑則所問非切問，何由信諸己？

---

❶ 苦刻，何本作"刻苦"。
❷ 白沙，何本作"白沙先生"。

學如不及

學如不及，猶恐失之，古人譬之上灘，船一篙不可放下，甚爲親切。心與力皆一時事，分而爲二不得。

孔子於大人則畏之

孔子於大人則畏之，孟子則藐之，此聖賢氣象之別，學者須學孔子。

古人習射

古人習射，所以釋回增美，必內志正，外體直，而後可以言中。此非以玩物適情，實爲存養之資，古人由之以論士，良有深意。

自古聖人德業

自古聖人德業，做出來自然大格局，與後人氣象不同。如伊尹五就湯，五就桀，直是以天下爲己任，後世豈能學得？嘗謂伊尹氣象惟孟子似之，如孔子則是聖之時。

《易》言神武不殺

《易》言"神武不殺"，以神武服天下而不用兵革，此至誠贊化，大有爲之，聖人惟伏羲、神農、黃帝、堯、舜足以當之。故能神以知來，智以藏往，幽贊神明，而生蓍興神物，以前民用。

陳堯山《夜坐詩》

陳堯山《夜坐詩》云："松風不雜齋前樹，夜半焚香啟竹扉。水鳥一聲人獨坐，雪梅香冷月斜輝。"此堯山學有得處，清風❶潔靜，於道殆有見也。

堯山少時歲考

堯山少時歲考❷，作充實美大❸章，有云"自可欲以至於無欲，由有己而至於忘己"之句。魏莊渠讀之，聳❹然加敬。

---

❶ 風，《粵東名儒言行錄》作"通"。
❷ 歲考，何本作"考歲試"。《粵東名儒言行錄》無此二字。
❸ 大，《粵東名儒言行錄》作"文"。
❹ 聳，何本作"悚"。

先生一日問曰

先生一日問曰："汝輩於仕路上淡否？"憲文曰❶："文平生於世態上頗能不介意。"先生曰："世有輕物肆忌者，世故之所迫速，意氣之所激昂，類能塵視軒冕，然不得謂之淡也。須知一日立乎其位，則一日業乎其官，而以徒穀素餐爲可恥。淡之之意，即在其中。惟其有見於在我者之當盡，無見於在外者之可慕，故自能淡得。"

子入太廟每事問

子入太廟，每事問。註言雖知亦問，謹之至也，看得聖人太高了。有所不知何害？爲聖人惟其不知，而必求知之，此所以爲聖人也。故曰："知之爲知之，不知爲不知，是知也。"此理最可玩味。知與不知，而皆無自欺，心地何等光明！豈不是求知之道也？

憲文問先儒

憲文❷問先儒論理氣有不離不雜之說。先生曰："理氣不可分爲二，如

---

❶ 曰，何本作"對曰"。
❷ 憲文，何本作"韋憲文"。

手之持、足之行，氣也。手容恭，足容重，理也。恭重之理，即在持行之中，理氣原分不得。"

問存省

問存省。先生曰："省察存養，非截然二法也。"陽明先生❶曰："存養是無事時省察，省察是有事時存養。"學者最宜體認。

問周子《太極圖》

問："周子《太極圖》'無極之真，二五之精'兩句，對言而曰'妙合而凝'。凡物必有兩，而後可言合。莫是分理氣爲二否？"先生曰："周子之言妙合，以二五之精言也，非以理對氣言也。二氣五行，是太極分布。太極本無極，天下之動貞夫一，生天、生地、生人、生物，皆是此一。所謂真精，皆一也。天地間一氣耳，動而爲陽，靜而爲陰，一動一靜，分陰分陽，自主宰而言謂之一，自對待而言謂之合。渾淪於太虛之中，凝聚於化育之始，人得之而爲人，物得之而爲物，皆所謂一也，非二也。故曰：'陰陽不測之謂神。'"

---

❶ 先生，《粵東名儒言行錄》無。

問人心道心

問人心道心，先生曰："'飲食男女，人之大欲存焉'，人心也。飲食男女得其正，便是道心。故曰：'動而得其正曰道。'道心即在人心之中，非有二心也。《中庸》云'人莫不飲食也，鮮能知味也'，再❶好玩味。"

問動之不以禮

問："'動之不以禮，未善也。'舊說禮就施爲上看，如何？"先生曰："動是自己上動，如動容周旋之動，三千三百莫非道之形見者。動容周旋中禮，則德盛禮恭，人儼然望而敬之，莫敢不承式，方是盡善盡美之學。否則，大德不踰閑，小德出入，人且玩慢之矣。《易傳》知崇禮卑之旨，夫子博文約禮之訓，《中庸》敦厚崇禮之述，每互舉以示人，意備至矣。此項工夫最安理會。"

問大學之道

問："大學之道，如切如磋者，道學也。如琢如磨者，自修也。其說與

---

❶ 再，何本作"最"。

知行合一之說有礙否？"先生曰："講習討論，式典訓而親師取友，資於人者也。自修，修乎己者也。資乎人，正所以修乎己，豈不是知行合一？但義理無窮盡，工夫無止息，愈深造，愈精進，求止乎至善乃可。"

問默而識之章

問："默而識之章，或以爲默即不視不聞，默❶識即戒慎乎其所不覩，恐懼乎其所不聞。學而不厭，學此者也。誨人不倦，誨此者也。此說若何？"先生曰："亦是。但默識是實體諸心，不是口耳之學，學與教則所該者廣，自是三件事。《論語》書中，聖人因事立教，隨問而答，不可求之太深。後儒始說頭腦，在夫子發言原無此意，學者須要識得。"

問今之作詩作文

問："今之作詩作文，可比古之游於藝否？"先生曰："心役於外，則雖以古之器數名物，習古之禮、樂、射、御，猶不免爲玩物。苟❷志在養心，則雖業今之詩文，無適非性情之所寓也。顧人所患❸何如耳。"

---

❶ 默，何本無。
❷ 苟，底本作"喪"，據何本改。
❸ 患，何本作"志"。

問日用酬酢

問："日用酬酢，憲文亦知從事❶主敬❷之功。但萬感紛然❸而至❹，不知何以能使敬之周匝而無遺？"先生曰："能使敬周匝無遺，非大賢以上不能。敬者，警也。心常警畏，不拘平居，與人有事無事，皆不敢放❺逸，充積之久，則自然周匝無遺。此中工夫，人替不得。"

問學文是詩書六藝之文

問："學文是詩、書六藝之文，與博文約禮同否？"先生曰："博文就是人倫，日用燦然，有條上說。然詩、書六藝之文，亦在其中。蓋詩、書六藝亦是人倫日用道理也。弟子之孝弟謹信，泛愛親仁，有餘力而後以學文。此文雖專指詩、書六藝而言，然孝弟、謹信、親愛道理即在此中也。博文所以約禮，約即在博之中，禮即在文之中。"

---

❶ 從事，《粵東名儒言行錄》無。
❷ 敬，何本作"敬矣"。
❸ 然，底本作"集"，據何本、《粵東名儒言行錄》改。
❹ 至，底本作"立"，據何本、《粵東名儒言行錄》改。
❺ 放，何本作"欲"。

問人莫不飲食也

問："人莫不飲食也，鮮能知味也。此'味'字是'性也，有命焉'之意，能品節限制，不得踰涯分，方謂之知味。不知是否？"先生曰："亦是，但不可執泥。此只謂道不可離，人自不察意。"

問夫子三十而立

問："夫子三十而立，四十而不惑。既卓然自立矣，宜於事物無所疑。何以必待四十而後能不惑？"先生曰："立是立得定，動搖不得了。不惑是與之爲一，無復疑滯。蓋立之益定，而不疑其所行也。吾人看聖人地位不宜太重❶。孔子好古敏求，終夜以思，亦猶學者爾。但不厭不倦，不知老之將至，是以獨覺其進，非學者所能及爾。且道無終窮，學亦無止處，使夫子年若衛武九十，舜百有十歲，想獨覺其進猶❷不止此，但非後學所能測爾。"

---

❶ 重，何本作"高"。《粤東名儒言行錄》與何本同。
❷ 猶，何本作"尤"。

問南昌山中詩

問："南昌山中詩'仙源此去無多路，獨自尋芳信馬蹄'，竊意上句言道不遠人，下句言人不能求道。曰信馬蹄，言任其氣質用事也；曰獨自尋芳，言不能求之於師、問之於友也。不知詩意是如此否？"先生曰："以上句譬道不遠人是矣，下句則求予意太深，予初無此意。'信馬蹄'本唐詩'薄暮垂鞭信馬歸'，無甚深意。文❶因悟獨自尋芳，見先生隱然有自任之意，'信馬蹄'是輕車熟路也。"

問操存舍亡

問："操存舍❷亡，出入無時，莫知其鄉，惟心之謂與？不知聖人之心，亦待於操之而後存否？出入無時，舊❸以出爲亡，入爲存，以言乎心之妙用。說得去否？"先生曰："孔子此言，是說人心本體妙用如此。孟子引之，欲人知所操存而善養之也。聖人之心，若不待於❹操之而存❺，則緝熙敬止，終日乾乾，至夕惕若者，果爲何事。但聖人之工夫出於自然，不

---

❶ 文，何本作"憲文"。
❷ 舍，《粵東名儒言行錄》作"捨"。
❸ 舊，何本作"舊說"。
❹ 於，《粵東名儒言行錄》無。
❺ 存，何本作"自存"。

甚費力矣❶。夫造化之神，易無方無體，變動不居，周流六虛者也。人心妙用，良亦如之。放之而彌❷六合，斂之不盈一掬，至虛至明，常感常應，寂然不動，而有以通天下之故，何有止息？至無而至動，至近而至神，不覩不聞，可有方所？人心本體，原自如此。"

問養氣之始

問："養氣之始，必由事皆合義，自反常直，是以無所愧怍，而此氣自然發生於中，何如？"先生曰："自反常直，無所愧怍，此氣自生，所說良是。但要察識義原在心，不在事上，告子以義爲外，只緣認義爲在事爾❸。集義猶云緝熙，集義何以養氣？氣與義原離不得，配義與道，乃直養無害工夫。其爲氣也，配乎道義，所以浩然充塞，無是，餒也。無是無此道義，餒是氣從而餒也。所謂自反而不縮，雖褐寬博，吾不惴焉也。若云既養成此氣，而後道義爲之助，則未配道義之先，此氣安在何處？天下豈有離乎道義而可以語氣❹之充哉？又以無是爲無此氣，餒爲不能行夫道義，是倒做直養工夫矣。合乎道義則充，不合於❺道義則餒，故須集義以生之。集義所生，是集於心而生於心也。非義集❻而取之也。"

---

❶ 矣，何本作"耳"。
❷ 彌，《粵東名儒言行錄》作"彌乎"。
❸ 爾，何本作"耳"。
❹ 氣，何本作"道"。
❺ 於，《粵東名儒言行錄》作"乎"。
❻ 集，《粵東名儒言行錄》作"襲"。

問朱子云但得心存即是敬

問:"朱子云:但得心存即是敬,莫於存外更加功。文❶嘗留心於此,必常❷加警惕,把捉得定,而後能常存不放,稍任其自然,即妄❸想忽然而起,強以❹制之,則未免有追迫❺之病,何以使此心常脫灑而不至於放失乎?"先生曰:"此心常照,便自能不妄❻想,便是常存,《書》所謂'顧諟',《詩》所謂'思無邪',《禮》所謂'毋不敬'是也。'莫於存外更加功',朱子此語極好,存即敬,存外無敬也,何等脫灑乎?若是把捉,則助長矣。"

問夫子發憤忘食樂以忘憂

問:"夫子發憤忘食,樂以忘憂,不知是一時事,抑二者迭爲先後?"先生曰:"發憤忘食,樂以忘憂,分不得已得未得。樂以忘憂,此'憂'字是世情之'憂',與憂道之'憂'不同。樂爲吾心❼本體,學所以存吾心之樂也。人不知學,則常戚戚而多憂,惟好學而至於發憤忘食,則見大心

---

❶ 文,何本作"憲文"。
❷ 常,《粵東名儒言行錄》作"嘗"。
❸ 妄,底本作"忘",據何本、《粵東名儒言行錄》改。
❹ 以,何本作"而"。
❺ 追迫,《粵東名儒言行錄》作"迫切"。
❻ 妄,底本作"忘",據何本、《粵東名儒言行錄》改。
❼ 心,何本作"心之"。

泰，無入而不自得，何憂之有？愈發憤則愈精進，愈憂勤則愈快樂，終日乾乾，反復於道，蓋終其身而爲之❶不厭，故不知老之將至，此聖人至誠無息之功也。學者大宜發憤，以憂終身之憂。"

問宇宙内事皆吾性分内事

問："宇宙内事皆吾性分内事，故至誠盡性，極之於参天地，贊化育，則堯舜其人也。而先儒以爲堯舜事業亦一點浮雲過太虛，與不義之富貴一揆，何歟？"先生曰："君子所性，仁、義、禮、智根於心。其生色也，睟然見於面，盎於背，施於四體，四體不言而喻。故君子之學，以盡性也。用之則行義以達其道，本身而徵諸民，推之天下國家之大，馴至参贊位育之極，莫非吾性分當然，非有所加也。不用則卷而懷之，非有所損也。故事業如堯舜，可謂至矣。然皆學者分内事，不足異也。樂行憂違，看來只如浮雲過太虛一般。先儒云：用舍無與於己，行藏安於所遇。言不可繫戀也。若不義而富且貴於我如浮雲，薄之之詞也。謂薄不義也，非薄富貴也，與'堯舜事業如浮雲'，詞同而旨異。"

問白沙拈一不拈二之詩

問白沙"拈一不拈二"之詩。先生曰："一即周子所謂無欲也。《易》曰"天下之動貞夫一"，二則雜矣。故夫天得一以清，地得一以寧。天地之道，惟一爲主。悟其爲一，則此理顯然於心目之間，若太陽東出，萬物

---

❶ 而爲之，何本作"爲之而"。

畢照也。然是道非以拈而有，非以不拈而亡，如江河流注，千古一日也。觀《太極圖說》云：'聖人定之以中正仁義，而主靜立人極。'《通書》云：'聖可學乎？曰：可。有要乎？曰：一爲要。'一者無欲也，無欲則虛靜動直皆揭此一以示人。故曰：濂洛千載傳，《圖》《書》乃宗祖。昭昭聖學篇，授我自然度。白沙先生之學以自然爲宗，分明是得之於濂溪。然此詩乃答東所偶拈之作，故云若專以'拈'字爲言，近於拈弄矣。"

問白沙元神誠有宅之詩

問白沙"元神誠有宅"之詩。先生曰："元神元氣，生天生地，生人生物，造化之樞紐，萬彙之根柢也，人之所資以安身立命者，豈獨老氏乃爲此言？下化囿其跡，百姓日用而不知也。上化歸其根，窮理盡性，以至於命也，莫非神氣之所資也。天下之至理總括於此，舍此之外，更無妙道，尚何足言哉！"

問白沙千休千處明之詩

問白沙"千休千處明"之詩。先生曰："千休千處明，此即朱子所云，若非放下，終難湊泊，若件件要去擔承，便有滯礙。君子之學，協於克一，一則明通公溥，靜虛動直，廓然大公，物來順應，資深逢源，酬酢萬變，豈不至妙至妙者乎？若二則雜，雜則擾。學貴閑邪以存誠，致精以主一，便是作聖之功，即白沙先生所謂終日乾乾，收拾此而已。此理干涉至大，無內外，無終始，無一處不到，無一息不運，得此橛柄入手，更有何事？往古來今，四方上下，一齊穿紐，一齊收拾，隨時隨處，無不是這個充塞，色色信他本來，行著習察，不違天則，隨時隨處，無不是這個工夫。若不明於❶此，則憧憧往來，朋從爾思，反爲物感所撓。白沙詩旨，大概如此。然亦因人問答興賦之詞，學者不必一一深求此論，又墮在揣摩中矣。"

問白沙古人棄糟粕之詩

問白沙"古人棄糟粕"之詩。先生曰："下學可以言傳，妙道必由心悟。故凡以言傳者，皆糟粕粗跡，非古人之真傳矣。若由其言，亦可以積纍而成，然非自得之也。故夫以言求道，不足以得道。君子深造之以道，欲其自得之也。自得而自悟之，豈言之所能傳？吾心萬理具備，本自完全，發微而不可見，充周而不可窮，微而顯，遠而近，隨時隨處，無不是這個充塞。吾能終日乾乾操此欛柄，日用間種種應酬，惟吾所欲，則不離日用常行之中❷，而有以見鳶飛魚躍之妙。默而識之，不言而信，藏而後發，明其機矣，形而斯存，道在我矣。自得之學固如此，豈言筌糟粕之所能傳乎？末言本立貴自然，則又揭學以自然爲宗，而深明乎過用其心者之滋牽纏，即先生所謂戒慎恐懼，所以閑之，而非以爲害也。然而世之學者不能自然而以用心，失之者多矣。若深造之以道之人必不如此，故又以素琴本無弦爲喻。此詩❸，白沙先生之學括於是矣。"

---

❶ 於，何本作"乎"。
❷ 中，何本作"事"。
❸ 此詩，何本無。

問言忠信行篤敬

問："言忠信，行篤敬，在未言行之前用功，則參前倚衡之謂也。此即靜時功❶夫否？與無意無必之學何以并行不悖？"先生曰："《書》云❷'顧諟天之明命'，所謂常目在之也。此理無時而不在，無時而有❸忽。故忠信篤敬，常若有見，即所謂主忠信也，安得爲意必？《禮》曰'執虛如執盈，入虛如有人'，❹此理最可玩味。"

問伯夷之隘

問："伯夷之隘，是氣質之偏否？氣質之偏不能變化，何以爲聖人？"先生曰："伯夷之隘，只是格局小❺，非氣質之偏，前輩所謂千鎰萬鎰之說已盡之。"

問白沙先生云天自信天

問："白沙先生云'天自信天，地自信地，吾自信吾，甲不問乙供，乙不侍甲賜'，其旨若何？"先生曰："此見萬物皆備於我，足乎己無待於外之意。"

---

❶ 功，何本作"工"。《粵東名儒言行錄》與何本同。
❷ 《書》云，何本無。
❸ 有，《粵東名儒言行錄》作"可"。
❹ 執虛如執盈，入虛如有人，據《儀禮·少儀》校正。
❺ 小，底本作"爾"，據何本改。

問素履往無咎

問：“素履，往無咎。履初九爻辭也。素是固有之性，蓋有生之初，與形體一齊俱備畀焉者，循性而動，不以人爲害之，是謂素履之往。不知是否？”先生曰：“素是固有之素，初九率其素履，不爲物遷，故往而無咎。即是素位而行之意，無往不然❶也，若專以仕進爲言則非。”

憲文問學須有頭腦

憲文❷問：“學須有頭腦，始能有進步處。試思人之所受於天以生者，以清通之氣，而麗於形骸之中，由其清通之始，則渾然與物而同體。自其形骸之隔，則截然人己之異。觀清通之理之具於人，則所謂德性是也。惟麗於形骸之中，則種種世俗識情，皆其所易動焉者。君子終日乾乾，求以復其明命之始，於其由德性上起念者，則從而養之；於其由形骸上起念者，則從而撿之。如此則正念漸多，雜念漸寡，而寂然感通之體，庶乎其可復矣。蓋求其清虛之始，則汚濁之念自無所乘；達其德性之用，則形骸之纍自不能入。不知從此而用功，是正法眼否？”先生曰：“民受天地之中以生，即所謂清通之氣，清通之氣即具於形骸之中。神理形骸，一時并賦天地之中，理之一也。形骸不同，物之不同，物之情也。其渾然與物同體

---

❶ 然，何本作“宜”。

❷ 憲文，何本無。

者，心之本體也。截然人物異觀者，失心之體也，非在形骸之隔也，失心之體而後乃有隔。學者精察夫理之一，以豫養夫天地之中，則吾心本體，包含徧覆，萬物皆歸一圜，此即所謂頭腦，即白沙先生致虛立本、元神灝氣諸說，即欛柄千古萬古，皆此一也。念者，心之幾也，念只一念，非有清通形骸兩念之別。克念作聖，罔念作狂，所謂拈一不拈二也。念有邪正，克與不克也。克則一矣，可與幾矣。此是具大法眼者。"

李良柱問知德者鮮矣

李良柱問："知德❶者鮮矣！夫聞善必行，告過必喜，由勇於進德矣。而云知德者鮮，何也？"先生曰："此'知'字猶孟子'知性知天'，《易》之'知至至之，知終終之'之'知'，是明得盡，守得定，而有諸己矣。德，明德也，明其明德，方謂之知。德者，得也，行道而得於身之謂德。子路雖勇於聞善改過，然未知取裁，尚有以不知爲知，至於慍見，而猶以正名爲迂，則又安能真知乎德而有得也？故夫子呼名而教之，欲其求所知也。聖門之徒，顏、曾、冉、閔而下，知此者誠鮮。"

問不圖爲樂之至於斯也

問："不圖爲樂之至於斯也，謂不意舜之樂至於如此之美，是否？"先生曰："韶之樂盡善盡美，夫子心領神會久矣，獨未得身親聞之也。敬仲奔齊，能傳韶樂，夫子聞之，不覺聽之真而善之深也。謂吾生千百世之下，

---

❶ 知德，底本作"德知"，據何本改。

慕舜之樂，未之聞也。今在齊聞之，不意敬仲傳韶之樂而至於斯也。斯指齊也。蓋慶幸之至，而嗟嘆之甚也。"右門人韋憲文錄❶。

楊烈問亥子之幾

［楊］❷烈問："亥子之幾，從前未經人道，發自邵子，而周子亦曰：'動而未形，有無之間者，幾也。'《易》曰：'知幾其神乎。'而顏子有不善未嘗不知，知之未嘗復行，故贊之曰：'其殆庶幾乎！'今欲學顏子之學，而握亥子之幾，其道何如？"先生曰："前輩以亥子中而❸言幾者，蓋以陰陽剝復之交，指人心動靜相乘之明❹［至明切］也。然剝復之交，一歲之候也；亥子之交，一日之候也。若吾心常感常應、常動常靜，則時時刻刻無非亥子也，惟在默而識之。然必言亥而後子者，貞下起元，靜者動之幾也，潛者昭之伏也。程子言：'不專一不能直遂，不翕聚不能發散。'白沙言：'藏而後發，明其幾矣。形而斯存，道在我矣。'二先生之言，最可玩味。《易》曰：'幾者，動之微也，吉之先見者也。'是必有真功，而後有真見。致虛以立本，閑邪以存誠，功在幾先，乃見天則。故曰：'知至至之，可與幾也。'昔者顏子從事於克復博約之訓，慎審乎視聽言動之微，拳拳於擇善固執之守，終日不違。反復於道，是以有不善未嘗不知，知之未嘗復行，以祇於悔。故能不遷不貳，以協聖人之一。故曰：'不遠之復，以修身也。'故❺曰：'顏氏之子，其庶幾乎！'夫以顏子上智之資，得循循之教，既竭其才，而後可以與幾。故夫子獨稱其好學，閔、冉以下未足以語

---

❶ 右門人韋憲文錄，何本無。
❷ 楊，據何本、《粵東名儒言行錄》補。
❸ 而，何本作"間"。《粵東名儒言行錄》與何本同。
❹ 明，何本作"幾"。《粵東名儒言行錄》與何本同。
❺ 故，《粵東名儒言行錄》作"又"。

此，則知幾之學，信有未易及者。後之學者，不加學問精擇之功，又歉允蹈積纍之漸，徒剿說光景，而曰悟而後修者，無惑乎對塔說相輪，其於道也遠矣。吾契答問，已見大意，更在默而識之，敬而守之，則可以學顏子之學。"

問《書》云光被四表

問："《書》云'光被四表，格於上下'，非謂功業之大也。史臣稱帝堯心體炯然光明，上下天地，四海內外，一時貫徹，無有毫髮隱蔽，所謂被格也。此不特帝堯爲然，吾人心體原是如此。若頃刻之間，與天地四海，往古來今，不相映對，便是良知自生隔閡，須廓清掃蕩，復還本然，是亦堯而已矣。何如？"先生曰："民受天地之中以生，人心木體光明正大，清通無際，今古聖愚，本同一揆。但人各分量，自是不同。如《書》稱堯'克明峻德'，'峻'言大也。夫子稱：'大哉，堯之爲君！巍巍乎惟天爲大，惟堯則之。'至於盡善盡美之贊，文王致德之尚，不失顯名之述，性之反之之別，聖人分量，亦自大小，不容一概語者。要之，堯之德業終非羣聖所能及也。'光被四表，格於上下'，史臣之贊，非溢美也。至於聖人與途人一而已者，蓋指天地生民之原，性善之說是也。擴而充之，則存乎其人。故曰：'苟非至德，至道不凝焉'。至云若一刻之間，與天地四方古今不相映對，便是良知自生隔閡。知既良矣，天地萬物莫非己也。通乎晝夜之道而知，何生隔閡？若有隔閡，豈得爲良？即非致知之實際矣。致知在格物，物格而後知至，致虛立本，慎微應感，行著習察，揆度天則，輕重大小，不過乎物，四方上下，皆歸一閫，修齊平治之道備是矣，何有間隔？是故天下皆歸吾仁，必自克己復禮得之。

問初學須是習靜

問："初學須是習靜，神氣始能收斂，此程子所以見人靜坐，每有善學之歎。然動靜時也，學貫動靜而一之，原無時之可分也。所謂動亦定，靜亦定，習靜者習此〔而已，不必別求靜功，以爲順應張本也。故即動即靜，則動不妄，無動無靜，則靜不槁，何如？"先生曰："所問大段亦是，然動靜之靜與主靜之靜自是不同。動靜，時也。主靜之靜，原於一也，周子所謂學聖以一爲要。一者，何也？一者，無欲也。無欲，故靜。故曰：'人生而靜，天之性也。'定之以仁義中正，君子行此四德，天下之道備於此矣。主靜以立極，聖人所由爲一理，天下之動，貞於此矣。一元之氣，混淪於太虛之中，統天資，始合同而化，天得之而爲天，地得之而爲地，人得之而爲人。上載於穆，萬象森羅，命之流行而不已者也。所謂《易》有太極者也，太極動而爲陽，靜而爲陰，分陰分陽，兩儀立焉。天高地下，萬物散殊，誠通誠復，旋相終始，一闔一闢，往來不窮。理之一定而不可易也。是故春夏秋冬各一其時，五行之生，各一其性。陽生於子，而極於巳，則爲直遂爲發散。陰生於午，而極於亥，則爲專一爲翕聚，日月寒暑，陰陽晝夜，天地時義，不可移易固如此。至語其直遂發散之時，而至虛至靜之體，未嘗不在專一翕聚之時，而廣生大生之機未嘗有息〕❶。靜而無靜，動而無動，是之謂真動、真靜。是故觀理一分殊之妙，會真靜真動❷之機，而天地萬物之情可見矣。學者戒慎乎其所不覩，恐懼乎其所不

---

❶ "習此"以下一段文字，底本、何本皆缺漏，據《粵東名儒言行錄》補。
❷ 真靜真動，何本作"真動真靜"。

聞，致虛以立本，則至無而至動，至近❶而至神。周子所謂主靜以立極之旨，可以默識之矣。"

問白沙先生云靜中養出端倪

問："白沙先生云：'靜中養出端倪。'愚意端倪即幾也。養端倪之學，即研幾也。有作光景看，恐於學者功夫沒着落。何如？"先生曰："端倪如萌芽之謂，有端倪而後可以語幾。幾者，自靜自動，常感常應，本自完全，至微至著，慎之而正，修之而言者也。養❷端倪則以人心既失之後，培養之使復如物，既亡而復存，既死❸而復生者也，此白沙教人方便法門也。三代以上教化明，士習正，所見皆正事，所聞皆正言，所行皆正理。歌詠舞蹈以導其趣，父兄師友以挾其進，隨時隨處，莫非薰陶涵養之功，故不須說靜中始有養。後世則不然，師友道喪，教弛言湮，習染鄙陋，人心陷❹溺，如水渾濁，汩其本體，若非倍加澄治培養，曷能有進？故靜中存養，寧神定志，使心猿意馬日漸消滅，以袪其習染之汙，以復其清明之氣。庶善端日萌，生機不戕，夫然後可以行著習察，親師取友，濯舊聞以來新益，如水之既澄而後清，木之既戕而復萌，方可以共學。故程子見人靜坐，便歎其善學，蓋此意也。若靜養既久，端倪日生，則真幾昭著，天則流形，而可以與幾矣。哲人知幾，是動靜皆慎，內外交修，終日乾乾，只此一事。所謂克念，克此者也；所謂格物，格此者也；所謂知止，知此者也；所謂慎獨，慎此者也；所謂［集義］，集此者也。日深造則日精進，日篤實則日光輝。安居逢源，定靜安慮，可以酬酢萬變，可以充塞宇

---

❶ 近，《粵東名儒言行錄》作"遠"。
❷ 養，何本作"若"。
❸ 死，何本作"戕"。
❹ 陷，何本作"淊"。

宙，可以合德古今，非若靜中始養之時矣。養出〔端倪者，始〕學善反之功也。可與幾者，乾知太始之學也。及其至，則一而已。"

問德之不修章

問"德之不修"章。"解❶〔者〕謂四者日新之要，是矣。愚意善即義，義即德，不善即不義，不義即不德，不可分爲三事，蓋去乎彼爲改，入乎此爲徙，如擇鄰以遷居，必去不善以從善，則改徙不可分爲二功也❷。故人之學，修德爲先，而修德之功，正在徙義。改不善，而其德始成至要，其德之所由成，必須講學，承於父兄，質於師友，〔式於古訓，擬議於心思，以啟其是非之良知，其何者爲義而徙之，何者爲不善而改之。此所以欲修德者必以講學爲要也。故夫子之言似云德之不修，由於學之不講。惟其學之不講，安能徙義改不善以修德乎？"先生來問謂德之不修由於學之不講，惟其學之不講，安能徙義改不善以修德？歸重於學之不講，意甚切至。竊觀夫子原無歸重此句意，只是四者平平說出去，而先之以修德者，重自修也。講學徙義改過，皆修德事。蓋學者終日乾乾以進德修業，曰："德必修而後成，學必講而後明，善必徙而後及，過必改而後無，夫子終日以修德講學改過遷善爲事，孜孜焉惟憂其修之未成，講之未明，義之未徙，過之未改，發憤忘食，樂以忘憂，不知老之將至者也。尹氏傳註亦已明白，若以講而後修，則夫未閱載籍之時，未對師友之先，此時工夫豈無所事？夫子恒言入孝出弟，謹言慎行，愛衆親仁，而行有餘力則以學文，不求安飽，敏於事而慎於言，乃就有道而正焉。觀此，則學者修德工夫，擇善固

---

❶ 解，底本作"刺"，據《粵東名儒言行錄》改。
❷ 也，何本作"矣"。

執，慎思篤行，皆反求諸己，蓋有當仁不讓]❶者矣。至於審問明辨講習討論，以正所修之得失，則師友之功實不可少。然必有爲仁由己之志，而後可受以友輔仁之益，若不能著實为己，惟藉於所講，則易聞易失，終非己物。夫子舉此四者，而先之修德，意有在矣。修德而即繼之講學者，蓋以世之學者有知，所自修乃不能式於古訓，正諸先覺，問之於師，辨之於友，自以爲是，而居之不疑。日入於孤陋寡聞之地，而貿貿於遷善改過之圖，皆非所以語君子之道也。是故并舉而[詳]言之，所以教後學者至矣。"

招俊文問孟子論求放心爲學問之道

[招]俊文問："孟子論[求放心爲]學問之道，而以不知求爲可哀。蓋[甚]之之[詞]也。至程子亦云：'心常要在腔子裏。'夫爲學之本於心，固矣。不知何所求而得免於放？何所存而不至於可哀？何所養而得其常在腔子裏乎？"先生曰："君子之所以異於人者，以其存心❷也。存之則進❸於聖賢，失之則入於禽獸，甚可畏也。故學以存心爲貴，而存之之功，則在乎敬。君子敬以直內，則虛靜無擾，天君泰然，常在腔子裏。敬者，心之所由存，君子之學所由成也。敬也者，儆❹也。心有所儆❺，則日乾夕[惕，而不敢放，終日親師取友，學以聚之，問以辨之，皆所以求此心而不使放焉者也。人心存，方做得人。若不知存而放之，是之謂失其本心，將無所不至矣，是故可哀也矣。

---

❶ "師友"後一段文字，底本、何本皆缺漏，據《粵東名儒言行錄》補。
❷ 存心，《粵東名儒言行錄》作"心存"。
❸ 進，《粵東名儒言行錄》作"近"。
❹ 儆，底本作"敬"，據《粵東名儒言行錄》改。
❺ 儆，底本作"敬"，據《粵東名儒言行錄》改。

問戰國之士匡章

問："戰國之士匡章，通國皆稱不孝，而孟子與之遊。陳仲子，人皆以爲廉，而孟子獨以小廉目之。夫匡章以不葬其母而冒不孝之名，陳仲子以辭相位而得廉士之名，孟子皆不隨俗好惡，或與之遊，或小其廉，是必有真見者在也。然則欲從威王之命而更葬其母，則有傷死父之心。若曰父未有成命而不可更，則忍其母於馬棧之下，爲人子不幸而處此，將從君乎？抑守父命，可乎？陳仲子辭相位不居而爲人灌園，固不失爲自守之貞矣。而絕倫逃世，則未免有傷於激者，爲士而處此，則將以母兄爲重而喪其所守乎？抑爵祿不可辭而相位必可居乎？爲學之道，必先明於好惡之公，定其取舍之極，然後此心不爽而從違不差。吾夫子蓋權之熟矣。願以二子之行，斷之以示後學。"先生曰："君子之好惡，非欲與人異也。君子以同而異，衆好必察，衆惡必察，此所謂惟仁人爲能愛人能惡人，學者不可不察也。匡章不幸處人倫之變，其父戕其母而埋諸馬棧之下，可謂忍矣。匡章見父所爲而責之，爲父所逐，世人見其如此而謂之不孝。然章之心大有不得已也。若其平日不能善則和親，以諭親於道，及有過，又不能幾諫，而直義以責善，不能如舜之烝烝自治以不格父母之姦，以是責之，則宜也。然其終身出妻屏子，負罋引咎以不得於親，如不能終日，此其心則可取，而情則可原也。威王命葬其母以❶爲先，臣未有成命，則不敢也。子思謂其子不爲伋也妻，則不爲白也母。古人之尊父命者，類如此。匡章之不改葬其母，其或出於此乎？其不欲成父之惡也乎？抑尚別其有❷故乎？其

---

❶ "日乾夕"後一段文字，底本、何本皆缺兩頁，據《粵東名儒言行錄》補。
❷ 其有，何本作"有其"。

中情事，必有大不得已者。千載之下，難以遙度懸斷。不然，以君之命而葬其母亦不爲，忍負其[命]❶，而然而不然者，其申生之恭也乎？然觀匡章之心，可謂不敢得罪於其父矣。顧衆以爲不孝，其亦未諒其心[也乎]？孟子原其心之大不得[已]，嘉其怨艾之不[懈，故與之遊，而禮貌之。蓋衆惡必]察，非阿於所好[也。陳仲子固守小廉]矣，[視]世之[貪饕不]義而無饜者，何啻天壤？然避兄離母，處於於陵，[亡親戚]君[臣]上下之倫，以其小者，賊其大者。孟子以蚓[比]之，而尚不能如蚓，則亦何足取哉？蓋仲子[矯]情行怪，世人皆異視之，而以爲廉士，匡章亦心歆之矣。孟子開而喻之，若此明切，蓋衆好必察無可疑者，天下之道中焉止矣。聖賢取人，要之天理之時[中]，以揆夫民。彝物則之常，推見隱[微]，以立取舍之極，以是進退古今人物，不[爽]毫[髮]。[君]子之好惡，豈世俗所❷能別識哉？"

李尚梅問朱子論克己復禮

李尚梅問："朱子論克己復禮爲乾道，主[敬]行恕爲坤道，何如？"先生曰："乾元始物統天，高明上照，合同而化，健❸而不息，乾之所以爲❹乾也。坤元承天時行，博厚下凝，柔靜剛方，質具有秩，坤之所以爲坤也。是故健而無息之謂乾。乾知太始，聖人之學法之。順而有常之謂坤，坤作成❺物，賢人之學效❻之。顏子以上知穎悟之資，全體備具，終

---

❶ 命，《粵東名儒言行錄》作"父"。
❷ 所，何本作"之所"。
❸ 健，何本、《粵東名儒言行錄》作"流"。
❹ 爲，《粵東名儒言行錄》無。
❺ 成，何本作"載"。
❻ 效，何本作"法"。

日乾乾，明炳幾先，躬四勿以閑非禮，直以仁爲己任❶而弗辭。擇中庸而得一善，則拳拳服膺而弗失。故〔有不善未嘗不知，知之未嘗復〕行，此其心三月不違仁，〔而天下皆歸之。故〕夫〔子稱其好〕學，而爲萬夫之望。仲弓以厚重簡默之質，莊莅寬居而深造之以道。直內方外，惟積纍而後成，居敬行簡，中有主而自治嚴。推己及物，事不煩而人不擾。故自反而常縮，德修而人信，而邦家之咸達。故夫子許其寬洪端重，足當南面之尊。是故顏子之學，乾以易知之學也，故謂之乾道。仲弓之學，坤以簡能之學也，故謂之坤道。二子非截然異也，分量有大小，學力有難易，夫子因其材而❷教之，俾各有所成。夫子可謂善教，二子可謂善學。孔門授受心法，萬世之下可以想見。惜乎吾黨生已後時，不得親炙面承，雍容揖遜於杏壇之上，以聆成德達材之教，徒誦遺編於千載之下。幸私淑之有聞，日當與二三子討論規勵，日乾夕惕，改過遷善，以求其所未至。蓋天下之動貞夫一，聖人所由惟一理，學者學無常師，主善爲師，善無常主，協於克一。各隨分量之大小，識見之高下，循序漸造❸，皆可以有成。惟在乎〔果〕而確焉爾。程子有言：哲人知幾，誠之於思，思無邪則可以閑邪而存其誠。志士勵行，守之於爲，無爲其所不爲，而後可以有爲。二者學之〔大〕端也，茲因所問，答❹以大概如此，願與諸君〔共〕勉而求之。"

問意必常在事前

問："意必常在事前，何以謂之人欲？素定亦在事前，何以謂之天理？其旨何如？"先生曰："人心之體，廓然而大公，物來而順應。其應事也，

---

❶ 己任，底本作"天德"，據何本《粵東名儒言行錄》改。
❷ 其才而，底本作"材而施"，據何本、《粵東名儒言行錄》改。
❸ 造，何本作"進"。
❹ 答，《粵東名儒言行錄》無。

同歸而殊途，一致而百慮。是故其未發也，無思也，無爲也，寂然而不動者，誠也。誠精故明，感而遂通天下之故者，神也。神應故妙，動而未形於事之間者，幾也。幾微故幽，此聖人之能事，而［吾］人心體本如是也。若能戒懼乎不視不聞，以致慎乎至隱至微之幾，緘藏淵泉，以豫夫精義利用之本，物至知知，應感而動，則順萬事而無情，以行其無所事之智。終日乾乾，察此天則，定靜安慮，酬酢萬變，自無跲困疚窮之病，何莫而非天之理也。若憧憧往來，朋從爾思，事未至而先起億度迎逆之私，事已過而猶留固滯有我之跡，則是自私，用知，而失心之本體。自私不能以有爲爲應跡，用知則不能以明覺爲自然，存之於心，則有所滯而失其正。施之於人，有❶所狥而陷於偏，安得不謂之人欲也？是理欲之幾，微於其微，出於❷此則入乎彼。存天理而遏人欲，學者不可不早辨也。是故君子必慎其獨，幸相與著察之。"

吳正理問求仁

吳正理問求仁。先生曰："人者天地之心也，仁則人心之生理也。《易》言：'繼之者善，成之者性。'成性存存，道義之門，千善萬行，皆從此出。故仁爲善之長，君子體仁，足以長人。是以孔門之教，以成仁爲至。學者之學，以求仁爲先。然仁之難成久矣。無欲而好仁，無畏而惡不仁，中心安仁者，天下鮮矣。昔在聖❸門，夫子獨稱顏子'其心三月不違仁，其餘則日月至焉而已'。惟以仲……（原文下闕）

---

❶ 有，何本作"則有"。
❷ 於，何本作"乎"。
❸ 聖，何本作"孔"。

卷之四 序

賀堯山吳公晉少司馬留鎮虔臺序

　　君子弘匡濟之略，以勝重難之任，匪才弗利。然必本因心之實，以裕不匱之施；叕動靜之宜，以擴仁義之用，然後其才斯可達機以成務。堯山吳公，蔚負才望，受中丞節鉞開府於虔，其經略之猷、勳伐之茂，人人能言之。至其精神性術之蘊，生心發政之原，或未之知也。頃予應召晉貳大理，忝居公後，過嶺見其器度麗豁，涵蓄淵邃，議事❶井井然條晰而莫之窮詰。晤間，知予奉老母同行，則慕羨禮愛不已，亟稱"尊封翁家居，久不相見，大理之命，冀便省覲，乃叨此轉復，留鎮茲土。夫土茲❷既竭吾心力，勦撫并行，三窠底戢，可有數年之安？吾茲時可以內顧吾親，今吾親目加昏瞶，日思吾一見。顧於此時尚未得遂，吾私吾心，蓋有不終食安者。"語罷，愀然變容，黯然凝睇。至出尊翁家書讀之，父子至愛，繫戀真情，與公所順志承歡，今朝孝思純篤，蓋有非三公之所能易者。

　　夫人孝於事親，則必忠於事君，狄梁公有大功於唐，論者皆謂其自望雲一念中來，何者？蓋其得於心者實也。夫心譬之植也，本之固者華必茂；又水也，源之深者流必遠。故盡吾心於事親焉則為孝，盡吾心於事君焉則為忠，盡吾心以行吾愛焉則為仁，盡吾心以行好惡焉則為義。本固而源深，積厚以時發，學而得此謂之德，仕而行此謂之業，非有兩也。

　　公，越產也，夙聞陽明之學。陽明功業顯赫，聲施後世，雖隨在策

---

❶ 事，何本作"論"。
❷ 土茲，何本作"茲土"。

建，而實發軔於虔，〔公繼履虔，察故起新〕，凡諸行事，嗣軌同聲，蓋端有在〔矣。虔介江廣閩楚〕之交，崇山峻嶺，蟠據數百里。不逞之夫負固，糾結伏匿，至不可測，流毒四出，隄禦漫衍，視之他鎮最重。而險且難者，李葉諸酋，陽明昔欲以計順而薙獮之，察機未易動輒罷，今所謂三巢是也。下歷賊首賴清規，實繁有徒，最爲雄長。今公至鎮，扼其要害，知其鷙桀❶不可縱，撫之非計，乃移鎮信豐，親督剿之。始破楊梅牌，繼搗桐子嶂，傾其窠穴，執賴清規梟之，高沙謝允嶂、岑岡酋江月照，咸震慴不自安，連結而出。公知其窮迫，且脅從之衆，命撫之，即俯首歸順，願爲編民。夫當其倔強之時利用勦，吾從而勦之；當其疲苦之時利用撫，吾從而撫之。撫之所以行吾心之仁，勦之所以行吾心之義，仁義并行，軍政之大柄也。公相時而動，察機應變，以成昔人之所難者。《詩》曰："文武吉甫，萬邦爲憲。"若公者非耶？資於事父以事君，因心之孝，溥於四海。《詩》曰："侯誰在矣，張仲孝友。"朝宇之上，當必有以知公心者。

予將發水西適贛，令朱君某偕二郡諸邑長來乞言以贈公，予不佞，自以爲知公，且嘉諸令輩之勤懇，故不辭，而因以勉留〔公。白沙〕先生有言："君親一也。在親爲親，在君爲君，世寧有篤於親而遺其君者乎？"予固❷以表公之孝，以見公之才、之業有所本，而益大公之忠，將以勵夫世之爲臣子者。是爲序。

---

❶ 鷙桀，何本作"鴽鷙"。
❷ 固，何本作"因"。

賀仁山劉公平翁源山寇序

　　君子非徒學也。明於其體，所以致天下之用；成之於己，斯以濟天下之人。君子以天地萬物莫非一己，宇宙分內莫非吾事。故明一體之學，則誠愛惻怛，視天下顛連無告，疾痛疴癢，如痾瘵在身，必思以救拯保護之，用著康濟之能，以行所求之志。故仁與義而并行，非兩體也；文與武而兼致，無異用也。君子學成體立，無事則用之於禮樂，以行吾仁，以昭化成之文；有事則用之於戰伐，以行吾義，以彰威嚴之武。昔者孔子，俎豆儒爾❶，軍旅未學，至夾谷之會，指麾俄頃，立誅君側之惡，以伸魯國之威；范文正公自秀才時，以天下事爲己任，出則隨在樹績流聲，至經略西夏，賊聞膽破，是其胸中百萬足以酬先憂後樂之志。善學者上之則爲孔子，下不失爲希文，庶乎不媿不怍，足稱成人，然亦難矣。

　　鄱陽仁山劉公，素講一體之學，茂實中涵，溫文外見，筮仕所歷，作用迥別。頃奉璽書，分憲南韶，以仁恕濟端嚴，以縝密翼簡博，正身率物，作士宜民，蓋人人稱之矣。至翁源，負固不逞之夫嘯聚資❷虐，實繁有徒。公聞，榜諭以渙其黨，未戢則赫然怒曰："吾理兵勑法，法以懲不恪，兵以威不軌，今日事，吾事也。吾忍使斯民坐受荼毒而不亟爲之拯乎？"於是請於兩臺，飭戎治餉，躬督士卒，深入叢險，申戒紀律，振勵玩怠，故人莫不用命。不旬月而罪人斯得，殲厥渠魁，散其脅從，綏輯人

---

❶ 爾，何本作"耳"。
❷ 資，何本作"滋"。

民，男得以耕，女得以織，士有定習，民有寧宇，郡邑蒸庶，交口頌公。而翁源人尤惓切，相率圖所以表揚功德，介諸生從副提舉吳章氏來徵予言。

予素重公，於是進吳君，道翁源事甚悉，予嘉異久之，不覺喟然浩歎。諸生前而言曰："先生何嘆？夫天生天殺，天之道也；生其所生，殺其所殺，人之柄也；殺有罪以生無罪，政之軌也。公用是道以安吾民，先生何歎？"曰："天地大德曰生，君子之德曰好生。天以一元統始，以生萬物；君子以一心妙運，以生萬民。禹泣罪人，尹切予辜，非弘一體之學，明於天之道，以察民之故者，不足以語此。韶僻在嶺外，唐宋名臣碩輔，勳業炳耀，首重江南。文物顯盛，人民蕃庶，埒於中州。山川封壤猶故，乃今賢聲寥曠，戶口耗亡，迥異往昔，此其故容可不稽乎？漢以來吏治精核，加意拊揗，民用休息，長養和平之福，通於上下，其列循良之跡者，率以敦教化、崇禮俗爲重，兵刑不與焉。至於後代，率以遐逖鄙彝之政教疎略，勸懲爽淆，土著弗親，而占籍朋噬，志稱主弱賓強，司牧者莫之省問，民不得不轉徙❶而之盜也。嗟乎！揆厥所繇，豈盡此醜咎哉？是察於民之故，必有以通幽隱之情，明於天之道，庶得乎大公之理，弘一體之學，斯裕乎化之原。公深於學者，而文事武備，可當實用，諸生請質於公，必有本原之論，其所生萬民、澤四方者，當不止此。"諸生躍然請書，以質於公，遂書之。

---

❶ 徙，底本作"徒"，據何本改。

賀御史大夫吳公晉南京大司空序

國家兩都并峙，內列九卿，各率其屬，展采錯事，以佐治邦國。外之輿地險而要者，則出御史中丞以綏撫之；重而難者，崇其秩以總節制，位愈尊而責愈備。大江以南，浙閩楚蜀，西粵雲貴，咸設撫臣。吾廣北屏五嶺，南控瀚海，介山海之峻，華夏之防，獨不置撫，每以制府兼之。厥任重且難，不與他方等。膺是選者，必合文武大臣，臺省近侍，推資望聲實并茂者畀之。尊重貴寵，加於羣僚之上。

連江吳公，始以中丞撫西粵，粵故多事，公身兼數器，淵謀神略，飭戎肅紀，宣機如響，始征昭平三屯，次及北三河池諸寇，率用奇布算，不費矢鏃，俘馘幾萬餘。已，入爲司徒，疏歸侍養，上顧西南甚，特起公，仍故節，旋晉御史大夫，總制兩粵，兼撫東省。公威惠久著，西南邊徼醜厲聞公至，莫不來威。久之，復平府江，勦懷賀、金鵝諸寇，擒程鄉妖徒，散珠池孽黨，殲岑岡逋藪，撫瓊崖諸黎，先後八上捷音，聖心嘉悅，薦錫金幣，再任胄子云。公猶却避，恥以武略呈能，悉推之同事受成者。諸市租轉餉，楗柅最嚴，饗士外毫無所與。大都惟在惜民命、省帑金、安反側、戒殺戮，好生淵衷，根中發外，且虛咸❶擎采，殫思矢力，迎機順動，無縱詭隨，以邀好事功。東西黎庶，陰荷和平之福。比年洪潦，衝陷昏墊，下民其咨，公檄行賑恤，奏請蠲豁，咸藉倚毗。公居粵且十年，上念公勞，欲召公，而難其代，屢廷推輒已。今年六月南京大司空闕，乃特

---

❶ 咸，何本作"涵"。

晉公南都去,輦轂稍邈,猶處內外之間,機務簡適,諸卿士得雍容商確理要,以需大用,故時而勞公以平定安集之勳,時而逸公以表儀陰益之地,固程勛衡資,有以需之爾❶。且豐鎬故根本舊❷地,司空佐王掌邦土、居四民,下理坤道,上和乾元,重任也。金陵富麗,俗故紛靡,日而作爲淫巧,以蕩衆志,夸大毘附,以踵澆訛。朱郭結軓,卓䦙鳴鍾,戚畹之裔,豪右之雄,乾沒兼并以牟其利,緇黃坐食,方技治誨,浮侈相高,漸不可長,識者每懷隱惻。今借公之重而臨之,清風俾之,賦政於外,審度量時,四時國無枉理法錯,刑清事均,民聚以奮庸熙帝之載,乃入而典司政本,轉養君德,夙夜匪懈,以事一人,於公茲行卜之也。自公命下,吾省當途暨鄉紳咸索予言爲贈,予以再三瀆辭。既而粵西九郡守介蒼梧令李生曰巽來徵言,業以此辭去。踰月,梧州守林君喬楠顯官申前請,李生懇予毋固,遂以此復諸君爲公贈。

---

❶ 爾,何本作"耳"。

❷ 舊,何本作"重"。

賀制府司馬小江吳公奏績薦膺恩典序

帝王統馭羣工，宰制六合，洋洋乎德教沛之天下，道豈遠乎哉？蓋體因心之仁，以廣錫類之孝，秩推崇之典，以勵靖工之忠。是故序爵所以辨分也，序功所以上能也。士之仕也，行其義也。匡辟康民，非干祿也；夙夜匪懈，非希寵也。盡其恭而恭焉，盡其敬而敬焉，盡其分而不敢過失焉，乃實大而聲弘，績彰而寵至。外盡道以事上，內承恩以顯親。斯臣子至願而不可必得者，得之不得有命，得而稱不稱在人，得而能稱，予於大司馬吳公見之矣。

廣屏山控海，幅員數千里，鬱爲重鎮，俗樸魯耻黨，民柔脆易虐，自昔疆理踈闊，州邑遼曠，芻牧間隔，綜核謬悠，端釁兆啟，玩漫覆嫌，喜事邀功，浮張釀激，往往踵襲貽後憂。故帥茲鎮，必憲猷文武，能持大體，威信可畏服，斯能潛弭姦宄，長養和平，爲一方利。賴公至鎮，出素蘊日見之行，簡嚴端重，正身率屬，發謀憲慮，動中機宜，燭微察遠，而弗眩虛，受廣益而能斷，故事集而易成。曩開府蒼梧以兼東撫，駐節崧臺，去羊城猶遠，威儀懸杳，戎旅習悍，漸不可長。公移鎮會省，開誠布公，不動聲色，帖然馴服。珠艘恣海嶼，移檄諭德，意咸歛戢。僅罪渠首，餘釋歸。條畫鹽法，商行阜通，公私兩利。嶺東峒黨構孽諸道，奉方略撲滅，尋底定去。秋巨潦，民罹昏墊，嶺西迤東，至於南海、順德、三水二三千里，災屯特甚。公行賑蠲，民賴安，終歲無寇警。是志重保障，功樹寧謐，相時順動，不自大其事，不自尚其能，是之謂社稷之良。滿考，天官氏上請推恩三代，嘉褒寵渥，丕崇顯揚，得人所難得，聲實茂稱。

吾省文武諸大夫，以予受公知，偕來質言。且謂公嚴一介，寸絲不敢瀆，第不容默默負公教，敢藉名言，用紓衆悃。予不佞，視公履旋吉，稽陰功，默運惔惔，猶有餘績，行入佐王室，勳勒鼎彝，上追先世，慶篤無疆，益徵其所爲稱也。故序。

賀大司馬石汀殷公平寇膚功序

　　今❶上聖質天縱，勤政敏學，敬承夏啟，邁德周成，天下大小臣工莫不顯然奮勵，矢心宣力以康兆民。廣在南服，聲教攸暨，督府司馬殷公，仰體德意，總握事權，章布程軌，作率文武，羣吏承式惟謹。去年冬，陳師東征，春正月全捷，三月班師，東人咸慶。同里縉紳介予言旅幣以往，既而惠潮長佐諸君遣使來徵言，予以已言辭。踰旬，惠守樂君過五羊，躬申前請，謂吾二郡宿戒意獨至，乃言可再。予不得辭，遂言以附己私。

　　廣土遼邈，疆理疎闊，叢砦漫潴，易爲盜藪。然盜之起必有所由，始勢之激，必漸而後成，善理者謹其始而杜其漸，條紀平政，明罰勅法，闢於其途，明於其患，使人知所趨避，則惡者有所憚而不敢爲盜。時或竊發，即勤一旅，及早剪❷薙，思患預防，使愚者有所恃賴，而不爲勢之所激，以至於蔓之難圖。理人如治身，然夫人豈不知愛其身者哉！知所愛則知所養，然手足之痛癢、皮膚之疥癬，苟不先自慎嗇，而縱佚失節，則流注於榮衛，癰腫於四肢，勢必潰裂而後止。使遇和扁，能宣洩而蕩滌之，幸得不斃，然奄喘僅延，調元保艾，宜豫亟圖。天下事勢，何以異此？

　　南嶺諸山，介惠潮郡邑，內域非如岐黎，負固世濟，未易馴擾；亦非有深謀異計，敢與我角。特以幽岨邃窟，政法難周，含憤苦苛，逋逃叢集，所產礦冶，悍鷔烏合，號召土著，役使牟利，失利則鼓煽嘯聚，出肆

---

❶　今，何本作"主"。
❷　剪，何本作"翦"。

流劫，上人厭聞而莫之省問，彼得日益恣鄉井，黎甿子女粟帛，所過輒空，近附居人屢罹荼毒，控籲莫拯。父母妻子，命懸旦夕，不免俛❶首，緩須臾死。載胥及溺，實繁有徒。當事者目此積蔓，徒付長歎，內揣虛匱，仍襲招安，賊亦以聽撫啗我，陽順陰逆，喜則人，怒則獸，日以憸械伺上。苟不及時悉盡芟除，則臃腫潰裂，不仆不止，東人曷能有瘳？

　　公精察脈理，深達本標，痛此決裂極敝，不復踵姑息，必彰撻伐，且料賊情如指掌，籌戎務若執券，號令嚴明，兵行不犯，度支謹節，用出有經，衆正順動，踴躍前進，一鼓而剪❷羽翼，再鼓而執渠魁，三鼓而搗巢穴，數紀妖氛，一時銷息，費省百倍❸，功收萬全。洩神人之宿憤，伸邦家之明威。紓主上憂勤之懷，貽東人安堵之樂。文猷武烈，今昔稱難。公抑自歉，憂形眉睫，每謂吾書生爾❹，孫吳之學素所不道，顧膺茲責，揆今時事，不得不大痛創至此。然以千萬之命，豈無橫罹鋒鏑者？乃汲汲講求善後良圖，冀生東人於有永。苟爲不然，則兵戈相尋，何有窮極？天地大德，豈容滅息？故憲慮訏謨，建置屯禦，精覈吏治，是在節制；聯絡耕守，簡比什伍，捍災禦患，是在將領；章憲❺法守，謹始杜漸，禁兇保良，是在監司；修政敦教，省刑薄歛，愛養拊循，是在良牧。我公爲東人慮至深且遠，幸今文武羣工，皆極一時之選，協德宣猷，仰贊聖化，康我兆民，蓋在今日。而樂、李二君，牧守茲土，循聲咸著，蓋可相與有成者也。因附書之如此。

---

❶ 俛，何本作"俯"。
❷ 剪，何本作"翦"。
❸ 倍，何本作"萬"。
❹ 爾，何本作"耳"。
❺ 章憲，何本作"憲章"。

賀司馬凝齋劉公平寇序

　　世重社稷才，豈不謂兼資文武，丕震明威，功著當時，聲施後世者然哉？是其中涵淵恪，矢任事不二之心；遠覽昭融，妙相時順動之智。察微慎機而控馭有道，思患預防而消弭未形，及當事變之衝，則發謀憲慮，力足任重，以捍大患。既則訏謨定命，計可以善後而貽遠，斯其人者，豈責任獨殊哉？亦其心之不二，才足以勝之爾。不則疚中怵外，忽始怠終，視天下事茫不干涉，厭懈玩愒，上下交媮，甚則掩覆，馴致滋蔓，不可收拾。有起而圖之者，快於一得，顧氣盈力盡❶，爽機戾措，苟且目前，以貽日後無窮之慮。予俯仰今古，不可扼腕而歎者無幾。嗟乎！何若而人之難也？

　　吾廣東西，輿地遼曠，經理自昔踈闊，依負山海，姦宄易滋，又獨僻遠，法紀渝斁，將偷士懦，盜寇日恣，而下民益苦。昔人有言，嶺海帥得其人，則一邊盡治，不則往往有事。故督撫之責，視他鎮爲尤重。萬曆己卯，先督府洋山凌公，晉擢參❷贊留都，廷推少司馬凝齋劉公來踐是任。公家臨武，比鄰連陽，山川險易，民情土俗，洞如指掌。以嘗撫八閩及大江之西，文猷武略，夙著憲矩。涖鎮□□羊城，詢民利病，與之罷行。移駐西省，適八□□□□，公督所部曰："必滅此而後朝食。"遂請師聲討，數月削平古田，羅定之役，次第底定。嶺東撫民包酋，闚隙作梗，公命師

---

❶　盡，底本作"畫"，據何本改。
❷　參，底本作"搖"，據何本改。

攻剿，獲其巨魁，猴嶺以寧。林賊道乾，久匿夷島，邐翔帆海壖，聞內備即宵遁，是公先聲所暨，莫不來威。而尤殫慮盡慎，三鎮二堡之建，土官世守之議，繕舟練兵，以雄保障之備者，莫不周至。蓋公以卓敏之識，裕勇斷之謀，體經國之志，以紆貽翼之善，謂非根於不二之心，曷能若此？然猶未已也。間貽書山中，惓惓內治，疆理建置之圖，是不能一日忘情於吾民者。

予僻居南山，遙切注望。一日，總戎黃君小隊將踰河，扣予扃。予以病走，入❶辭，遂止。踰數日，遣其中軍武應隆，介書幣，質予言為公賀。予素辱公知，又重公社稷才，故因黃君之請，而樂道之，并附廣人願望之私如此。謹序。

---

❶ 入，底本作"人"，據何本改。

賀督府凝齋劉公薦膺恩命序

　　□□□□□公涖鎮,專志綏奠,□將屬兵,山酋海醜,咸欲畢至麾下。膚功薦聞,朝廷嘉悅,蕃錫進秩,恩蔭特隆。頃以奏績,晉大中丞兼少司馬,仍在鎮治。□二省文武大人暨羣屬庶士,莫不稱慶。各藩臬閫長佐諸君子過予,質言爲賀。

　　予曰:廣僻在南服,然沃野千里,夙爲奧區。前代盛時,吏治精核,考所載循績,首重德化,民用乂安。入明弘、正以前,咸稱樂土。嘉靖中葉,上下淪斁,姦慝恣肆,海內兵戈,相尋無已,廣以遠更甚。隆慶以來,飭蠱修墜,中外改觀。至於今日,揆法彰顯,小大之臣,爭相磨濯,以趨事功。即廣古田、羅定二役,百年前所未能,而今成之,非聖明威德,率勵臣工,詎底今茲?公承二役甫定之餘,覘遺孽尚懷反側,夙夜圖經略事宜,訏謨入告,用當上心,受茲介福,以祉元吉。

　　乃予推公心,則自視欲然。曩道豫章,公開宴江閣,深酌道真,四顧湖山,悠然物外。未幾,公駐節羊城,過予道夙昔,泛及廣事。謂外寇指麾漸定,似不足虞,惟內治是諏是度。後貽書言嘉桂介五邑曠野,設縣統攝,允宜舉行。夫慎修內治,弭寇之大原。□□廣以□□之上務也。推公之心,未嘗一日不在吾民。□之歲月,□□□惠吾民,鴻功駿烈,當光前人,播之無極。嘗稽往□在昔督府羣公,班班多可稱□。若誠菴❶朱公、仁山劉公,公鄉□聞□□□稱朱公,端方清約,自處如寒士,居蒼梧惟老

---

❶　菴,何本作"荖"。

蒼頭一人自隨。每一食之費、一役之興，瞿瞿恐民不堪。故民愛公若赤子戀慈母，在鎮撙節克積，有言以羨餘進者，公曰："王者藏富郡邑，以備不虞。苟進以希寵，卒有急餉，匱從何取？"給言者愧止。每有建白，皆切愛民，一時名卿以爲不可及。劉公屛翰廣藩，行政公平，人倚爲重。至鎮，節用愛民，嘗言曰："官無定制，則十羊九牧；民無定役，則繁費日滋。況司府邑牧，名重於利，猶知自檢。州縣佐貳，利重於名，徒增民虐。"奏革冗員數十，民德之。至愛百姓如己子，百姓戴之如父母，徧觀當世，罕似劉公者。此兩公之槪也。推公欿然之心，用究大行之志，殊勳懿跡，踵兩公而上之，後所宜慶，復不止此。諸君子然予言，遂書之。

賀翼菴陳侯膺獎序

　　□□庶司百職，苟存心愛物，即朝行而夕致之，民親而□者，莫如令。政□□□上下咸責成於邑，煩而難者，亦莫如令。至當省會之衝，事必咨白，而不容專，其煩且難，則又百倍治他邑，非弘毅廉明、敬慎精敏者不能勝也。吾邑固衝劇、民物、賦稅諸務甲嶺南，加以饑饉薦至，師旅頻興，煩難視昔何啻百倍？豫章翼菴陳侯來踐斯任，期月❶政行，督府殷公、按院趙公獎而異之，有曰"才優幹濟，力贍經營"，有曰"端方明達，節愛和平"。至於備餉編船，尤惠政之大者。此固實事，要未足盡侯也。

　　先民有言："居官以心地爲本，以清、慎、勤爲要。君子之心，本然具也。虛能鑑物，不牿於聞見之私；公能順應，無事夫億逆之智。正己而清，莫或淆之；明察而慎，莫或撓之；攝要而勤，莫或隳❷之。此心之矩而政之經也，善理人者尚焉。"侯秉心子諒，宅度汪潛，同而能執，固而匪苟。且潔以禔身，峻拒干託，無暮夜之饋，可不謂清乎？行政聽獄，必至再三，惴惴然恐負乎民，而不苟焉以決，可謂不慎乎？辨色而出，至日昃不遑食，北歸涖政，栲鞫踰夜分，可不謂勤乎？然猶冲冲焉不自以爲然。□□左右，恐有市私以淆吾之清，玩法以撓吾之慎，慢令以隳吾之勤，循循然思正❸之，必不至此而後已。推侯心以察其政，蓋有孚而可恒，將見澤不究而不壅，治踰久而彌昌。昔者由、求足民知方之志，必比及於

---

❶ 月，何本作"年"。
❷ 隳，何本作"墮"。
❸ 正，何本作"政"。

三年，子產輿人之誦，亦在再期之後。治民如理絲，然漸則就緒，急則益棼。琴瑟之張也，調絃審節，疏越順成，足以反情而和志。不則噍奮滌濫，感氣滅德，安用其爲音也。侯於茲，懋厥心以通民志，齊其政不易其宜，而又行斯三者以不倦，樹績流聲，行且表薦，以需綸閣清廟之用。是獎豈能盡侯？然足以覘侯矣。先是獎至，其佐胡丞、徐簿暨邑博士李子、梁子介諸生某謁予，請言爲賀。子不敏，推侯心與其政，而因及夫需侯者，書而質之。

賀三水陳侯膺獎序

今之從政，言親民者莫如令，令之賢否，一邑之慘舒係焉。令苟當於民心，必優之歲月，專其心志，俾終其惠澤以致之民，然後民心始慰。而令之政有成，蓋無樂乎轉徙也。顧世以掄才爲重，而不遑恤民隱，輒以繁簡議調，彼庸闒❶弗肩鉅艱，亟宜以處，若循聲甫著，邑縱簡僻，宜俟之以需厥成，遽轉之而他徙，則前美盡捐，下失所依，恃掄才得矣，如吾民何？況邑之小者，或十數里，或三四十，或五六十，達於四境。老者、稚者、貧者、弱者、疲癃殘疾及顛連無告者，與夫強凌弱而衆暴寡者，弊當革而利當興者，舉屬令之一身。士君子苟存萬物一體之仁，切瘝❷曠在躬之念，思境內有匹夫匹婦之不得其所者，終日皇皇，必求所以安之、懷之、拊之、摩之，剔而祛之，振而舉之，夫然後可以行吾志以副民望，而令責始盡。故爲令者，亦無樂乎其轉徙也。

三水建自嘉靖丙戌，析南海三十六里，高要十有七里，合爲邑。邑當二廣之衝，公私上下，舟車絡繹，祖逆供需，百出無算。令茲土者，自昔稱難。萬曆六年，莆陽陳侯以名進士來令斯邑。侯以博雅之學，充精敏之才，以廉靜之守，出平易之政。涖甫數月，衆心嘖嘖稱服。督府凌公優而獎❸之，且有調繁之諭。檄至，諸僚屬嘉之，遣庠生某某輩來請予言爲賀。

---

❶ 闒，《（嘉慶）三水縣志》作"闒"。
❷ 瘝，何本作"痌"。
❸ 獎，《（嘉慶）三水縣志》作"賞"。

予時病，弗能操❶筆，辭。踰旬，邑父老來申前請，且皇皇於侯，如赤子之戀慈母，惟恐一日離褓抱。予慰而安之，且告之曰：

"若邑吾舊遊，得於聞睹熟矣。析自南海者，迤北爲豐湖十三村，去會城獨遠，負固逋逃，鬱爲盜藪，時勤兵革。自建兹邑，化爲坦途，寇盜止息，賦役完輸，匡直蕃息，正在今日。析自高要者，與予鄉接壤，民風樸茂，清塘、白坭諸都里，好崇禮讓，鮮告訐習，頃苦煩擾，日漸澆漓，飭蠱還淳，是在今日。且城中鮮居人，生事落莫，百爾供需，鬻自遠市，舊志言民俗柔脆，主弱賓強，狡商朋債攘利，羣虎啖虐，憑恣反噬，剔蠹保良，振刷物耻，是在今日。吾聞侯省刑薄斂，軫念困窮，推其心未嘗一日忘吾民❷，邑之利病，稔切聞見，日可次第罷行。而侯之才足以勝之，三年政成，終厥澤惠❸。《詩》稱：'愷悌君子，民之父母。'侯豈愧此哉？汝其安之！"

父老唯唯而出，予書以歸之，用告邑人，且諷❹掄才者垂恤民隱，用貞侯志，以專責成，異日侯之勳業遠者大者，皆自今基之矣。是爲序。

❶ 操，底本作"摻"，據何本、《(嘉慶) 三水縣志》改。
❷ 民，《(嘉慶) 三水縣志》作"聞"。
❸ 澤惠，何本作"惠澤"。
❹ 諷，《(嘉慶) 三水縣志》作"以風"。

賀司理嚴君考績序

　　國家列官，參佐庶務，雖有常職，以逮所司。乃若攝會衆志，協襄化理，職分而責兼，事泛而委重，則司理其人也。古者帝王重巡狩，巡守土之吏，課功罪以行慶讓，無非爲民事者。自時厥後，王者慎出，乃遣六祭之使，分隸列省各一人，觀風省方，生民休戚，官屬賢否，地方利病與機務重大者，咸周諮詳覈，質報於天子，故謂之代巡。代巡率歲一易，又居狐疑眇聞之地，與國人日益懸隔，惟懇懇隨處搴帷問俗，及進父老於庭，虛己廣采，庶幾日可見之行，顧不能盡然也。且衆務煩夥，下情微曖，有非一手一足所能悉辦❶，故不得不廣藉耳目，以參吾所見聞。凡讞鞫必豫，訊勘庶幾得情，以行吾意，是則❷理刑事也。刑者，民之司命也，不可不慎也。故憲轍所經，司理與俱，概歷郡邑咸取資，則所理非止一郡。至於疇諮博訪，凡利病休戚，淑慝殿最，與夫錢穀委積，鉅細庶務，咸相參焉，則所職者又非獨刑也，厥責重且艱哉！苟委信雜遝，匪詭而峻，或隨而比，甚則狥昵剿紀，旁落下移，匪植表塞違寄也。故寧不備，必惟其人，是必宅心正大，而後可以言公；發謀憲慮，而後可以言識；自靖端嚴，而後可以言守；審擇貞固，而後可以言斷。慎斯以往，厥職乃稱。

　　滇南少海嚴君，爲雄郡理官，四年於此矣。予今年五月度嶺，循淩江而南，每逢人嘖嘖稱嚴君，心竊慕之。比還五羊，君來自寶安，相過晤

---

❶ 悉辦，何本作"盡悉"。
❷ 是則，何本作"則是"。

對，見其貌古言樸，恂恂然不逐時好。至扣其中，冲澹靖潔，厥德有常，辨論時事，與推悉微隱，察俗麗情，崇達政體，迥出恒調，益爲嗟異，恨識君晚。既而交遊中凡識君者，咸首推君。且述其治狀，謂佐理雄郡，立法嚴明，秉心公恕，榷稅額數倍昔，一介不取署邑，仁愛孚浹，萬口同詞。故所至揆度慎事，不吐不茹，異而說，久而有孚。撫臺江公、按院詹公咸疏薦之，今院龔公益信任之，頃以給由，請龔公會同督府凌公疏留之。用是觀之，於君獲上治民、交孚旁達，致之有自矣。予聞之喜。會保昌劉侯、始興韓侯，以余知君，千里遣使，來乞言爲君賀。予所喜，謂君留得襄理各郡邑事，用答輿望，且爲龔公得人慶，故樂道之以崇勸焉。

賀明菴詹侯奏績保留序

聖天子惠愛元元，加重良牧，俾天下守令，咸殫慮盡慎，專所責以久其任。往內外百官，三載滿考，必赴闕，類引奏請，今悉如例。惟守令，戒弗赴，特令撫按會考賢否，具治狀疏，聞下天官考功。覆覈議報，令在任復職，著爲令。於是守令得專志民事，省往返曠歲時之勞，百姓得相安，以蒙其專久之澤。圖治至道，宜莫如此。嶺海去京師獨遠，尤爲切要。

番禺，會城首邑，明菴詹侯以名進士來牧茲土。比及三年，請於監司。於時督府洋山凌公、按院懷川龔公，會同考覈疏留。先是，藩臬之長，咸以稱職報，曰：條議之善，器優盤錯，言其能也；鞫斷之公，吏無容姦，言其明也；潔擬素絲，民皆懷惠，言其守也。昔人稱居官三要：曰清、曰勤、曰慎。侯見稱於監司，言守則清矣，言明則慎矣，言能則勤矣。惟清則不屈，惟慎則不眩，惟勤則有功。是故上而監司信之，中而士大夫稱之，下而黎庶懷之。語曰：君子修此三者，故全也。慎斯以往，異日入而珪璋廊廟，出而經營四方。於斯三者，充之久大，以弘德業，綽有餘裕矣，獨令乎哉！留疏既上，闔邑士庶，舉欣欣然有喜色，得侯之久且專也。確堂曾君偕里中諸君，介予門下士楊子肖韓、金子持甫，來請予言爲賀。予往佐銓衡，惟知侯歸五羊，益聞輿言嘖嘖稱侯節用以愛人……

（原文下闕）

贈南岑吳公入賀明堂序

皇帝十有七年冬十一月，明堂禮成，渙號震彰，晉賚咸溥。維時天下臣工，莫不望風胥慶。越明年二月，廣梟副南岑吳君實奉表入賀。其寅長燕峰詹君偕同寀諸君來問言於古林何子。何子舉觴酌之曰：

維皇制作丕定，休哉茲行，得覲天子之光矣。再申之曰：茲行亦惟艱哉！載馳載驅，媚於天子，慎之哉！君子之事君也，有三禮焉：有慶、有頌、有規。天下有大福則慶之，慶以禮成；天下有至美則頌之，頌以樂終；天下有未備也，則致飭焉，斯之謂規慶也。頌也不失其規之謂正。我皇上制作，統百王之情❶，尊親極周道之備，殊恩異渥，被及萬物，天下之大福也。景雲晝見，瑞氣昭回，天下之至美也。大福臨而喜慶生，至美備而頌聲作，是宜羣工兢喜起之歌，黎甿❷效擊壤之樂，天下沐中和之化，古今述道德之隆矣。子是之行，宜慶宜頌，不亦與有榮哉？雖然，我聞之古者制禮，天地順而四時當，民有德而五穀昌，疢疾不作而無妖祥，此之謂大當。然後聖人作爲父子君臣之禮，以爲紀綱。紀綱既正，天下大定，以故至德馨香，無爲而天下化。今子至京師，明廷倘下詔曰："咨爾羣工，各自省郡，至其各敷陳所對。"若曰："方今天下，大化杲均調乎？"則對曰："天地順矣，四時當矣。然散密不常，風雨則未節也。習靡俗澆，民則未有德也。饑饉薦仍，五穀則未熟也。民多夭札，水旱頻至，災害則未嘗無

---

❶ 情，何本作"精"。

❷ 甿，何本作"氓"。

也。"聖君名相,得聞此言,必思未備者而求盡焉。則至禮行而不爭,王道達而不悖,此所❶謂揖讓而天下治也。《書》曰:"爾有嘉謀嘉猷,則入告爾后於內。"斯之謂規。子慎之哉!

諸君曰:"慎哉!吳子之深於理而信之民也,行必有以規之者。"南岑子曰:"聞教矣,敢不慎諸!"

---

❶ 所,何本作"之"。

贈綵山方公晉太僕卿序

藩伯綵山方公擢冏卿,既而進中丞,以殿東越。報至,邦人私謂曰:"公隆資望,三年始擢,何久也?一月二遷,又何速也?是造物者宰其數耶?司衡者擅其柄耶?抑天人默會其然而然耶?"應者曰:"然。天者,人之鑑也;人者,天之徵也;久者,大之豫也;遲者,速之伏也。土不厚不能載物,風不積則負大翼也無力。天不言而示事理有常而可稽,司衡欽若贊治,操予奪以糾羣吏,而責之久者,自昔然也,況吾廣今日者乎?

"廣夙稱樂土,宣成弘德以來,民物殷庶,儲蓄充盈,兵食強盛,雄視他省,醯艚販舶,篙工健卒,絡繹無晝夜,海上晏然。間有竊發,旋即掃蕩,不煩內境。昔昌黎紀述刺史孔公德政,謂方地數千里,不識盜賊,山行水宿,不擇處所。自予聞故老與少壯所歷覽,信斯言不誣。自倭奴入犯,浙直騷然,當事切救焚之急,忽鄰壑之虞,督促百餘艘,并夫卒以往,數年無一返。吳越以闕餉告,八閩以治舟告,川蜀以採木告,司府累年所積,不下百十萬,轉而他輸。於是海防削弱,賊據報水之利,公藏空竭,內無終月之計,山酋海醜,覘虛投隙,恣行嘯聚,警報沓至,缸然束手,日以招安啖賊。賊亦以此餂豢,彌布滋漫,不可收拾。蒞茲土者,輒冀代去,玩愒咨嗟,釀成大懟,已非朝夕矣。

"頃年,聖明念遠,羣公贊襄,會舉重臣,暨文武長佐,皆極一時之選。且責之久,故莫不思效以趨事功。公伯一方,統轄十郡,出溫博雅靜之素,達縝密弘濟之才,經制出入,調劑節嗇舉以法。故贊議臺院,申布章程，切諭瀕海商民，增復巨艦、度支之費，慎稽時給。不數月，東西兩路，翔颿擊楫，鱗櫛而至。舊歲大祲，米珠薪玉，久且彌年饑無告，委填溝壑，上下洶洶，時事孔棘。公博采羣議，營衛軍糧，預❶爲散給，分委下屬，循行勸賑。雖地廣難周，幸父母孔邇，人心安戢，自相約束，寧守饑連斃，而攘搶偷盜，終歲鮮有犯者。民俗不佻，自昔所貽。非公福星，曷克遝暨？是久公以惠吾民，薦擢用酬公勛，天人交成，以昭今詔來，理則然也。公自茲權專❷職重，勛業益隆，晉寵錫酬，日躋樞顯，恒理可豫推也。"

公行，僚采❸羣公例有贈言，憲伯新泉江公、仁山劉公，静谷何公，偕諸公過予質言。予不敏，因述邦人相謂之言，諸公曰："可以贈公矣。"書之。

---

❶ 預，何本作"豫"。
❷ 專，何本作"尊"。
❸ 采，何本作"寀"。

贈川樓吳君督學貴州序

高涼郡守川樓吳君，晉貴州督學憲副❶。予門人茂名令朱子以予知吳君，托吾友罔丞穗坡鍾子請言爲贈。鍾子曰："吳君，楚產也。夙負才名，發解登弟，由中舍選給諫，以言事外補十有餘年，始拜守邵武。罹讒，幸公議，改守高涼，自爲郡又十餘年，始有今擢。坎坷困頓，蓋人所不堪者。"予曰："物有之，松栢之生多歷年所，閱霜雪、貫四時，而不改柯易葉，而后可以需明堂之用。君諒直茂樸，淵涵弘蓄，井井然而辨於義。且歟歷老練，盤錯備試，明堂材也。坎坷困頓，固天所以增益君者。"

鍾子曰："君好學善屬文，體裁爾雅，力追作者。今茲之擢，出平生之所優爲者，以造一方之士，良父爲御，驅輕車以就熟路，誠事半而功倍。"予曰："君子從政有體，植體由心。心也者，蘊括經綸，機樞化理，蓄而不盈，時出而不匱。君子敏學以存心，生心而發政，無事用之於禮義，有事用之於戰勝。用之戰勝，則樹保障之勳；用之禮義，則成教化之美。文事武備，非有二也。今夫山下出泉，混混不舍，瀦之爲川澤，沛之爲江河，放之而至於海，皆此水也，有本然爾。若嘗從事於學，知所本者。聞始至高涼，思欲與民更始而蘇息之，告戒屬吏務去煩苛，鋤姦剔蠹，以修內治。值時孔棘，山酋海醜，引召倭奴，流毒內境。電白踈虞夜襲失守，進逼化州，官兵挾急厚索，州莫之應，變生倉卒。君聞，遣馳大賚，兵始帖服，倭尋抵郡城，城上嚴不可犯。賊初至，弓弩齊發，賊中流矢者七人，

---

❶ 憲副，何本作"副憲"。

生擒者數人，遂奪魄遁去。先是，賊徒數百，倏聚麻里。麻里去郡城二十里，君躍馬前進，同陳參將督兵，出其不意，大破之。斬首八十餘級，人皆謂君全城之功在乎麻里戰勝之日。如是，則君之所以應世而時出之者，非徒文也。茲涖貴陽，崇術立教，正士習以同民風，用成禮義之俗，皆於本原中求而出之，當自無窮。異日明堂隆棟之需，天所增益君者，殆不虛負，吾猶及見也。"

　　鍾子曰："然，可以贈君矣。"書之。

贈督府蟠峰李公陞南京司寇序

　　吾廣督府大中丞蟠峰李公，晉南都大司寇。報至，客有過予曰："公望隆勳茂，節制茲土，憂勤備至。今擢之上卿，固優其進，處之南中，將逸之以酬其勞歟？"予曰："非然，圖政有體，濟時以機，先後緩急之倫，輕重原末之軌，蓋自有伸縮旋轉之要妙存焉。予讀《易》至《蒙·初六》曰：'發蒙，利用刑人。'君子視天下之人猶己也。夫人蒙昧之始，必提撕警覺，以牖其明，用刑立法，以導其趨。苟教之不從，刑之不率，至於昏蒙之極，則擊之。擊斯兵之矣，是刑者兵之端也。明罰勑法，以懲不恪，不得不用而不可過。兵者，刑之大也。陳諸原野以威不軌，不得已而後用，而不可暴。噬嗑九四得金矢，而必利於艱貞，師之九二，以得中而吉，皆言慎也。蓋民生有欲，不能不爭，爭不能不訟，訟則不得不以刑，刑不止則亂生而兵起。故王者慎刑明辟，所以止亂，彼人之情偽微曖，其變千狀，苟非中正明斷不能治也。故主刑者，民之司命也，可不慎乎？虞廷欽恤，惟明克允，周官大司寇掌建邦之三典，以佐王刑邦國，率其屬以三賴、三宥、三赦之法，以聽獄弊訟，蓋無所不致其慎者。我國家歲讞大辟，悉自外告，成於內，必平反而後請，必得請而後決，至慎重也。今自輦轂之下，至於薄海，內外百工，庶職固莫不祗共成憲。然往往有恣肆自用，挾威柄以快已私，徇喜怒而滛刑以逞，使民無所措手足，獄訟繁興，盜賊滋熾，召災致變，職斯❶其由。故在今日，宜用老成，恪掌邦禁，作

---

❶ 斯，何本作"思"。

率羣工，使不敢踰越以幹旋治理。然艱其人也，惟公凝重威嚴，而行之以弘恕，溫易直諒，而翼之以精勤，養邃慮深，識周力定，且屢膺軍旅重寄，文經武緯，修內攘外，洞悉民隱，歷際時艱，亂之所由生，兵之所由起，蓋籌之熟❶矣。今茲之擢，正欲其老成明斷，惻怛哀矜，折獄致刑，以佐理邦國，爲之條其紀綱，布之象魏，以告詔四方。留都根本重地，江南遐僻幽隱，得以易達風示，而糾率之者，自無不屈。百工承式，罔敢或肆，天下所以汲汲於公者以此，而何逸之可云？"客曰："若然，則天下之政止於刑，公所圖政，止於斯而已乎？"予曰："未也。孔子言治，先德禮而後政刑。推而行之，存乎其人。公柄用日崇，行當入與羣公贊襄大政，崇體握機，惟知人爲急。故必用天下之善養者以養民，用天下之善教者以教民。民有養則鮮爭，民有教則恥訟，刑罰日清，姦宄不作，兵革可以不試。所以弼成聖天子中興無爲之治，其機蓋有在也。天下之所以汲汲於公，與公之所以自待者，又豈如斯而已哉？"客曰："子言是也。"拜而出。適吾藩右使張公過予，道與同事嶺西蒼梧諸君子謀所以贈公者。予述與客答問之言，躍然喜曰："是可贈公矣。"遂書之。

---

❶ 籌之熟，何本作"熟籌之"。

贈石溪林君陞戶部主政序

曩余歸自京師,即聞吾郡新會有林侯者賢。越歲,侯以事入省,過盧次,適經理山中未及面。既而鄉邑父老稱侯治行,曰:"節約❶樽愛,不擾不煩,冰操日厲,孤介峻絕,是知其爲廉。"曰:"興利剔蠹,修墜振頹,令行禁止,悅邇孚遠,夸蕩風殄,豪橫跡斂,島夷畏遁,姦宄潛消,是知其爲能。"予心慕之。比及三年,境內乂安,邑之黃童白叟、縉紳耄士,莫不稱之。監司部使,鎮巡上下,莫不薦之。今年聖上厲意求治,舉行宴賞之典,以風有位,方面以下,預者僅十有五人,厥令惟三,侯首焉。是知侯之治績,孚於遠邇,公道達於上下,予益喜焉,然匪爲侯也。

未幾,侯以最晉戶部主事,邑博某君某君偕其弟子員陳觀光輩,述侯治狀,造予請言以贈❷。按狀,大都與聞於父老者同,而跡尤詳著。及進諸生與之言,則曰:"侯朔望詣學,必與師生講析奧義,發明心學,惓惓誘掖,而尤尊信白沙先生之道,表厥宅里,以崇祀典。"予於是喟然歎曰:"侯非直廉能吏爾也!"白沙先生嘗因孔、程二夫子古今仕學爲己爲人之辨,合而斷之,曰:"其學也爲己,則其仕也爲人;其學也爲人,則其仕也爲己。"嗟乎!古今人何不相及如此哉?夫學所以學其所仕,仕所以行其所學,爲己爲人,原無二理,天地萬物,莫非在己。昔者子游爲武城宰,絃歌之聲,達於四境。夫子莞爾而笑,對之曰:"君子學道則愛人。"夫子

---

❶ 約,何本作"愛"。
❷ 以贈,何本作"爲賀"。

喜之。夫學道爲己也，愛人爲人也，必學道乃能愛人，必愛人斯可成己。侯本所學以達之政，究諸政以進所學，日充積則日篤實，日篤實則日高明，敬斯以往，何動不宜？異日德業當百倍於此者。予益望之，念昔濫與大計，天下羣吏，聞廉能之著者，亟而進之，不啻若自己出。矧侯知學之士，而又親見其治行之詳，安得不樂道之，以告夫學道者之有益於治也？是爲序。

天山別言序

予按閩，至延平謁四賢祠，既而校諸邑士行藝之優者，沙縣得二人焉。一謝子長卿，今爲安定尹，以清愼著聞。一樂子廷選，分教吾邑，邑士羣居，好評品指摘人，乃廷選，裎身潔愼，儀範端凝，敷教迪知，溫而愼簡，而當於理，士論翕然稱重。間嘗過予天山，考德問業，與學諸子討論，亹亹不倦。歲大祲，承委循行鄉落，能以義勸，分戒諸役無擾，人德之。未幾，擢邵武建寧學諭，報至鐸下，士皇皇然離其師保，且晚候門牆者，履滿踵接，不忍舍去。三庠英髦，及縉紳交遊者，咸聲詩以贈。而余在會諸友，招生以旂黃生楔、鍾生煥輩數十人，則以天山聚樂之誼，請予言爲別。予念昔之知廷選也，不過以觀訪識廷選於邂逅間爾。而廷選顧能不負予，分教則教立，委政則政行，日而相與親且久。今茲之擢，其所不負予者，當益弘以遠。

夫天下之道，一而已矣。天地萬物之形，盈虛消息之故，窮通得失之理，語默取予之微，流行今古，貫徹日用，而不可窮者，莫非是道。君子學以致其道，日乾夕惕，行著習察，隨時隨地，莫非是學。人之在道，如魚之在水中，無可離也。君子之學，大以成大，小以成小，如飲江河，各充其量，無不足也。故修諸身者，謂之學；率諸人者，謂之教；加乎民者，謂之政。要皆反求諸其身，而有益於實用。若卑而溺於口耳支離之病，高而騖於玄虛儱侗之歸，皆不足以通志成務，則亦何益於學？故學也者，所以崇教以達政也。昔胡安定受學於范文正公之門，而得其先憂後樂之訓，其教受蘇湖，設立科條，稽習治理，鑿鑿可稱述。故所造士，咸究實用，而有裨於世，斯爲不負於師之大者。廷選行矣，充其素所服習者以爲學，則爲善學；率其學所成者以爲教，則爲善教；出其教以達之政，則爲善治。反求諸身，行無不得往。敬之哉！期無負於予，謹援筆爲序。

贈凝齋劉公之任留臺序

萬曆九年冬，吾廣督府凝齋劉公晉大中丞，總憲留臺。報至，同鄉諸君過予山中，徵言爲賀。既而私相謂曰："公涖鎮以來，章軌布畫，山川險易，內外安擾，靡不夙夜殫思，備極勞勩。擢之南中，固將逸之歟？"有曰："大中丞，表樹臺綱，斜率憲察，以左右天子耳目，厥責攸重，留都根本重地，所以屬藉於公者，誠非尠小。且今之南，安知不即北之乎？"有曰："公以文武素望❶負元老壯猷，在鎮震肅❷威聲，兩藩將佐，莫敢不用命。以是謀成戰克，東則猴嶺、羅旁島嶼餘孽率皆底定。西而岑溪、河池、八寨諸峒漸次蕩平。邇尤銳意內地保障之圖，遣郡邑長佐循行要害，增置哨艦、墩臺，守望聯絡，叢舉方殷，遠邇戒備。若再假歲月，聿終厥謀，屏袪遠募，練習土著，審主客之形，握控禦之勢，探本標之術❸，豫消弭之原，以逸待勞，事半功倍，其諸疆理建置方略，日盡見之行事，可貽廣人久遠之計。顧膺茲擢而速之行，是使訏謨之命甫定，而底成之績未終。輿情嘖嘖，其將謂何？"諸君若❹有不釋然於心者。

予輾爾笑曰："勞逸，情也；南北，跡也；久速，時也。夫寵命晉錫，帝王馭吏之權也；體分盡職，人臣報國之義也。士之仕也，行其時義，情與跡不與焉。是故'王臣蹇蹇，匪躬之故'，何有乎勞逸？'膂力方剛，經

---

❶ 望，何本作"重"。
❷ 震肅，何本作"肅震"。
❸ 術，何本作"衍"。
❹ 若，何本作"莫"。

營四方'，何有乎南北？惟君子使媚於天子，何有乎久速？況公進總臺憲，行將入柄樞衡，覲天子之耿光，凡有嘉謀嘉猷，入告於內，出而行之於外，膏澤四達，無遠弗屆，廣之民庶，咸在姘幪，尚有利於無疆。昔者周公告召公曰：'今在予小子旦，苦游大川，予往，暨汝奭其濟。'古之大臣，爲國家長遠慮每如此。曰：聞代公者，長樂文峰陳公，是昔憲廣臬，有大造於吾民者。公體上卿文子告新之忠，則凡所欲爲而未備者，悉達於陳公。陳公行即公行，前後一體，物我無閒，周、召大臣之遺也。"諸君曰："子之言然。"爰次爲序。

贈制府大司馬陳公還閩序

萬曆癸未春正月，總制兩廣大司馬文峰陳公得致政東歸。報至，四境內外遠邇人士老稚，莫不噫唶駭愕，瞿瞿焉欲扣留而不可得。既而濱行，吾省文武大小諸君子過予，徵言為贈。

予曰：君子之於天下也，其出也必有所為，其止也必有所樂。公既第進士，敭歷中外三十餘年，茂樹勳名，輿望推重。即曩時總憲廣臬，克壯其猷，恩威兼著。未幾還閩，衆庶躊躇，如失襁抱。舊春聞節鉞再至，黃童白叟，頂香懽呼，若覩雲霓，經略期月，薙獼布衝，宿蛋渠寇，擒捍倭奴，妖祲消息，境內寧謐。則公之出也，蓋足以有為。晉錫蕃庶，恩命寵渥，固其宜也。今茲之歸，時至而止，功成身退，自古則然，三山隆邃，環浦青蒼❶，侶鶴栖霞，皆吾固有。香山之勝事，踵洛社之高跡，蓋無往不可者。昔夫子有言："用之則行，舍之則藏。"何獨與顏子也？君子之用也，匡辟康民，行其道也。其舍也，韜光晦跡，藏其用也。用之而不能行，竊位者也；舍之而不能藏，出位者也。《易》言："兼山艮。"艮，止也，止其所也。君子思不出其位，與時偕行，其道光明，此孔、顏獨得之真。公有味乎斯言，乐在是矣。且未究之志❷，昭哉嗣服，丕顯丕承，雖君子所樂不盡在是。然佑啟篤慶，善繼善述，世人所至願而不可必得者，公具❸得之。今茲東歸，其樂更無涯也。

---

❶ 蒼，何本作"苔"。
❷ 志，何本作"治"。
❸ 具，何本作"而"。

予與公有夙昔之雅，因諸君子之請，竊附以言贈人之誼，以所自樂者告公，冀公有以樂乎其樂也。然不知公何以處我，敬俟之。故序。

天山麗澤序

　　武卿楊子東歸，既辭天山，維舟珠江，會友贈之詩章盈帙，題曰"天山麗澤"，請予繹其義。予曰："朋友隸於五倫，古今人進德修業，無不資友以成者。"故曰："君子以文會友，以友輔仁。"其義至重，其聚至樂。友道之大，關於世教如此。故夫子贊《易》至"兌"，則曰："麗澤，兌。"君子以朋友講習，重朋友之交也。夫兌之爲言，說也。澤，含漸漬滋潤之義。二兌附麗，則說之至而愛之深矣。有亨道焉，然必利於正，然後爲以道之悅，而得其亨，故卦以剛中而柔外爲說之正。苟中歉剛健之德，自反而餒，不能以任重；外鮮和順之休，徑情直遂，不足以成能。茲而剛中柔外，則強立不反，而內不失己；卑以自牧，而外不失人，是以利貞。二兌附麗，同心相得，聲應氣求，規勉媿勵，質直好義。中而切切偲偲，恭敬溫文，外而忠告善道。以學之弗講，則知有所蔽而陷一偏之見。講而弗習，則行有不掩而闕反身之誠，非君子相與共學之道也。故審問而明辨知之，共致其精；擇善而固執行之，各求其至。敬業樂羣，漸漬礪砥，相觀而善，其益無方，是之謂朋友講習之功，悅以利貞，而得其亨者也。

　　武卿游處天山，朋簪廣盍，昕夕商析疑義，修德講學，改過遷善之說，君子小人義利之辨，易事難說之趨，格物慎獨之功，知崇禮卑之實，蓋講之詳而時習之矣。夫學而講之明固難，傳而習之、篤而行之尤難，崇德廣業、精義以致用益尤難。武卿歸省庭闈，及於家室，溫承天倫樂事。既而觀光上國，行膺民社之寄，生心發政，出身加民，舉素所講習者，時省而著察之。觀重兌之象，體其剛中，則確然自立，而不囿於同流。法其外柔，則樂易溫順，而不至於睽異。其發政也，好民好而興聚，惡民惡而勿施，以覃潤澤之惠。其應事也，義質禮行，遂出信成，不爲非道之悅，得之自是，不得自是，正己而不求諸人，在上不陵，在下不援，素位而不願乎外，利貞以行，迪義聽命，以順受其正。夫子教人曰："不知命，無以爲君子。"此就學者言之，達於上下者也。程子則曰："大賢以上不言命，安於義，則命在中。"此自窮理盡性者言之，學者可企而及也。夫命禀於有生之始，莫之致而至，係之天者也。義爲吾心自然之理，化裁而推行，求在我者也。在天者不可必，在我者所當盡，君子盡其在我，以聽其在天者，則命自我立矣。此知明而守固，剛中而柔外，如是而信友，如是而獲上，如是而治民，固武卿今日事也，幸勉之以不負於麗澤者，具在茲矣。是爲序。

賀郡侯中宇郭公奏績保留序

　　士君子出而從政，能存心愛物，莫不欲行其志以致之民，然有體勢難易之辨焉。監司大吏，尊崇細民，幽隱無自，上達州邑長牧，黔黎集庭，下可詢鞠以拊循。然治僅❶百里，且與大吏體分懸隔，所欲罷行，不得以自專。惟守爲一郡之長，統帥羣邑，山州❷社稷，精爽可與流通，封疆險要，軍民利蠹，庶屬賢否，風俗媺惡，豐歉登耗，諸所宜振勵，皆可采畫，入告大吏，商訂備當，舉而措之，可朝行而夕致之民。是位尊情親，責專任重，得以行其志者，惟守爲然。故古之明辟，思與二千石共治，士君子出則願爲良守，誠重之也。

　　廣郡居會省繁衝，輻員數千里，屏山控海，珍貨兼水陸，悍商島醜，躭❸視競牟，土著柔脆，蒙攘甘餒，不支則傍山海以寇。故守得人則治，不則易以召亂，責視他郡獨難。我皇御極，率土咸賓，海不揚波，時稱盛治。歲癸未，維揚中宇郭公由郎署擢茲守，三年政通人和，以績上考功氏。兩臺察其治狀，會留疏上。同寅諸君過予，質言爲賀，因得備聞優褒之辭，大都謂公以恢弘融通之量，翼之以精詳縝密之思，以端慎直毅之操，振之以精彩博大之用，淵涵雅靜，不急赫赫之名，使人陰受和平之福，日見之行。讞鞠再四，務冀得情，姦豪利竇，悉殼章程，冒濫夙蠹，日以釐正，諸所建置，東洲控鎭，赤岡防禦，漸底成緒；比者條議保甲事

---

❶ 僅，底本作"謹"，據何本改。
❷ 州，何本作"川"。
❸ 躭，何本作"眈"。

宜，軫念吾民，日且備至，蓋有古循吏之風焉。在昔粵守循跡，却琛還珠，麾硯著於支郡，若惜陰運甓，酌泉沉香，高風盛節，爲廣守最者，聲稱至今爲烈。顧彼在奇閏之季，視今全盛之世遠甚。然秉志堅持，克勤明作以致之民，古今君子，其揆則一，《易》言泰至，三陽盛矣。平陂往復之機，履盛持盈之道，必艱貞乃可無咎。況今習尚澆訛，淪浹上下，干紀姦宄，睍伺隱虞。加以旱潦饑饉，戎民嗷嗷待哺，謹衣袽之戒，以豫桑土之防，咸仰藉於公。故以是復諸君，冀襄公終惠廣人，從此經營四方，入佐王室，皆自今基之。八賢芳績，公宜無爲讓，敬叙以俟之。

卷之五 序

壽藩伯黃山鍾公八十一序

　　山川文物之會，固天地靈秀凝合之理然。嘗觀士君子之家，慶澤流遠，薦綏繁祉者，必本其世德之貽，篤培而光大之，然後可以隆而益龐❶，引而不替。《傳》稱"五福首壽"，則壽難，壽而貴又難，壽而貴而賢益難，壽而貴而賢而翼承繼述，同堂一德，則又難。以是概之古今人，不可多得，今得之者，少參黃山鍾公其人也。公今八十一歲矣，神凝氣定，志慮不少衰，垂白健飯，充然自適，翩翩若仙侶中人，未可以年算計。不知公何以得此？說者謂寶安在廣土東南，受天地之仁氣，大海環其東，潮汐吞吐，容受無垠。公居茶山，出自梧桐，宗於羅浮，盤礴弘厚，英靈孕育，故宜有此。夫惟岳降神，古人禱述，類非誕謾。然栽培篤佑，實惟令德。且茶山之居，獨公然哉？

　　吾聞鍾氏世以善稱，至如皋公，以鄉進士受如皋博士，有造士功，擢如皋令❷，未究厥用。如皋公生公，公自少以文學知名，篤修孝行。如皋公捐賓客，公讀《禮》，與仲兄廬墓三年，不入私室。癸酉魁於鄉，丁丑第進士，授南廷評，恪奉憲典。同寅次厓林公，與言官辨論刑名，罹譴謫。公上疏願與同罪，不報。時論義之。未幾，轉北，從公卿議大禮，蒙廷責不少戚。後擢憲僉江右，尋晉少參，守正不阿。公轄嶺北顉臺，當事者以事囑，公不曲從，遂銜之，公竟不屈，然亦坐是，改滇南。公益自信，久

---

❶ 龐，何本作"寵"。
❷ 令，何本作"公"。

且十餘年,銓部始擬陪推衡永憲副,而公歸計已决,遂上疏陳乞,得以少參致政事。公歸,杜門,足跡不履公府,身率其家,遵迪禮法。公姪班田方伯君,少授公教,德器凝重,後公十二年,舉進士,爲郎曹,爲郡牧,爲藩臬長,歷仕三十餘年,正己率物,所至咸有惠政於民,士林稱重。由方伯至公卿,可計日數也。乃急流勇退,懇疏求歸。方伯君歸,事公猶父,怡顏承志,開逕延益,人比之二疏之榮,清白齊德,顯萃一門。約率子弟,循循詵詵,不敢踰越。里人稱之,以爲萬石君家不能過也。夫《洪範》先壽,必本之攸好德,詩人所稱亦曰"令德壽",豈公叔姪篤培光大,克世其德?固宜增勝川嶽,備百順,介景福,日昌日熾,得人所益難得者,信有在也。

　　是月望日,爲公懸弧之辰。方伯君遣令子許不憚險遠,兩造於古林,俾栢致詞,連枉書尺,皆懇至,顧愚非其人也。然而方伯君盡志敦敬,以順事於公,篤於其慶者。竊於是覘之,故推本言之,以附封人之祝。

賀督府石汀殷公壽序

嘗讀《南山有臺》，稱君子之壽，必德足爲國基，國乃光。可以父母斯民，德乃大，保艾永貞，乃終有慶。君子輔世康民，其責也。其所爲者匪厥身，以天下國家之責視其身，天下國家之欲其壽者匪其身，亦以天下國家之責於其身者。致其壽，壽其身，以壽天下國家之身。壽天下國家之身，所以壽其身，非有二也。吾廣督府大司馬石汀殷公，今年六月囗日爲初度岳誕之辰，吾郡侯胡君❶、古端黎君、蒼梧林君，謂三郡公駐節專且久，德音孔邇，宜有慶言，過予請言。予不敏，爰述所聞，以復三君子。

天下人無不欲壽，顧壽有大有小，有久有近，有一人之壽，有千萬人之壽，有一時之壽，有萬世無疆之壽。今夫人無不知愛其身，然疴癢痿痺，或不勉焉。苟攝導節嗇得宜，可以延年。自耄而期，固一人壽也。若致虛返本，抱一守中，元神元氣，闔闢無窮，天倪天和，保合貞固，司命不能制其算，籛鏗莫得并其年，是兼千萬人而壽者也。理人之術，何以異此？入而參贊佐理，出而經營四方，蕭薙蟊賊，弭戢姦宄，用以乂安中國，威服四彝，是足起譽當時，劾勛王室，非眇小矣。至於弘敷皇極，宰理化樞，智周萬物，而道濟天下，百司承式，而庶績咸凝。使天下之民，厚生正俗，以蒙治體，盛德大業，垂於不朽，此萬世無疆壽也。吾廣僻逖幽隱，鮮由達，往往漫易，權棼紀撓，玩愒滋蔓，時事孔棘，非朝夕矣。今聖上憂勤，羣公協德，明不遺微，仁不忘遠，加志綏奠，惠我元元，廣

---

❶ 君，何本作"公"。

選才能，分列庶職，復用廷議推公。公負文武重望，以廣右殊勳，晉貳司馬，總兩省師帥，蒞鎮東土，至則發謀憲慮，廣益集思，區畫兵食，鉅細畢備。經略安攘大計，鑿鑿可行，挈布章程，以正體統，慎修內治，以一法紀，勵意威嚴，以振頹墮❶。自是將佐莫敢不用命，監司郡邑莫不盡慎，以趨事功。威名遐暨，精意潛孚，山酋海醜，日爾輸誠歙服。綏輯人民，樂生安堵，用紓主上南顧之懷。善後良圖，務求可久，貽於無極。則推公一身之壽以壽天下，後世固自有在。予謹繹詩人無疆之旨以視，冀光重邦家焉。

---

❶ 墮，何本作"惰"。

賀督府文峰陳公壽序

七月既望，吾邑侯周君過予，請曰：「越月念日，維督府陳公岳誕之辰，某以年家誼，公昔撫楚，眷顧特隆，茲備屬員，日承教益，禮宜申祝，敢藉名言，介幣往祝。」予諾之，曰：壽也者，久也，言乎其可久也。古人祝壽，多舉天下至久者以爲徵，山阜岡陵，疊言高大，川流方至，其勢日增。日月得天而能久照，南山厚重而不遷，松柏歷四時而不改柯易葉，皆天下至久之物，詩人取譬而喻，故謂之善頌善禱。然曰「俾爾單厚」，則欲其章善癉惡❶以示民厚；「俾爾多益」，則欲其益動而巽，日進無疆；「俾爾戩穀」，則欲其知明處當，備盡善美。至於南山之什，稱其德音不已，繼之曰「保艾爾後」，則君子福壽名譽，非止於一身。而「式穀燕翼」，當引之於後人而勿替。詩人之旨，寓規諷於頌祝之中，責難於稱贊之外，溫厚和平，使人讀之，足以感發其心志。予深有味乎其言之也。故曰：「有大德者，必得其壽」，自然之徵也。以是觀公，有足徵者。

公長樂名族，奕世顯盛，公光而大之，佑啟厥嗣，勳名昭服，揆厥所由，莫匪令德。夫公以諒直之心，出之爲渾厚之體；以卓偉之識，達之爲順動之才；殫憲慮之精，發之爲宜民之政。敫❷歷中外，聲實兼茂。念昔總憲廣臬，遠邇孚信，今總二廣師帥，兼撫東土，移鎮會城，至之日，境內黎甿❸舉首加額，以爲福星再臨於越秀之陽，白首黃童，莫不集禱神壇。

---

❶ 章善癉惡，何本作「癉惡彰善」。

❷ 敫，底本作「剔」，據何本改。

❸ 甿，何本作「氓」。

此豈笑貌能然哉？蓋得於所感者素也。而公亦快覩東人若赤子，上下維繫，精意流通，無所強而然者。《詩》所謂"樂只君子"，公固有之。而搴帷問俗，諮諏采度，惟恐一事之未歸於厚，未益於民，未協於善，孳孳然惟日不足，則公保艾無已之心也。

昔者武公九十有五，以禮自防，入相於周，猶求箴儆，作《抑》以自警。老而不倦，有斐之咏，天下至壽，何以加此？公曰膺阿衡之任，遠猶辰告，所以謹侯度，用戒不虞，以惠順於庶民，俾子孫繩繩，靡不或承，所以光邦家以壽天下，則壽之至也。於武公何讓焉？此固予所望於公，而周侯頌祝意，亦在是。故介之爲賀。

《崇榮偕壽圖》序

總戎張君❶自潮走書幣，謁予山中，請曰："勳閫時受知司馬南明汪公，拔自行間，目爲奇士。勳不敢懈，以有今日，念此久不報。今冬，公五十誕辰，敬徵名言，介中遐祝，別述率履，及二親具慶之樂。"予讀之既，作而言曰："曩姻家海山陳君按閩還，向予道汪公懿跡甚悉。予慕之，宜有言。然古稱六十始壽，壽五十非古也。公封翁與太夫人具在，恒言不稱老。此舉恐非其所欲然。"固辭。使者以去。

踰月，張君還五羊，則繪《二老榮壽圖》，再拜申請曰："公昔言然。然勳至情有不容已者，願公志言，介圖以壽其二老。"予無以辭，於是披圖縱觀：則見朝陽杲杲昈昈，騰輝扶桑之上，一鶴自天而下，老子跨馭於祥雲之表，西望瑤池王母，奉桃以獻。仰顧層巒矗矗，蒼翠龍縱，璿房瓊室，隱映壁立，可望而不可即。俯視靈海，潋淡潋灎，浮天無岸，員嶠方壺，宛若仙都，淼淼不可測。

予❷莞爾笑曰："美哉斯圖！比物醜類，托興寓情，壽星擬翁，王母擬母，善譬而喻。然啖桃乘鶴，世所希覯，事或茫昧，乃若旭日始旦，非《詩》所謂如日方升者乎？溟渤委輸，非所謂如川之方至者乎？重厚❸不遷，非《詩》所謂如南山之壽者乎？美哉，渢渢乎得詩人之旨矣！"載繹

---

❶ 君，底本作"若"，據何本改。
❷ 予，何本作"予乃"。
❸ 重厚，何本作"厚重"。

斯[1]旨，壽道備矣。壽也者，久也，又言積也，積斯久，久斯壽。今夫山惟積故厚，厚則材木蕃；水惟積故深，深則蛟龍現。

吾聞陳君稱封翁博學多聞，天文地理諸家之說，莫不究竟要妙，且褆身端慎。公撫閩，有屬吏潛走幣，候翁起居，翁叱之，貽書切責。公謂此物，奚宜至此。公廉之，罪厥吏而裭其職。夫人克相夫剛，用成子美。一日夫人病，公動心，亟欲陳情乞歸。會戎務倥傯不敢上，走人候夫人，夫人色喜，病尋愈。既而公奉安車迎養，翁不肯行。夫人行至，則公與夫人咸色喜。未幾，公爲言者論列，即求解印綬。入白夫人，夫人曰："曩吾兒聞吾病欲罷歸，幸吾安，躬致怡養，至有今日。兒今歸，吾樂與俱，汝勿戚，即吾安。"公欣然奉夫人還。自予聞茲言，未嘗不歎。翁與夫人義方之教，能嚴辭受而審義命，參行齊德，固積久而深厚者也。公負文武壯猷，內承翁與夫人之教，出則發謀憲慮，以宏保捍綏定之功。且知人善任，乃張君不負所舉，發謀樹績，廣人德之，推原厥自翁夫人所貽也。崇榮偕老，彌久彌徵，此圖之所以作也。公今柄用日隆，參佐樞務，其所以壽國、壽天下，以壽二老於悠久者，則固有在，又非茲圖所能盡也。因并叙之。

---

[1] 斯，何本作"詩"。

壽羅山侯公七十序

人之壽也，有自壽之壽，有天壽之壽。兼之者，壽之至也。君子之壽其親也，有自致者，有天人交相致者，兼之者，壽親之至也。人能兼所壽以壽其身，子能兼所壽以壽其親，此非德福備至者不能。能❶是者，今予於羅山公見之。

羅山公者，潮郡守星湖侯君尊封公也。少業儒，嗜學，旁綜百家衆藝，雖潛而未見，然積仁纍行，禔身教家，具可稱述。其尤難者，中捐好述，矢弗再室，大義皭然，可謂不負人所天者。故心志寧一，葆嗇元和，年已古稀，健爽如強壯，上壽之徵也。《傳》曰："能者養之以福。"天固篤厚於公：公五男子皆克家，星湖君第進士，歷今官，季子魁鄉省，待進大廷，是公之教，能使其子推公之壽，以壽吾民，以壽邦國，以壽天下。又身膺褒封之貴，順適和暢，永錫難老，天所以厚公也。星湖君能敬承公教，以克其有爲之志，筮仕郎曹，茂著聲稱，當國重其賢，擢守潮郡。潮自倭患以來，兵將交媮，上下玩愒，山酋海醜，相繼煽虐，潮葢岌岌危矣。君至，正己率物，開誠布公，振法紀以脩內治，淑人心以培元氣，勤拊揗以固保障。踰年，政行教肅，輿人頌之，君益憂勤，專志民事。以公在萬里外，每懷內顧之私❷，遂迎養官邸，躬致起居，定省之節，旨甘潔瀡之奉，凡所以順事公者，無所不致其情。是出盡職以報君，入盡誠以事

---

❶ 能，何本作"如"。
❷ 私，何本作"憂"。

父。因心發政,推孝行仁,顯親揚名,善壽其親者也。夫孝,始於立身,中於事親,終於事君,星湖君有之。自公至潮,即有抱孫之喜,未幾而星湖君晉秩之榮至焉,未幾而宴賞之典至焉,又未幾而季子鄉報至焉。恩光薦臨,善❶慶駢集,蓋有默相以壽公者。明年正月某日,爲公七秩誕辰,閤郡士庶,莫不舉手加額曰:"吾潮無侯君,則無潮。吾屬幸有今,伊誰賜也!願世世無忘君侯德,推厥所自,實惟我公,咸願我公康且壽,俾君無內顧,以生吾民。"《詩》曰:"樂只君子,邦家之基。樂只君子,萬壽無期。"此國人之公也。壽孰加焉?

　　屆期,君之僚友陳君、楊君、章君因國人之頌,以廣朋友兄弟之誼,走使來徵予言爲公壽。余素知星湖君者,故本公自壽與君所以壽公者言之。而因推天人交助之徵,以見孔子"仁者壽"之言爲不誣也。是爲序。

---

❶ 善,何本作"喜"。

壽愚潭許公七十一序

嶺以南，氣常溫燠，物生率先時舒洩，類難永；乃葱蓊郁鬱，歷四時而不改柯易葉，咸永貞。固其於人也亦然，英茂踈達，鮮韜含，顧多壽，何也？廣居東南，受天地之仁氣，又當離明，極星炳耀，南山鞏焉。溟渤巨浸，溯拜汪濊，百川匯焉。古稱番禺、五羊爲仙城，固壽域也。番禺六十里，有山窿然曰壽山。崒嵂盤薄❶，南與大唐、抱旗諸峰，秀聳聯絡。山下淵然爲潭，空洞不測，大海自東環其前，廣博無垠，潮汐拱揖茲山，茲山蓋丹丘也。許氏世居其下，年多近百，故以壽壽茲山。

至愚潭公，禀受益異，風儀修偉，德器凝重，顒然山立，早以文學藉藉聲黌序，百校百優，一時名士，多出其下。竟以數奇，屢不第，貢爲太學生，授蒼梧博士，躬範多士，士敬之。遭艱去，起復補和州，和州士敬如梧士，休聞顯著，當道優禮。而公鑒老氏知止之訓，常自言曰："矜知者巧，炫能者伐，心勞竟拙，而吾何能與世人相征逐？"遂決意乞歸。歸就所居之潭，徜徉其上，以愚名之，遂爲號，人稱爲愚潭公。夫潭，取其潔也。愚，取其率乎坦然也。公托義取此，而實智也。晚絕意世營，坦易自適，日惟課諸子業，乃今伯子某，雅碩❷溫文，賓薦南宫。仲子某，勤迪克世其家，子姓蒸蒸然盛。公得以無憂，益順頤養。

公今年七十有一矣，强健如少壯，顏赤髪澤，充然有啖桃食丹之容，

---

❶ 薄，何本作"礴"。
❷ 雅碩，何本作"碩雅"。

行至百，未艾也，宜可以爲壽。始，猶以爲徒老，不敢自壽，預戒子弟不賀。是夏某月某日，爲公懸弧之辰，子弟固强請，乃以序進爵，賓客幣皆弗入。既而其姻維欽潘子至曰："聞公戒賓客，幣皆弗入。然崇敬與公伯子內兄弟也，不可不往。"遂肅幣以往。而又曰："幣不可以徒往。"造予質言，介幣以往。予與潘子姻，又知公，遂以言言潘子。潘子於是以予言介幣以往爲公壽。

壽鍾寶潭六十序

吾友寶潭鍾子行年六十，八月某日，爲懸弧之辰。其同門友相與肆觴，矢歌稱慶。鄧子某、劉子某問壽言於古林何子，何子曰："諸君知世之壽矣，亦知君子自壽之壽耶？知壽之壽矣❶，亦知所謂不壽之壽耶？"二子曰："願終聞之。"何子曰："世之壽者，天也，莊周所謂上壽、中壽、下壽之說是也；不壽之壽者，人也，孔子之所謂朝聞夕可之說是也；自壽之壽，得天人之備者也，孔子所謂仁者壽，故大德者必得之謂也。人者可盡，天者不可必，君子惟盡其在我，以聽夫在天者。昔游孔門者三千，顏回最早世，夫子獨稱其好學，於《易》贊之，爲萬夫之望。原壤老矣，因其無禮，孔子以賊目之。然則君子求所謂不壽之壽，以祈自壽之壽，顧在此而不在彼，世之徒老而無聞者，亦何足壽耶？"

二子復進曰："聞之矣，敢問君子之所以壽，有要乎？"曰："有。周子曰：'聖可學乎？'曰：'可。'曰：'有要乎？'曰：'一爲要。'今夫天地至無心也，其充著於兩間者，莫非一元之所爲。聖人至無爲也，其上下與天地同流者，皆一心之所運。一者何也？誠也。天地誠而已矣，故恒久而不已；聖誠而已矣，故至誠而無息。思誠者，聖功之本。故曰：'其次致曲，曲能有誠。'斯理也，極乎天而蟠乎地，行乎陰陽而通乎鬼神，窮高極遠而莫測深厚。發育萬物，顯設日月，溥之而橫乎四海，施之後世而無朝

---

❶ 矣，何本作"耶"。

夕。故得之者，天地與順，日月與明，鬼神與福，萬民與誠，百世與名❶。吾見天地之始，吾之始也；天地之終，吾之終也。大哉壽也，斯其至矣！顏氏由博約克復之訓，擇乎中庸，而服膺之，以不遷不貳乎聖人之一，故語天下之至壽者，莫如顏子。鍾子早有志希顏之學，篤信江門致虛立本之旨。沉潛雅造，篤實溫文，日與吾黨相切磋，以求吾所謂一者。能由此而充之，則自壽之道備之矣。昔者武公年既耄，猶不忘儆戒乎國人，道學自修，日造於盛德至善，故民之不忘也。民之不忘，古今之壽，何以加此？是故顏子之壽，不壽之壽，備諸己而嗇之天也。武公之壽，自壽之壽，得天人之備者也。鍾子學顏子之學，而希武公之年，是則慶之大者。諸君請以是慶之，而所以自壽，亦兼之矣。"二子躍然曰："得之矣。吾人請各壽其壽，毋徒壽鍾子。"

---

❶ 名，《廣東文選》作"明"。

賀大司馬小江吳公壽序

秋七月八日,總制大司馬小江吳公岳誕之辰。吾省文武大夫諸君子請予申《南山》十有之章,用介承筐,恭敘九如之祝。余讀《詩》,見古人祝頌,必擬諸形容,象其物宜,以爲壽徵。定爾九如之詠,誠嘉樂無已。然厚益善美,俾爾順備,事神治民,咸歸於德。至於樂得賢也,隨材兼蓄,各盡能以子吾民,爲邦家光。然必申重德音,繼以保艾。蓋欲樹實流聲,慶施孫子,是上下嘉美而責難交儆,忠愛溢於言外,溫和之旨,使人興起於千百世之下。蓋古之賢士大夫,以天下國家爲一人,以祐啟顯承爲一身,故壽一人必達之天下國家,壽一身必推於本支百世,所該❶至廣,而所守則甚至約。今夫人之肢體髮膚,無不兼愛,以兼所養。善壽身者,端默內照,致虛慎動,心知百體,皆由順正,精神脈絡,貫徹周流,茹葆天和,心氣寧一,外邪不侵,萬應不擾,無煩砭劑,自躋上壽。理人之術,何以異此?心通天下而智周萬物,顛連無告,[恫]切一體,匹夫失所,引爲己辜,率育拊循,休戚維繫,厚生正德,莫匪爾極,不自大其事,無所矜其能,長養和平,使人陰受其賜,共躋有壽之域。是故觀壽於身,天下國家可從推矣。

公柄兩藩師帥,文武爲憲,理治基本,係公一身,諸君子壽公之壽,正所以壽吾民以達之天下國家。嘗聞公秉心實而務德滋,充養邃而植本固,以子諒基明察,以恪縝翼弘恕,以溫易濟端嚴,敭歷中外,所至有惠

---

❶ 該,何本作"賅"。

政。開府西粵,發謀憲慮,動中機宜,訏謨定命,允貽久遠。今茲東撫,策輕就熟,出素籌畫,日見之行,開誠集益,馨無不宜,邇幸境土無虞,日惟慎修內治,俾庶屬靖共,休息愛養,惠我元元。東土疆理素踈闊,備覈險要,增聯牧宰,法政易周,民藉怙恃,昭平新安,懿跡可鏡,綢繆桑土,修爾車舟、弓矢、戎兵,用邊殊方,以戒不虞。安內攘外,懷遠能邇,子孫繩繩,萬民靡不承。申祐自天,吉無不利,黃耈眉壽,何以加此?行將入佐明廷,扶皇極以淑人心,秉正論以定國是,則所以壽天下國家,可自今卜之也。

賀制府司馬小江吳公壽序

嶺西、羅定二道會遣諸生來，請賀制府大司馬吳公壽言。予曰："曩歲文武諸大夫業此請介幣往，公貽書道淵衷不自安。茲復爾，匪惟再三❶瀆，且滋弗懌？諸生善爲我辭。"

既去數日，奉書再至，謂："此雖無當於公，然觀會通以行典禮，式承懿矩，曷敢或渝？觀古盛時，上下燕享慶祝，靡弗尚壽，曰：'樂只君子，萬壽無疆。'曰：'孔燕豈弟，令德壽豈。'曰：'使君壽考，孔惠孔時。'曰：'酌以大斗，以祈黃耇。'曰：'綏我眉壽，介以繁祉。'至於岡陵作朋，永錫難老，熾昌者艾，壽考且寧。諸所紀述，渢渢乎有遺音。蓋人惟壽而後能享諸福，故嚮用五福，首重壽。虞夏殷周，天下之盛王也，未有遺年者，年之貴於天下久矣。是以善禱之詞，似大非誇，盈缶匪瀆。吾二三子日侍公側，抑抑秩秩，其德不爽，無怨無惡，俾臧俾嘉，平平左右，亦是率從。天錫公純嘏，以介景福，視履考祥，勿問可知元吉，乃文武是憲，聞於四國，崧高維嶽，會逢其適。孔碩肆好之頌，恭覬藉子。"

予奉書，繹而言曰："禮也者，義之實也。協諸義而協，雖先王未之有，可以義起也。而況雅頌所稱述，亹亹復如此。公總兩省師帥，疆理至於南海，肅命明否匪棘，式遏寇虐，無俾民憂，不震不驚。惟公之功，惠我南國；惟公之德，我儀圖之。綢繆牖戶，思預桑土之防；繻有衣袽，慎嚴終日之戒。訏謨定命，遠猶辰告，所以質爾人民，用戒不虞，惟公舉

---

❶ 三，何本無。

之。予心愛矣，曷能助之？念昔武公既耄，猶儆❶戒於國曰：'自卿下逮師長士，無謂我老而舍我，必恭恪朝夕，以交儆我。'使人日誦《抑》詩，而不離側。是以甚盛德而民不能忘。今公膂力方剛，出而總領諸侯，以經營四方，行將入秉國均，允升於大猷，爲上爲德，爲下爲民，用錫爾祉，有斐弗諼。天下至壽，何以加此？"敬茲復諸君子，冀躋公堂，稱兕觥，用介無疆之祝。

---

❶ 儆，何本作"警"。

壽鍾宜人七十一序

嘉靖癸丑九月既望，鍾母宜人年七十一，其子模、朴，恭率懿親及宗黨戚屬，以次爲壽。朴，仲子也，從予游。在會之友某某等，凡三十有五人，重同門之誼，於是繪瑤池之圖，侈南山之頌，將以登歌稱慶，而質言於予。予曰："古之人之尚夫壽也，固以年也。然必本其所可重者而爲之壽。君子之頌禱也，非作而致其情也，亦必因其所可壽者而爲之詞。二三子之壽鍾母也，則何以哉？"

二三子相顧避席，有進而言曰："吾聞鍾母宜人淑慎静正，仰事以孝，中事以順，俯育以慈。《傳》曰：'順於舅姑，和於室人，然後當於夫。'夫是之謂婦順之備。"有進而言曰："始宜人嬪於深庵鍾公也，歷貧致慎，罄簪珥之飾，效雞鳴之節，以相其勤，公得專志於學。數年舉於鄉，從仕於山陽、武寧，心惴惴焉，相之弗懈，公得專志於教。又數年，舉進士，從仕於海陵，心益惴惴焉，相之弗懈，公得專志於政。《傳》曰：'必敬必戒，毋違夫子'，是之謂内助之賢。"有進而言曰："體以養移，習以侈奪。公既貴爲郎曹，宜人衣澣茹糲，審守委積蓋藏，以躬枲麻饋冪之務，迄於今無斁。《傳》曰：'貴而能勤，富而能儉'，是之謂内則之宜。"有進而言曰："公捐賓客，宜人日責二子，曰：'汝模，爾罔習於稚❶，爾其改習改行，克於爾先人，模敬用克於有家。'曰：'汝朴，頗知敦尚，爾其崇爾學，毋比於匪人，以毋廢爾先人，朴敬用志於學。'《語》曰：'觀母必於其子。'是

---
❶ 稚，何本作"穉"。

之謂母教之嚴。"

予聞之，喟然歎曰："有是哉，是可以壽矣！昔魯成風於莊公爲令妻，於僖公爲壽母，國人頌之，夫子列於閟宮。今鍾母賢若此，當不媿於二三子之歌，可以壽矣。古之人有言曰：柔而正者，宜歌《頌》；順而信者，宜歌《大雅》；勤儉而有禮者，宜歌《小雅》；静而正者，宜歌《風》。"

二三子喜而奉爵以進歌曰："稱彼兕觥，萬壽無疆。"賡之曰："綏我眉壽，介以繁祉。"再酌以進歌曰："遐不黄耇，保艾爾後。"賡之曰："教誨爾子，式穀似之。"又酌以進歌曰："孝子不匱，永錫爾類。"賡之曰："夙興夜寐，無忝爾所生。"朴肅伯氏，稽首拜手，颺言曰："維予小子，夙夜敬止。"予贊之曰："美哉，渢渢乎善頌善禱！而繼之以規，得壽壽之道矣。"遂次壽言。

壽郭太母周安人八十一序

　　今上明倫盡制，教天下以孝，俾天下臣工，服政任使之暇，咸獲內顧，以遂其親親之私。故凡爲人臣子若孫，獲盡恩私者，當仰體廣錫之澤，然必本其家之所承積者若何，揆厥所自，蓋亦有遇有不遇焉。

　　予同年新城令悅白郭公冢子篤周，少穎嗜學，弱冠舉於鄉。繼以二親胥背，閉門❶讀禮，益弘涵造。壬戌春，擢進士上第，才名藉甚。既而分曹視政，每懷二親不逮榮養，獨念太母周安人在堂，年甫八秩，顧瞻❷嶺雲，仰慕遐切，圖歸省慶，白於大司徒。大司徒韙之，命督輸大同，事竣，宵征南歸，以茲月念之五日，展綵張樂，集長幼爲太母壽，一念愛日之誠，萬里趨觴之孝，會逢其適，世人所稀。《傳》稱"五福首壽"，則壽難，壽而貴又難，壽而貴復膺孫貴，而篤迓其慶益又難。太母既享伯子祿養，季子復克家，乃媳配郡守林子素隅，咸有榮名，且黃髮兒齒，重逢諸孫之貴，躬膺晝錦之慶。人之至難，而不可必得者，太母得之，庸非有所本耶？吾聞太母端淑善事，侶石翁又能和於室人，而順於舅姑。身既貴，茹蔬服澣，審慎委積蓋藏之事，率諸婦事女紅，無廢昕夕。今乃顯赫，益敦撙約，聲光不露，門內外井井然不侈不諱，人或稱之，而歸德於太母。是德以基福，蕃錫無疆，子子孫孫，引而勿替，所謂其績厚者其流遠，若太母者非耶？

---

❶　門，何本作"戶"。

❷　顧瞻，何本作"瞻顧"。

議者以篤周之懷太母，擬李密之事劉，夫祖孫之愛，古今一也。然密處濁世，內顧煢薄，篤周身際明盛，策名天府，仲弟賓薦春官，季弟勤學俟時，奕葉昌熾，視密情事，迥爾不同。篤周既伸祖慶，行即志專委任，以隆報稱，顯親揚名，光大先烈，是在篤周。

　　予與諸君令先公年友也，相率陳詞稱慶，謂予齒後，諸君且鄰誼，宜有言。予不辭，獨念叨獲恩私最久，而迂僻庸劣，媿未效涓埃。故不腆之詞，推本聖澤，以爲太母慶。因及予所媿者，爲篤周諸昆勉。諸君不謬予言，遂書以致華封之祝。

壽黃母鄧孺人六十一序

夏六月,門人李子學曾、鍾子煥、黃子瀚過予山中,拜曰:"黃生瀚母鄧孺人今年六十有一,七月二十五日爲懸悅之辰,諸生謀質先生言以爲壽,敢請命。"踰旬,瀚偕弟淙,及李子、鍾子,暨梁子紹裘、伍子雲璋、鍾子夢蓮、萬善摳衣升堂,同拜申請。予諾之,而未之應也。又踰旬,復來申前請,且曰:"瀚弟淙,領鄧州教事,去年迎母行。今冀得言,早申數千里望雲思。"

予曰:"嘗讀《易》,至《家人》六二曰:'無攸遂,在中饋,貞吉。'夫子舉'順以巽'贊[之],蓋婦道以順爲正,內行不出於閫,不敢有所直遂,惟審慎於委積,烹飪中饋之事,順而有常,巽以守中,是能當於舅姑,宜於夫子,而和於室人,得正而吉,謂之婦道之備。又從一而終,慎恤厥後,體所天❶未逮之志,式穀以貽繼述之善。在昔斷機、丸熊能成子美,於公有光,是謂母道之賢。然母道不可見,而觀於子,子行不可掩,而徵於友。今觀黃生之爲母壽也,諸子與之偕,踰河陟屺,徒涉再四不倦,非生有孚,無如此也。且諸子向予道母賢種種,多稱述予論其著者。瀚尊公稚❷溪君,予友也。君家有世德,厥翁櫟坡公,由天曹出參藩,顯名於時,義方貽翼,五子咸登賢科。稚溪嗜學績文,嘉靖壬午,哀然爲舉首,溫謙端朴,鬱爲名士。元配鄒孺人早世,擇所爲繼室者。邑有先聞人

---

❶ 天,何本作"夫"。
❷ 稚,何本作"穉"。

鄧公應仁以進士起家，守爲南安，爲名宦，厥孫世藩，號'東山'，東山雅知君賢，以女妻之，即孺人也。孺人慈睦諸庶，壬寅一歲舉三子。瀚孺人出，宗族鄉黨以爲和氣萃鍾，羨君得良淑。越二年甲辰，君受孝豐令，東山僑孺人及諸幼從甫入湖郡，而君訃至。孺人殞慟，東山[慰諭]，強抵宦所，撫諸兒輿櫬歸，歸即盡散諸從，令之還，而平日所服餙綺美者悉屏去，惟躬布素。至於理家祀先，則夙夜匪懈。每遇君忌，早起滌器戒庖，感涕彌日，卑幼爲之黯愴，此非婦順之備乎？諸孤早失怙，孺人作率撫育，褆衣視食，歲時節俗，不令出戶，稍長始就外塾。時予門人善士何懋中，老成端重，瀚、淙兄弟與予長子崇亨同往師之，出入循迪周行，立則端拱，里人異之，暮歸則課誦讀，每至夜分。既長，聞予論道天山，同師懋中來從游，日与四方朋聚，得聞所未聞，歸而語諸母。母喜曰：'此先子所畏者，汝兄弟得師矣。'以是諸子無侈靡習，瀚、洵有聲庠序，淙以總角舉於鄉，今爲鄧州學正，孺人愛若己出，挈孫媳遠從。此非母道之賢乎？孺人在昔爲令妻，於今爲壽母，則篤其慶施於孫子。由茲而耄耋，而期頤黃髮兒齒，壽足徵矣。人子祝頌❶，莫大於是。然人子壽親貴順，順親以誠，能明善以誠身，則內順外信。異日獲上治民，丕承世德，光而大之，以無負師友。壽親之道，其進無疆，諸子咸宜勉之！"瀚率諸子拜手曰："不敢不勉！"遂書爲壽言。

---

❶ 祝頌，何本作"頌祝"。

賀陸母顧太安人七十壽序❶

　　士君子上而事君，行義達道，以盡其忠；內而事親，承恩祿養，以致其孝。斯生人之大義。然有得有不得，則存乎遇也。士而席珍俟時，未必咸售❷能通顯。即通顯，或後時弗逮，或畏簡書，憚險遠，靡鹽不遑之懷，曷其能已？故出而從政，入而躬侍，致身竭力，罄無不宜，若此者，世亦罕矣。

　　今觀之巡海敬齋陸公之奉母顧太安人也，承顏崇養，必躬必飭，豈不謂厚遇哉？公具慶，第進士，由郡理晉刑曹，薦拜恩封，繼調駕部，改直指使，觀察西粵，擢參東藩，控守海北，驅馳靡及，日切瞻雲之想，晉貳臺憲，駐節會省，始能奉太安人於官邸。晨省而出，聽政公堂；公暇而入，承歡膝下，怡愉悅裕❸。太安人順適如家，健爽康寧，公得以殫慮盡慎，以從王事。

　　今年太安人壽七十，仲冬某日，惟期躬致稱觴之慶，僚寀文武大夫君子暨庶屬，與吾省縉紳莫不艷羨，徵言介祝。門人別駕鄭子某某、明府陳子某某，曩仕雲間，雅知於公。過山中，達里中諸君意敬質予言。予昔邂逅公，爲知己，公叔自齋公與予弟同舉進士，愛誼益至，因得聞太安人懿履。

　　太安人甫生失恃，育於繼母高，比歸封君縉菴公，母黃安人已早背，

---

❶ 該題目，何本作"賀陸母顧太安人七十壽序"。

❷ 售，何本作"就"。

❸ 裕，何本作"豫"。

事繼姑許宜人。太安人克迪女儀，備盡婦道，溫順恭謹，侍高無異所生，事許不知爲繼，艱阻備嘗，貞淑獨勵，每教公以義方。公在刑曹，有所平反，太安人則喜。敭歷中外，克遵姆訓，茲膺重寄，端靖敏縝，惴惴小心，惟恐有違於太安人。是以布令嚴明，行法平恕，闔境士民，沐公政澤，推本所自，於今日莫不舉手加額，祈太安人上躋期頤，永公德政之成。嘗讀《南山》"樂只之祝"，翼保艾於後昆；《閟宮》"昌熾之頌"，必推原於壽母。公承世德，仰迓天休，備宗榮養，式是燕喜，純嘏元吉，天倫樂事，世所希覯，遇良厚矣。惟公敬思茂德，晉以光國家、安海邦，俾咸率諾，所以壽吾民，達之壽天下之民，致顯揚於無疆者，皆自愛日之誠推之。予不佞，敬以是介輿祝。

賀王母吳太宜人八十壽序

人家昌顯，率世德貽翼，乃祉元吉；必厥履旋美，子孫賢貴，在服勤趨庭。然多由內訓，俾弗納於邪，而玉之成。《易》所以"利女貞，主中饋"，以閑有家，作率敬愛，順舅姑，當夫子，宜室人，以篤慶後昆，御天休以介景福。若此者，予於如水王大夫事母吳太宜人見之矣。

太宜人出名族，母鄭妊時夢鳳止屋上，寤而生太宜人。太宜人生而令淑，受母訓，通《內則》諸書。比歸博士公，公夜讀，太宜人篝燈手女紅伺之，夜分以粥茗進，綜內政，勤先百指，諸所緡筴衡量，無不手自簿計，以故家益裕，博士公得專意於學。舅足菴❶公治家嚴，太宜人竊誡諸臧獲，罔不肅從。姑傅孺人疾，躬侍湯藥，浣溷牏厠者踰月。姑籲天謂太宜人曰："太勞苦女，願女貴，女婦賢，如女事我。"太宜人朔望齋沐，誦經朝❷斗，祭祀則潔粢盛，竭誠敬，未嘗少懈。所施與即不遍里下，然多賑人急。鄰有兒啼饑者，召令日就食。里中有病疫者，衆懼染弗顧，太宜人令人以器盛飲食置地隙中，聽自取食，食已復繼，疫者愈，匍匐詣謝，謂："太宜人生我，吾生何以爲報？"每聞人徂捐臥地不殮者，輒備棺瘞❸之。太宜人既涉書史，尤精干支家言，家庭選擇，必親檢視，無不吉應。居常講古閨史嫕行，以最諸婦。博士公久困庠序，悒悒不得意，太宜人

---
❶ 菴，何本作"莽"。
❷ 朝，何本作"禮"。
❸ 瘞，何本作"堃"。

慰解謂："通窮❶惟命與時，君嗜學績文，餘廩敬事，計上賓觀光，振鐸式士，可坐而待，且❷慎修之，報不於其躬，於❸其子孫，君胡自苦也？"時大夫與伯兄某咸受經，以藝業相雄長，太宜人又時稽督，務俾厥成。既而大夫第進士，爲新興令，以賢召爲御史，出僉山東憲。戊寅歲❹，博士公賓貢，受鄱陽訓，太宜人爲置姬遺侍，而自與大夫俱之齊，大夫得專志以從王事。大夫自筮仕，迄今十餘年，始拜恩封，爲太宜人壽。博士公雖不及親承，而猶得以怡悅慈闈，且膺八十上壽之期，嘉樂燕喜之會。於是手自述太宜人素履，徵立言者言，以申華祝。

南韶二郡邑長佐諸君，介司理施君過山中，申衆悃。[予]非能言者，然與大夫誼忝夙昔，三復撰章，益悉太宜人懿行，事舅姑爲賢婦，事博士公爲令妻，訓大夫伯仲爲壽母，於是三者足範女貞。而況救啼饑之兒，起疫者之病，收臥地之屍，陰功潛德，固宜薦沐恩光，履茲純嘏，保艾爾後，爲邦家基。大夫入而戲綵，出則靖共，上承天寵，以致其孝，日思圖報，以效厥忠，因心廣錫。敬以是爲大夫顯揚無疆之祝。

❶ 通窮，何本作"窮通"。
❷ 且，底本作"旦"，據何本改。
❸ 於，何本作"必於"。
❹ 歲，何本無。

勅封❶楊母郭太孺人六十一壽序

今年八月望日，楊太史母郭太孺人六旬有一。前期六月，歸善陳生某、劉生某，集同郡士友，徵文介祝。仲子某以予知太史，爲書肅二生來質言。踰旬，仲子且至，拜而言曰：“家大人嗜學績文，居泮百校百優，文宗莫不推獎，尤爲武東楊公鑒識。奈數奇不第，以賓貢受潮郡司訓。伯兄既第進士，官內翰，遂告休。拜恩封爲編修，母封爲太孺人。伯兄夙夜懷二親，疏歸省覲，踰期依戀不忍舍。復二年，家大人諭之曰：‘汝策名天府，日近寵光，不及時殫猷圖報，曷云移孝以忠？吾與汝俱往。’遂戒行李，偕如京，我母以某及諸孫，眷眷不能出門，留於家。舊年七月六日，家大人壽慶，某不能隨伯兄後，躬致稱觴，自媿碌碌未有表見。茲屆我母設帨之辰，親友述二親懿履，仰干大君子揄揚，俾某兄弟佩服無斁，貽之世世。”予聞言已，敬受事。

翼朔二日，太史伯子又至申請，既別，予謂：“孟子稱三樂，皆人所至願，不可必得而兼之者。今觀楊太史家椿萱偕老，塤篪迭奏。封君敦履鮮外營，約束門庭，內外咸迪矩［罔］逾❷，每晨起讀《易》循省，不以老而倦於學。太孺人不改布素，敦姆範以嚴女貞，克相夫剛❸，用成子美。伯子入掌絲綸，以儲承旨，司衡掄才，以需啟沃。仲子育菁莪，敬業樂羣，行將觀光上國。日而太史奉命使洛陽，禮成，奉封君晝錦還廬，雙白翁

---
❶ 勅封，何本作"賀"。
❷ 逾，何本作"踰"。
❸ 剛，何本作"綱"。

諧，二難戲綵，子姓詵詵，天倫樂事，世所難得，而今兼之，詎不謂義方貽翼，無忝俯仰，固積厚而流遠哉！世稱夫婦齊德如冀缺、梁鴻、龐公盛矣！彼賢而隱也，天錫［公］純嘏，式是燕喜。令妻壽母，含德而賢，賢而貴，貴而［壽］，壽而康寧。《易》言"視履考祥，其旋元吉。"二老日躋期頤，眉壽無有害，則篤其慶施於子孫，引之勿替，是在伯仲。貽❶顏承志，備百順以致愛日之誠；立身行道，茂德音以崇顯揚之大。上之如二程，善體大中，以遡濂洛真傳；次之如二蘇，能繼老泉，以修眉山世業。此皆壽親於無疆者。予忝夙誼，敬以是爲伯仲勉，因復諸生，用廣❷錫類不匱之祝。

---

❶ 貽，何本作"怡"。

❷ 廣，何本作"壽"。

《崔菊坡先生言行錄》序

　　吾鄉菊坡崔先生言行錄已行於世，惟廣郡未有梓之者。藩參一吾李公過予，論及，因出二帙。公閱之，稱闕典云，遂以商於憲學來溪張公刻之，以風示來學，俾予序之。

　　予謂：英賢之生，其所樹立有大過於人者，必其志學知德，敬愼於心術幽獨之微，以至於辭受取予之著，出處進退之大，概諸道而時其宜者，夫然後可以有聞於天下後世。先生在宋，盛德清風，跨映一代，人皆知其治行勳業之隆，動衆馴虓之誠，當相不拜之節，至稱之爲千載一人。然以予觀之，先生篤志好古，動法聖賢，祗服九思九容之訓，夙夜乾惕，求無歉於不愧不怍之眞。其言曰："毋不敬則內敬常存，思無邪則外邪難入。"凡起居食息之時，無非恐懼修省之地，而尤惓惓於學術，殺天下後世之慮，則其謹微誠切之功，中正弘邃之學，蓋已獨至。故精義所及，大小畢察，少有未歉於心者。不苟焉以取，如却甥恩例之援，歸子夼資之田。至於祠祿之辭，又迥出宋人之上，此非素嚴於義利之辨者不能。時而可仕，則邕瓊淮蜀，宣力綏奠，而不憚於險遠[1]；義所當急，則出禦鄉國之變，毅然任之而不辭。時不可爲，雖以端揆重任[2]，隆之以延竚之勤，則確乎其不可拔。是其時止時行，其道光明，蓋知進退存亡而不失其正者。孔子，大聖也。孟子稱之，亦曰："進以禮，退以義。"仕止久速，各當其可之謂時。

---

[1] 遠，《廣東文選》作"阻"。
[2] 任，底本作"仕"，據《廣東文選》改。

然則先生之所樹立，非學孔子而有得者耶？

念昔與西樵方文襄公言史，稱張、崔異代齊名。西樵曰："張之相業未易及。"予曰："曲江文章功業，固唐代賢臣。菊坡志學知德，則有道氣象，其流風餘韻，猶可使人興起於千百世之下。"西樵以爲然，後以質之諸君子，亦皆以予言爲然。故曰："誦其詩，讀其書，不知其人，可乎？是以論其世也。"尚友君子，庸有謬乎予言哉？

《陳子言行錄》序

《傳》稱三不朽：太上立德，其次立功，其次立言。隆昔盛時，大道爲公，上下熙穆，無智名，無勇功，與天下相忘於道化之極。中古之世，城池以爲固，智勇以爲賢，天下多有奇袤滛佚之民，聖賢出，以道易天下，始炳然有可紀之績。降及春秋戰國，孔孟志大道之行，而弗逮於是，退而訂述六經，作七篇，闡明聖賢授受之旨，以詔後世。聖賢而至於立言，非得已也。孔孟既沒，聖遠言湮，邪說并興，人欲橫流。士鮮從心之學，故乏純心之德，志於事業者隨世低昂，畸毗捷給，未免功利之習。有所記述，以貽來者，則自開戶牖，說異人殊，反溺於影響支離之陋。嗚呼！弊也久矣。迨宋，濂洛關閩諸儒并起，元公、純公其至矣。相與尋孔顏樂處，發明見大無欲之懿，主靜立極之教，廓然大公之體，物來順應之用，見於《易通》《定性》諸篇者，真可以羽翼聖經者。

我明道隆儒治，理學聿興，石齋先生崛起海隅，篤志聖學，始從康齋，未有入處。比歸白沙，築陽春臺，端居十餘年，不出戶闥，淵涵靜一，致虛立本，深契無欲之旨。久之又曰："夫道，無動靜者也。得之者，動亦定，靜亦定，無將迎，無內外。苟欲靜，即非靜矣。"於是隨動靜以施其功，終日乾乾，昭事著察，日用間種種應酬，隨吾所欲，不違天則，真有以得夫定性之力。積纍既久，造詣益熟，德器充粹，感召自孚。先生雖屢膺薦聘，未嘗一日輕立乎其位，以見之行。而孤風遠韻，上溢旁流，盡一世而傾仰之。使天下聞人學士，皆知向慕，敦崇正學，先生興起斯文，功豈小補？且其學專爲己，不易乎世，迅掃末學之習，挽回太朴之淳，絕意著述，不落言筌，嘗謂門人曰："孔子之道至矣，慎無畫蛇添足。"嗟乎！厥息淵矣，遂矣！然而酬論答問，微詞奧旨，或於詩文見之。

　　先生沒，門人篤信遺言，莫不畢錄，以鑱之梓，顧泛雜兼蓄，未就刪正；流傳要鈔，尚多闕略。栢暇日取《白沙子》各刻本，及於友人鍾景星氏得京中初刻讀之，竊窺先生之學之所以自得、之所以教人者，彙而輯之，□約倫次。凡詩之旨，可興可觀者，與當時名儒碩士篤信先生之言并附之焉，釐爲十卷，題曰《陳子言行錄》。夫掇拾緒餘，斷章摘句，非先生意也。獨念孤陋，藉是紳警，用比韋弦，且俾觀者論世考人，而知先生真實自得之學，守己明道之正，事親從兄之難，實感人動物之誠，出處辭受之則，泛應曲當之妙，皆可以式天下而法世後者。昔程叔子論著明道曰："學者之於道，知所向，然後知斯人之爲功；知所至，然後見斯名之稱情。"某於先生亦云。《詩》曰："高山仰止，景行行止。"予心嚮往舊矣。爰述其概，以俟同志。

《三水志》序

陶侯修《三水志》成，來徵予言爲叙。予讀之感焉。縣治肇自嘉靖丙戌，析南海、高要若干里，合而成邑。邑當二廣之衝，北自湞江，合武水而西；南自牂牁，合漓、鬱諸水而東；東距清海，泝石門，轉折而西，而南會於邑，是爲三水。兩藩鎮巡監司命使暨諸郡縣，百職❶島彝貢獻，皆取道出此，舟車罔晝夜，公私浮費，百倍他邑，即清遠、高要各直一路，民猶僂僂不支，矧惟三水？今城中鮮人居，寡貿易，生齒落莫，四墟廣曠❷，百凡餼饋，夫徒供億，率取辦鄉市，倍直而豫需，民滋不堪。西南胥江，素稱利藪，今索索然敝轉相遁逃，大兵經臨瀕河，民無寧宇。邑南境故俗，崇樸修讓，習勤力本，無奇衺告訐習，諸邑弗如也。至於嚴內外，秩尊卑，謹婚禮，重祀祭，睦宗鄰，敦里約，予行游四方，四方弗如也。乃亦稍稍變易，傚澆踵訛，此何故也？吾聞長人者，厚生導俗，顧以迎❸送趨承，需奉弭愆，逭詬不暇，又奚民之能恤。故建邑且四十年，更十數令，未聞循聲顯擢，豈時盡使然哉？要必有分任其咎者。侯當吾民憔悴之極，饑饉師旅薦仍，獨能嫗乳率育，心易政平，民是用依，而廉慎才敏，足以飭蠱集事，用是克當上意，而當道羣公，弘度并濟，不責苟小，甄別

---

❶ 職，《(嘉慶)三水縣志》作"官"。
❷ 四墟廣曠，《(嘉慶)三水縣志》作"四郊墟曠"。
❸ 迎，《(嘉慶)三水縣志》作"逆"。

優勵，侯益❶得以盡所事事，而又能以暇日❷率❸學宮子弟修邑志。

夫志，非學弗詳，非公弗覈，非才弗達，非時弗成。是志也，詳而覈，明而達，又得時以成之，非茲邑幸耶？而侯則自言曰："吾何人也？曷敢言志。然志者，籍也，籍其往以貽來也。猶之家焉，凡戶產經常之數，家之長必籍之，以詔子若孫。而吾忝茲土，當周知境內人民、土地之數。凡山川之形勝，封疆之險易，戶口之登耗，賦役之繁省，風俗之媺惡，教化之隆汙，治跡之失得，惟籍而記之，俾後之人有稽焉。民所未便者，思以生息而蕃殖之，勞來而安定之，利導而節縮之，匡翼而振作之，經理而整肅之。尺❹籍存，庶其布之上下，民有所利賴，蓋吾志也。若夫毀譽是非之事，則吾豈敢？然❺善善也，倘傳聞之混實，幽隱之未宣者，當俟後之君子。"嗟乎！侯用心勤矣，然予又有感焉。

夫志，識也，邑典也。是非予奪，世道攸繫，孟子有言："盡信《書》，則不如無《書》。"《武成》，周書也，且不可盡信，況其他乎？司馬氏世典周史，遷，良史才也，猶病其是非謬於聖人。後之好譏議人者，多以私臆繫❻賢否，其去遷也益遠。夫君子褒貶美賴❼，載筆於書，所以信今而示後，奚可以弗慎也。如其弗慎，雖郡乘弗傳，省志弗錄，豈爲邑侯詳覽博采，以屬諸生，必無弗慎者，而猶欿然有所俟。予因推侯志，識吾感以告夫後之君子。

---

❶ 益，《（嘉慶）三水縣志》作"蓋"。
❷ 日，《（嘉慶）三水縣志》作"自"。
❸ 率，《（嘉慶）三水縣志》作"率其"。
❹ 尺，《（嘉慶）三水縣志》作"夫"。
❺ 然，《（嘉慶）三水縣志》作"言"。
❻ 繫，《（嘉慶）三水縣志》作"繩"。
❼ 賴，《（嘉慶）三水縣志》作"刺"。

《兩廣疏議》序

是編也，吾廣督府自湖吳公疏議□□而者，□□□。闡精神心術之蘊，以達濟艱應變之才；明沖澹憂勤之志，以植開誠布公之體；際昌時同德之會，以成經略底定之勳，可以傳矣。公負文武重望，上用廷議，授以節鉞，來奠茲土。屬時，倭奴縱橫海堧，爲潮患。八年往矣，踵而至者復以萬計，而岩峒負固，不逞之夫，流患惠境，慘不忍聞。公奉命蒞梧，甫二旬，即移鎮嶺東，會柘林餒卒，脫巾嘯號，突至省外，上下震訌，茲蓋岌岌矣。公授諸將方略，遠邇後先，具有成畫。諸將奉命惟謹，匪茹倭彝，殲馘殆盡，泛水金□之捷，尤爲曠睹，而五端、葉茂諸酋相繼撲滅。踰月，戮叛兵於海上，數年醜類，一旦蕩平，千里祲氛，同時消息。吾民得出湯火，以就衽席，伊誰之賜？時即表置南頭，重將以控島彝；築省南外城，以固根本，惓惓爲廣人慮者甚備。

廣土僻在南服，生民疾苦，往往未得即達，達未必即行，行未必可績。蓋天下事變，多起於踈遠間隔之跡，而狃之以疑忌沮撓之私，人心憤恚，每生於猜嫌彼此之形。□歎夫事機倏忽之會，所以迄難有成。

公自參藩，已悉知嶺海形勢要害，而熟籌之。今茲之至，夙夜聾聾，出所素定者，發謀憲慮，動中機宜，凡所建置、所調度、所儲備，莫不據誠立馳，陳懇用是，克當上心。而廟謨裁決，如嚮斯答，中外同心，無少齟齬。其敷條於下，又皆根心之言，注意甄拔，表賢獎能，汲汲然惟恐不及，以故將佐莫敢不激奮戮力。且雅尚淡泊，供需百省往昔，至勵士卒，則超格而時賚。倏臨事機，頃刻立斷，井井然辨而理，繩繩然而莫之窮詰，乃中則翼翼然而不盈，隨在擎采容受，淵淵乎而不可涯涘。所以蘊展而才達，志定而體弘，意適而勳立。夫人中吉元茂，壯猷具在編中，故曰是理，民可以傳矣。雖然，式遏亂虐，功重當時；訐謨定命，澤垂後世。惟吾廣蟠亘匯浸，易爲盜藪，說者謂屯禦似爲得策。今膏壤曠野，隨在而是，誠虔要害相沃衍，以一二年征討之費，廣募強壯，恣其墾闢樹藝，俟居食稍定，比其什伍，使屯即兵、兵即農，足以坐制策勝，而免目兵調度之煩。窮陬下邑，令長牧佐，大半曠闕，即有，亦多由遠調謫垂暮之人。夫受人吊羊而使戕牛羊者爲之牧，《安望孳息疏》中所論劾者，已厪天息，而況復不止。此公受知主上，見重廟廊，言聽計從。及是時外采裏訂，凡可以終惠吾人者，懇請毅行之，以善後爲懷，則鴻功駿烈，備增編載，傳之不朽。惟公圖之！

　　先是，茲刻成，公走使山中命序。予以懶陋不文辭之。既而駐節五羊，復過而言曰："素知子不文，然知我莫若子。子終言之。"予故不揣而論著之，因附杞人之私如此云。

臺省奏議序

　　太宰□□張公,由督撫臺至天官尚書,聚所進奏議,郎署諸君刻成,請予序。余曰:君子經世理民,以才爲用,以位爲柄,以時爲會。才豫而用可利也,位專而志可行也,時至而業可成也。然有能有不能,則存乎人,繫乎遇也。嘗觀古今人際昌躋膴,顧多婾阿涊涊,敢於蠱政負時,不則委瑣縮朒無能爲,即爲又鮮中倫。軌高者騖超曠,崇論閎議,闊事情而蠢實用,卑則襲往架,惴惴罔爽尺寸,拘攣齱齵,不能變通以宜民。遇事喜直前,或鮮取裁,譸張侈大,忽遠慮以貽後艱。至言可翼績,乃□中溢度,夸耀示能,往往告成。若此者,局於才也。雋傑之士,弘抱康濟,會遭蹇否,睽違退遯,甘泯泯以終身。及遇明聖,言聽計行,顯敷弘業,澤被生民,聲施後世,則遇所遇者,時也。方今聖上,敬德日新,師禮大臣,而股肱輔理,夙夜旁求,彙登衆正,顯式耆舊,弘佐化樞。

　　前太宰少師楊公以疾懇去,難其代,廷議推數公,上請公預焉。帝心簡在,召自陪京,畀嗣是任。公感知遇,矢效心力,圖事揆策,與尚合志,相得其人,□老成凝重,敭歷中外,餘四十年,宦轍遍四方,所至多惠政。今觀茲刻,經圖戎民之務,綏奠節制之圖,險易淑慝之辨,進退用舍之宜,據事裁酌,求爲可行。不騖曠遠,事機得失皆以實聞;不餘覆罔,居常渾默,事至沉含獨鑒,與衆絕慮,人莫窺其際。故能深結上□,允濟時用,外比上從,得行其志,才以位顯,業與時成,世所希覯者,公以爲未也。間與予論《易》,至《泰》,《泰》言:"包荒,得尚於中行。"其旨遠，其詞文。孔子以光大一言蔽之，則何簡易也。天道貴剛，剛則明，而《易》眩用剛，貴中正，光大而不偏，九二陽德居中，率衆正，以承於五。絜吾心同然之矩，溥光明正大之施。休休有容，器使而不求備，明作有執，力任天下之重而不辭，毋朋比遐遺，以達大公一體之用，是知周萬物而道濟天下，所謂光大中行，其治《泰》固如此，此足言盛矣。而艱貞之戒，即繼之何？甫泰而遽憂也。平陂往復之機，相爲倚伏，君子安不忘危，治不忘亂，日中復隍之慮，恒警惕於豐亨太盛之時，是以綏祉元吉，而泰道可永保也。

公履昌顯，惓惓仰體德意，久任并用，諸疏酌羣議而上之，行至闕地，利厚民生，尤爲要論，擴是達之天下，嘉謨嘉猷，協保泰治於無疆者，公宜無所爲讓。予幸從公後，樂觀大成也。故序。

黎民仰《燕臺稿》序

余友黎民仰氏，兩官京師，得詩若干首，彙而名之曰《燕臺集》，出以示余，且徵序焉。余讀卒業，作而歎曰："噫！大雅之不作久矣，其在斯歟，其在斯歟！"國初，肇文明之運，風軌渾灝時，則有宋金華、王義烏諸公迭唱留都。而吾粵孫仲衍從而揚挖風雅，詩學遂開於嶺南。自是口經之士，率無暇工爲聲韻。宦遊四方者多以簿書期會，鞅掌風塵，諷詠之才，率少概見。惟民仰氏筮仕成均，擢京兆尹，仰觀帝京之偉壯，出陪冠蓋之勝遊，聲名文物，薈蔚彪炳，足以資其詞華，廣其聞見。又能篤學好古，優游厭飫於六經、子史、魏晉唐初諸大家，宜其詩之富麗，而無以窮其勝也。夫詩言志，又以窮其性情，志與情蓄之於內，而機復觸之於外。故觸時之機，而雨暘寒燠皆吾情之所有；觸境之機，而山川都邑皆吾情之所游；觸物之機，而禽魚草木皆吾情之所托。其賦物也工，而寄興也適，此民仰氏之得力於詩者也。昔平子研《京》十年，太冲練《都》一紀，比其出也，而洛陽爲之紙貴。負美盛於己者，不期於人，而人自傳之。斯集之宜行於遠也，可操左券而得矣。

卷之六 书

答項甌東論經權

承教經、權之論。伊川云："權只是經。"尊見以爲，此以心言□□□。朱子云："經、權亦當有辨。"尊見以爲此以事言，所言良是良是。又諭云："譬如走路至京師，經是大路，權是小路"，喻得恰好。然細思之，二路之別，猶是兩途。□□若伊川之說，尤見心事合一，只是一路爲精到也。夫道一而已矣，處常事而宜之之謂經，處變事而宜之之謂權。常變所遇之時不同，經權所處之理則一，□非聖人之精義利用，則不足以語權。故曰權□□□之妙用，若如尊見，以心跡分言經權，則是未行時有二，非達權者也。天下之道，中焉止矣。權者所以爲中之路也。故朱子曰："道之所貴者中，中之所貴者權。"權，稱錘也，輕重之順其則，變而通之，時而宜之之謂權。今夫父子，天性也。告而後娶，經也。舜於瞽瞍告則不得娶，父子之權變也。然以無後爲大，則娶爲合於中，不娶爲不合於中，而娶權之合於理，□堯檢□□□□□□，無所逃於天地間者，□湯武之於桀紂，君臣之變也。然以民爲貴，則順天應人之舉爲中，而潔己自隘者爲非中。故湯武之放伐，權也。君子諒其非富天下之心，理之中也。嫂叔授受不親，經也，嫂溺不援，是豺狼也，則援爲中，不援爲非中。故援之手者，權也，理之中也。由是觀之，權正所以適中，變□□□行而宜之，何有異道？然非精義入神，聖智兼全者，不足以與權。故夷齊之清，申生之恭，皆未足以語此。

答甌東論性

　　孟子道性善章，尊見說得甚出人意表，然愚不能無疑。尊見❶心性即人物之生意，甚是甚是。然謂生意落在清水五色土中，便和粹清明，物生出來便善；生意落在糞坑臭水中，便溷雜臭惡，物生出來便惡。以孟子之論性善，是矯世立教，要之未爲定論。如尊見，則是性有善有惡，不能同矣。愚請以古昔聖賢之言質之。《書》曰："惟皇上帝，降衷於下民，若有恒性。"《詩》曰："民之秉彝，好是懿德。"《禮》❷曰："人生而靜，天之性也。"《傳》❸曰："率性之謂道。"皆言性善也。《易》曰："成性存存，道義之門。"又曰："窮理盡性，以至於命。"此非孔子之言性耶？尊見以生意落在糞坑、清土之喻，則性是性，氣是氣，理氣爲二矣。《易》曰："一陰一陽之謂道。繼之者，善也。成之者，性也。"夫陰陽，氣也，而曰道，則是理氣無二也。安有生意［落在］❹氣質之謂耶？張子云："有天地之性，有氣質之性。"［則是二］❺之也，愚不敢以爲然也。夫孟子之言性善也，參之各❻往聖而皆合，質之後世而無疑。如此，則性有善而無惡，理氣一而無二，足徵矣。然人之有昏明、剛柔、厚薄，雜揉之不能❼

---

❶　見，《廣東文選》作"論以"。
❷　《禮》，《廣東文選》作"《記》"。
❸　《傳》，《廣東文選》作"《中庸》"。
❹　落在，據《廣東文選》補。
❺　則是二，據《廣東文選》補。
❻　各，《廣東文選》無。
❼　能，《廣東文選》無。

齊者，何也？性之善，理之一也。昏明❶、剛柔、厚薄、雜揉之不能齊者，分之殊也。氣是生生不已❷之機，理是生生無二之妙。理即氣，氣即理，分殊即合❸理一之中，一時并賦，無先後，無等待。夫物之不齊，物之情也。譬之磨焉，一時并運。然有全者，有截者，不能齊也，其實一米也。譬之植焉，同一生生，然幹有大者，有小者，不能齊也，其實一木焉❹。譬之陶焉，一時火候，然有全者，有窳者，不能齊也，其實一模也。觀於此，則孔子所謂習相遠之說，正自不能齊者言之。孟子性善之說，正自其至一者言之。孔孟之無以異也。然後知孔孟之言爲定論也，何也？瞽瞍至頑也，而卒至於允，若太甲至敗度也，亦圖惟厥終。《書》曰："克念作聖，罔念作狂。"性之善，可徵也。而尊論致疑於丹朱者，何也？［丹朱］❺傲也，或囿於習也。當堯之時，百官牛羊倉廩以事舜於畎畝之中，富貴易動也。丹朱爲天子，子安知［其不動］❻於富貴❼？其傲也，囿於習也。堯舜爲天子，得人子不肖乎己者，則不肯輕畀也。孔子曰："性相近也，習相遠也。唯上智與下愚不移。"所謂相遠者，就夫不能齊者言之，則夫至一之善可見矣。惟習然後相遠，則知習之不善者，非性之罪也。唯上智與下愚不移，上智生知安行，深造美大神聖❽之妙，以立大中至正之體❾，不易乎世，不成乎名，非世之所能移者。下愚自暴自棄，狃於卑污苟賤之行，甘爲人下而不辭，爲機變之巧，無所用其恥，沉酣陷溺，蔽固已深，悍頑罔覺，終其身而不知其習之不善者，是習之而不肯移，非性之不能移也。鄙見如斯，未知可否，再❿裁教。

---

❶ 昏明，《廣東文選》前有"而"。
❷ 已，《廣東文選》作"息"。
❸ 合，《廣東文選》作"在"。
❹ 焉，《廣東文選》作"也"。
❺ 丹朱，據《廣東文選》補。
❻ 其不動，據《廣東文選》補。
❼ 富貴，《廣東文選》作"貴富"。
❽ 神聖，《廣東文選》作"聖神"。
❾ 體，《廣東文選》作"極"。
❿ 再，《廣東文選》作"望再"。

與屠坪石司成

頃承翰教，正言稱：物實功致，曲存誠應，驗微發旨，趣卓在心，目奉誦真，不覺躍然喜、猛然省也。斯理充塞宇宙，善學者隨時隨地，無不是著察工夫。天地萬物，莫非吾體；公己□人，莫非吾性；慎感順應，莫非吾一；有孚發志，莫非吾誠；三千三百，莫非吾則。終日乾乾，反復乎道，揆度酬酢，條理曲當，是之謂格物之至。行有不慊，反諸其身，內省不疚，無惡於志，自致自成，自信自樂，是之謂正己之盡。斯理也，善學者能之，某非其人也，竊嘗從事於斯，合下向往，不容少待，不敢不勉，以負雅愛。

答王龍溪

得與□□□足仪，遂蓄彌高彌邵，大都謂此心全然放下，一休百休，方是本來面目，不著色相，此是結然要妙，蓋真令人脫灑。但語太涉玄幻，似有一件奇怪物事，學子不省識，却落揣摩，更覺不自得也。自得之言，如布帛菽粟，寒者可煖，饑者可飽。今觀之孔孟六經之旨，直是平易庸常，讀之一過便曉了，更不煩想索。公今蓋有得矣，望於此更融會意象，不落玄虛科坎，俾學子有所宗式，斯文益不孤矣。

與楊夢山少宰

人還祇聆教言，備承新得。夫善學者，工夫深造，直達本體，敬畏常存，脫然灑落。君子乾乾惕厲，見此天則，日著察則日活潑，日收斂則日廣大，日篤實則日光輝，根心生色，不言而喻，蓋所謂直內方外，不疑所行，反身而誠，樂莫大焉者。自非真積，曷能實際？公蓋有得於此矣。白沙先生所云："終日乾乾，只是收拾此而已。"得此欛柄入手，更有何事？隨時隨處，無不是這箇充塞，無不是這箇工夫，舞雩三三兩兩，正在勿忘勿助之間，便都是鳶飛魚躍。若無孟子工夫，驟而語之以□□□趣，一似說夢。近來友朋素歎禮卑之學，徒像知崇之見，無惑乎對塔說相輪，終非己有，高明以爲何如？

答魯中丞

某自總角，稍知向往，江村僻陋，無師友指承，日惟扃戶，取周程諸書，樂而玩之。弱冠，出會城，得所刻《白沙子》者，取而讀之，始知先生陽春養出端倪之言，既而益信，終日乾乾，只是收拾此而已。得此欛柄入手，更有何事？此理干涉至大，往古來今，上下四方，一齊貫串，隨時隨處，無不是這箇充塞。日用間種種應酬，宰幾愼感，無不是這箇工夫。先生之學，直是真積深造，乃見天則。不出日用物理之常，上達盡性至命之妙，猶《易》所謂"崇效天、卑法地"之學也。世所謂說，征逐虛名，□□實用，固無論。至於志士，則有勦襲聞見，各用其資之所近，以成意見之偏。騖智玄虛，則昧禮卑之實；刻意厲行，或歉知崇之精，故君子之道日鮮。周程以來，惟先生之學獨得其宗，誠來教所謂自周元公後，一人而已。某平生服膺宗依，實爲得力，茲聞公加意□□言行，則夙昔篤信斯學，蓋可知已。

與葉男兆

使至得書，叙及□家平安，喜甚喜甚。讀來翰議呈稿，直令人喜而不寐也。忠信行於蠻貊，至誠可貫金石，斯理也，恍在目前。賢友日見之行事，潛孚默感，俾負固不逞之夫，一旦羣遣子姓就學，願散兵歸農，請建縣治，入爲編民。不煩鉦鼓，坐定百十年未輯之黨，貽三省無疆之休，斯豈聲音笑貌能然哉！可見平日學力有益於實用也。喜而不寐者以此。吾廣山海多事者，亦因自昔疆理疎闊，法制難周，上敢縱恣，下易愚虐，寇每滋蔓以貽民患者，大都闕人整頓。昔人謂治廣以狹，蓋法政約束，易以遍及，即如三水、新安、大浦諸建置有足徵者。頃廣郡有華桂之議，翁源懇三華之遷，皆輿情所至，欲者所欲與聚，上人責也。三華鎮與贛相依，輔望執事，便力贊其成，蓋有待於兩廣軍門勘報也。役回附復，直率未備。

答趙汝泉中丞

南城晤對，深酌道真，逆旅逢知，愛媲骨肉，匆匆告別，倍切淵衷。昔人所謂君子之道，或出或處，或語或默。在廊廟則行乎廊廟，在山林則行乎山林，蓋非遠邇形跡所能間隔者。明公闡心上素蓄之經綸，握齊魯兵民之重宰，日見之行，而行所無事；順應以動，而動得其宜。豫德禮之神機，達政刑之妙用，說異化邦，一變至道。今日澤於東土，異日沛之四方，公固身其責，而心與力學，□才足以勝之。若某迂疎寡陋，林棲雲臥，夙態已諧，晚際明時，謬叨錄用，翻然晚出，亦欲少效平生。顧今老矣，力與志違，時不我與，得聞而請，幸遂所私，浩然東歸，釋玆形役，南山舊迳，松菊猶存，吾黨及門友朋具在，儻不自懈於幽居，能掖裁夫狂簡，庶幾哉！望雲不慙飛鳥，臨水不媿遊魚，內省寡愆，終日乾乾，不徒飽食，求所以不負知己，不敢不勉。高明何以教之？《易》曰："二人同心，其利斷金。同心之言，其臭如蘭。"蓋今日某與公之謂矣。漸遠光儀，神馳意任。

答龐惺菴

前月附吏布候，想已歷記室矣。茲復承翰教，□問情誼，稠腆祗拜，無任感悚。三復華械，惓惓以察時艱、舒民力，加意吾民至切也。願籌熟孚當，務爲畫一可久之規，從容默轉，次第舉行，使人不駭，日臻安順樂利之域，斯則士君子之妙用，與時套迥別，所以惠吾民者大矣。視某旅進素餐，空言無施，何益哉？曩承乏入閩，一時父老，不圖相愛至此，愚直樸衷，直使情意流通而已，何能大有作用，過辱獎與，念之爲媿。梓里文物，蹇否日甚，所爲於邑，不知如何，可培植挽回，惟明圖之。不肖徒懷是願，力不稱心，惟高明裁酌，轉於當道，毋徒使君子德愛之澤，獨覃他方，蘄於梓里。某不敏，矢力以贊，蓋不敢有所適莫也。

答劉凝齋督府

頃者復厓翰教，仰仞雅誼，何可言盡？明公壯猷遠略，計執渠酋於異域，克彰撻伐之威，擬建副將於南澳，用聯車輔之勢，所以擒出枒以絕禍源，控要害而貽經久，丕樹閩廣保障之勳，毋煩主上東南之慮。憲謀遠慮，繫中外安攘至計，望高明力成而慎圖之，匪惟海濱一方一時之私爾也。使者告行，謹狀附復，并致愚悃。

答趙寧宇

羅定之績，泛掃數百年氛祲，開拓千餘里疆土，非主議協謀，心志齊一，明斷兼資，曷能臻此？地方之幸也。昨閱善後疏議，詳確鑿鑿可行。廟堂嘉納允從，獨建縣一二事尚煩覆議者，蓋以事體關係久大，亦欲再集思廣益，度地相宜，以貽無疆計焉。爾想再至，即一一如議舉行，無凝滯矣。聞羅定裏面多平曠沃土，川原風氣，儘有翕聚佳處，據而邑之，則居集安定而生齒日繁，廣召墾種，則田里日闢而戶口漸盛。誠如疏議所云然者，其諸大小建置，具中機的，允爲石畫，無復遺慮。獨念彼中從古幽❶巖邃峒，不見天日，安知有漢官威儀，種類日繁，襲踵兇頑，逋浪之徒，又從而鼓煽之，以至滋蔓流毒，恣虐至如此極。故在今日，不得不盡薙薙之。然其中豈無良弱可哀矜者，乃崑岡之列❷，百類俱焚，古今君子，雖切一體哀傷之仁，難致玉石之辨，勢不得不如此也。今既幸一大痛創，泛掃而廓清之。乘此機會，正可以盡君子厚下矜遠之心，推本惻怛，以裁善後經久之計。竊念公素抱一體之學，且肩今日貽遠之寄者，當此樞局，想更惓切不容自已，望加軫念。百凡經久未盡事，宜細詢人情土俗，曲爲酌量裁成，大之州邑衞所，次之營寨村落，俱一一躬爲督覈。所司務使得宜，備盡招徠還集之術，其刃餘逋匿醜類，尚未有落著者，似宜分隸各營、寨、鄉落，俾與向化者雜居，計處田廬，得以安居樂業。而又擇其子弟之

---

❶ 幽，《嶺南文獻》作"崇"。
❷ 列，《嶺南文獻》作"烈"。

少敏可教者，聯之以社塾鄉校，延謹厚師儒教導而鼓動之，俾各敦肄習，日知方向❶，雖欲爲不善，不可得也。頃聞葉贛州黃鄉之舉，率用此道，自立縣治，三省接壤，藉之無復往昔之警，真長寧之上計也。公與葉君志同道合，相信素深，偶因及之，羅定大計，豈不肖所能懸度？夙抱桑梓之私，謬聞一體之教，不覺喋喋，亦諒高明見原。

答俞都閫

僕與足下雖不恒會，然心無日不在。足下下承遠使，翰惠存問，感荷感荷。尋常書尺，經目輒休，獨於足下書再四，不忍釋手，惓惓道百姓瘡痍，歉然恐無所補，欲下問於不肖，是虛己不溢，素誼真衷，具可想見。海邦多事，得借經畫，聞欽、廉事已平息，無任欣慰。又聞移鉞瓊崖，此尤不肖所至願者，參贊協議，得龍圖老子，如當百萬，鄙人復何爲助？然嘗聞之，曹武惠平定江南，自出師至凱旅，士衆畏服，秋毫莫犯，克城之日，兵不血刃。武惠自視欿然。捷至，太祖泣曰："攻戰之下，必有橫罹鋒鏑者。"命出米賑之。當是時，君不知以得地爲喜，將不知以克敵爲功，一念好生之仁，洋溢上下。夫黎亦人爾，原非樂爲變者，特以守土。若不才啟侮召釁，至有今日，巨兇大懟，負險深箐，未易薅薙，則所執馘俘報，豈能盡信耶？往歲之役，聞之寒心，今此方得足下爲丈人，此方之福也。首當計擒元惡，慎加玉石之辨。苟元惡既誅，宜停搜捕之師於疑似不決者，寧詘法以伸恩，此則天地好生之德，子孫世澤之慶也。事既平戢，則又宜深謀盡力，務定可久之策，一勞永逸也。瓊人纍世刀鑊之苦，毋使後之悲今，亦猶今之悲昔可也。文叔、漢臣二子，殊勳豈足足下讓耶？僕伏跡林莽，得爲太平耕作之民，志願足矣。奈屬時艱，往潦今旱，鄉里

---

❶ 方向，《嶺南文獻》作"向方"。

饑窘萬狀，又在處寇盜竊發村落，市里劫殺無忌，百姓真無安居寧食之日。廣郡爲嶺海根本，公私俱匱，隱然可憂，俛仰上下，誰可恃者？醫瘡刮肉，僅快目前，甚可畏也。桑梓情切，不覺喋喋，亦惟足下可以聞此言也。經略之暇，倘遇同心，聊一道及，俾得早爲南土根本之備，明者見微，足下其謂迂哉！興言至此，爲之哽咽，臨風遙布，曷勝傾想。

貽廣中諸友

嘉靖乙巳六月

　　六月六日，奉旨拏械赴京，目下拘攣以待矣。栢一也蠢愚迂直，上無補國家之事，內徒煩父母之憂。長途桎梏，冒暑兼程，一身譴咎，實所甘心獲罪，於天無所禱，自作之孽不可逭，事已至此，安適順受，臨事就縛，方寸定靜，不自擾亂，強倍飲食。學《易》以行，素於患難，無所悔尤。平生學問至此，頗覺得力。特念老親在堂，忽聞賤子惡報，憂悶煩蒸，甚難爲情，恐致疾病，則栢不孝之罪，終天莫贖。已爲書奉慰，特非言所能盡，敬煩尊執，素諒情誼，時賜枉顧，多方爲我安慰兩親，得保無恙，則栢雖萬里受苦，而憂親一念，可幸無虞。至於恤顧我後，照拂門衽，此則大人之高誼，鄙賤之控私也，幸望幸望。興言及此，情悰可想，解桎私布臨者，不任依依。

簡周訥溪

　　乙巳秋，得奉侍左右，朝夕領誨益甚多。且於難急間百凡垂懇周詳，同心之誼，固於膠漆，異姓之情，厚如骨肉。某荷恩先釋歸，對父母妻子言，未嘗不泣感也。一向棲遯樵林，天涯海澨，如坐井底，恐不深密，無從覓便，亦艱所託，遲遲我心，道阻且長，非敢忘之也。任君舊臘至，得領垂教，情真義腆，箴戒策勵，至諄至切，待故人遐邇一體之情。吾兄日進無疆之德，具可想見，已銘之座，在朝夕觀警矣，敢不祗服？惜前此陶尹，書不見至爾，任在此，俱得所依託，可免遠慮，相渠能達之也。聚問動定，浣慰已深，正議報候，傳聞恩命，兄得生還，相與傾歎忻忭，以兄一身，上繫國望，內切親懷，海內同歡，非但故人之私也。緬想歸寧日侍伯母老夫人，天倫樂事，忠孝兩全，學業臻極，知己之慶之祝，又當何如也？某處荒陬，獨學無朋，遂成孤陋，譬之孤根之木，生非其地，時而培灌，雖不偃仆，土磽力薄，求其參天拂漢之盛，不可得也。吾兄志本固而增益深，矧寧徽文獻，志士林立，日多親承，義重聚樂，日充日美，其能勿恤予陋耶？懷音夢想，昕夕爲勞，任子報遣，謹焚香肅楮，專託候問，短什素絲，少申遙悃，道遠心迫，瞻奉未涯，臨紙不覺惘惘。

奉泉翁

舊臘黃司訓持尊翰至，約舉祝聖雅會，以尊敬君上，以惇叙友誼，此古道也。名義甚正，懿德攸同，心心感召，孰敢不祗承？僕時色喜心傾，樂稱盛事，但某自乙巳蒙恩賜還，氓野足跡，不敢預士夫冠裳之列，以隨班行禮。歲時惟於外庭，稽首遙致華封之祝而已。今日之舉，惟願諸公同心一德，敬而行之，某觀厥成，志願足矣。

但條約讀數過，中有一二未安者，思欲請上，以既不預會，嫌於出位，又愚菲之見，不欲形之筆札，祈俟面請。今月五日，蒙惠茲刻，遍讀之，而前日所未安欲以請教者，復戚戚於心，溽暑路遠，未得面質，姑以墨卿為道。蓋此刻欲以傳遠，且頗有關涉，故不敢不盡其愚。元旦祝聖，禮之大者，祝後而宴，以敦友好，此則未安。元旦，一歲之始，時節最重，民生於三，事之如一，在君為君，在親為親，故自瞻天仰聖之後，亟當回家奉獻祖寢，拜慶父母，爰及尊卑長幼，以至於親友，此生人之大紀，天倫之樂事。今不先於祖考及親，而先於朋友，厚薄親疎之等紊矣，於心安乎？若先行家禮，而後赴會，則非所尊君矣。此尤不可。竊擬八月祝聖壽之日，各家無私禮，是日可以舉會。惟元旦則祝聖之後，宜各早回復家庭之禮，另擇春中一日以補斯會，似為穩當。築臺祝聖，以崇敬也。然以一人之私居，另有創立，羣鄉士大夫車馬駢集而至，稍涉駭異，殆有未安。昔者孔子致仕，吉月而朝，必於公門，未聞有另創立。今各省鄉士夫居城，遇元旦聖壽，多詣藩司或郡邑，隨班行禮，亦未聞有創建。若此者，某自丁酉在告，至癸卯俱赴藩司行禮，歲以爲常。前此諸公亦有同行者，未爲不可。此臣子居鄉之節，示有統也。

或者曰：今在會諸公，或以耄耋之年，出門難於步趨，或以京卿之尊，班次難於序立，則不若共詣光孝寺，習儀之所，上有萬歲儀位、香案，可因而行之，似有得體，此亦一說也。若不能出，則各就所居，擇崇潔處所者，設案行禮，此又一說也。序齒而坐，居鄉之禮是也。但坐又分賓主，亦所未安。祝聖，天下臣子之公禮，莫敢爲主。宴會，一城士夫之同，情則不宜專於所主。若值會治事，則以序輪直，所以均勞，非主之義，又不當獨煩三人，蓋此非一家之私禮也。故序坐，一以齒爲上，以敦厚也，席東西相向，不面南，慎餘敬也，有拘者別席，以避尊也，似爲正當。

此二三節所未安者，揆之衆論，僉以爲然，但未奉告。某於門下，忝有道愛之素，且不敢自外於一體相關之義，謹述衆說，聞於左右。《易》曰："君子以虛受人。"《詩》曰："詢於芻蕘。"此皆門下所宜優爲採擇，而更正之，似無難焉者。若高明必以爲有一定不易之見，而非淺學後生之所可及者，亦乞著示，以解羣惑，以惠後學，幸甚。

與三洲諸公止梁文川建生祠

　　文川昨送至鄉會劄子，某疢病中，未及詳看，然知其爲督府公立生祠事矣。督府公與某在昔爲同臺之雅，於今荷保障之臨，情誼倍切，豈不樂承？竊念此舉未爲不善，顧在今日，似有未然。自昔生祠之建，必出於國人之公，表思於既去之後。今不起於黎庶而倡於縉紳，不待於去思而急於蒞事數月之始，揆之時義則未愜，質之事體似有乖。況山海之寇彌布，戎旅之務孔殷，萬姓倒懸，尚未極解，四境氛祲，全未銷息。聞督府公昕夕殫慮，發謀經略，未遑寢食。吾黨爲士民之望，切杞人之憂，正當同心商確地方事宜，入告以助督府公早樹安攘之績，此上下遠近所欣心加額，思見其成者。顧未暇及，而汲汲於立祠，恐督府公亦非所樂聞。往者自湖吳公外城之建，舊年曾賊突犯省城，賴此保全數萬生靈，黃童白叟，莫不嘖嘖追慕。乃今生祠之建，踰時越歲，未有成議，何也？不肖孤纍纍衰絰之中，不當預言外事。然業有睹聞，不能恝然遂已。謹狀，竊請教門下，望再裁於郡中諸公，倘以某言爲然，可轉達文川暫止之，俟盜息民安，功成議定之後，似未爲晚。荒迷昧越，未知是否，乞裁教。

與冼學孔

癸未

　　自南過山顧，一餉即別，稍慰夙溫，更增新歉。川途修隔，無由數數會晤，以酬此生未完之責。俛仰念憶，耿耿不寐，朽生閒坐天山，時時玩《易》，儘不輕擲光陰。出則課耕，策杖松竹之林，看雲聽鳥，亦足爲樂。獨念習俗訛澆寥寥，此學無人整頓。舊時志友，零落已半，餘者亦多悠悠泛泛，出則隨世功名，居則詩酒和衆，求如曩昔訶林聚樂，切切偲偲，不可復得。顧望中，惟吾賢友與韋純顯、葉男兆、楊肖韓數君耳。葉、楊正在濟用之時，純顯嗜學績文，達之政事，似有可觀。近亦聞降間之報，想是時局不愜，早宜見幾也。歸來山中事業，取之無窮，用之不竭，無求於人，無待於外。若得三五同心，令不玩慢虛度，亦足爲吾道之助，惟賢友圖之。朽有《易義》，向純顯已詳閱數次，屢書欲梓。念《易說》乃因歐、韋勸令，隨日劄記，未知當否。須得一二志友再三訂析，務得至當，乃可入刻。敬欲俟賢友與韋君共圖之。

與趙寧宇臬憲

　　敝省以廣遠，前此疆理未周，風氣洩漏，保障疎闕，且習尚隘縮，自生嫌忌，是以來遊茲土，無惑乎玩易而莫爲之備，哀此下民莫之救恤也，非一朝一夕之故矣。即如會省近議，一改浚西濠，導彩虹隨龍之水，環抱城郭，以固風氣。一建立嘉桂縣治，聯五邑接壤，控制姦宄，以保障地方，此父老士庶百口同詞者。中間一二恐妨其所便者，頗遊揚其說，爲之陰撓，故先年西河垂舉而未成，嘉桂行勘而未覈，遂致沮閣。此必仗列位公祖明斷，方可擔任協贊，乃能底績。

　　昔年外城之議，自湖公祖采羣議，首及於僕，僕力贊之。時以濱河居積，巨家數姓，弗便其私，騰爲浮謗以沮撓之，賴自湖公祖灼見而專斷，是以成也。人至今德之，而波感於僕。僕平生無他能也，惟是衆所利賴，則願與達而成之，衆所怨惡，願與達而遠之，非有一毫自爲也。即新城內外，僕并無舖舍埠頭，今西郊嘉桂，僕亦無立錐之地。在此則所汲汲於成者，非自爲也。想衆皆能諒之，我列位公祖亦能察之也。僕今老矣，後來歲月，知復幾何？然身在世間，一息尚存，不容少懈。於此二事，以舊預議，士民所仰望於僕，僕實知其爲益地方而不可已者，謹并奉告於明臺，望諦聽留意。

　　昨得督府書，謂立縣、開河二事，藏之在心，因兵冗中，力有未遑，惟築壩一事，已權舉行。然所謂急則治標爾，未暇治本也，俟圖舉行開濬，若立縣已下所司勘議矣。苟有利於地方，不敢惜勞惜費，因循廢閣也云云。二日又得按院亦惓惓及此，謂待□征事竣，應朝者回，方可次第舉行。但又云建縣一事，司中以錢糧難措，及如嶺東已設普寧、長寧，而今士民紛紛欲議裁革，故欲稍詳議之，今業已更催促之矣云云。僕得一書，不啻揆璧，敢附奉聞左右，并再述膚見。嘉桂輿議，備刻不贅，然比之普寧、長寧，要僻萃渙，似大不侔，況嶺東自建二邑後，山路平靖，盜賊衰息，保障之類，亦可想見，其紛紛議裁之者，恐亦士民拘攣之見，計小費而遺大計爾。不然則土木未佳，未能安居，亦未可知。近常詢嶺東人士，則又甚賴此，何所見不同也，業已舉之，莫可廢也。至於嘉桂，則又萬萬愈此矣。備議稿附上，望賜詳覽，訂異日保障之功，當與新安同，而佳勝倍之，則又開此中人民百世之利也。

　　西河改浚，昔年曾陪滕少松公祖諸公遍行體踏，僉宜在打銅街第十舖廟邊隙地開通，全不動民居。前冬行時，又同鄉里陪郡邑諸公往看，則云第十舖似遠，改爲第九舖，僅拆小屋十餘間爾。近聞有主議在第七舖者，恐妨人家多至三四十間矣，似與原議未協。及舊年督府行文，在大觀橋內十餘丈築埧，□大河近，甚順便也。今聞在第七舖上下築塞，離大觀橋遠甚，舟楫出入俱至半途閣滯。且察其流泉，亦非完旋，大與原議未合。是以衆望開引上流，以濟不通，視之曩昔，尤爲緊要。伏望公祖詳與列位公祖質之，前後所議，務求至當。開浚上源，引華節彩虹之水，迤南而會太平濠，東抱城廓而出，庶風氣完固，舟楫利涉，始協原議。其開浚合用民田，乞詳行公佑，務照時價，分別等則給賞，或查新生沙坦，優爲處給稅畝，即此承補，是又簡而不費，順而不擾。冀一一查處，日即停妥。至於開浚工力，前督院屢有處金三千之說，今督府尤加意地方者，必更詳處也。近得惺菴公書，云曾面謁按院，首及此事，亦慨然能處千金，如是則田價公費，綽有餘裕。而況處給沙坦，則價與稅尤爲便易，此中事宜，敢煩公祖軫念地方，推僕梓抱委曲，詳對兩臺，歷爲區處，則二事告成，地方之幸，吾黨之慶也。僭恃知愛，不覺煩聒，伏冀垂情，早賜玉成，用答輿懇，謹啟。

復洋山凌制府

薦承翰教，惓惓軫念地方，兩省人士舉欣心加額，仰藉倚毗。羅定善後事宜，備閱疏議，已極周悉，足以貽遠。東西二邑之設，甚是喫緊要務，廟堂主議無不允協，獨此件更煩覆議者，亦以事體重大，不厭周慎意爾，俟再疏至，即依行，無少凝滯矣。四所之建，以豫異日添設縣治之基，更荷良工苦心。蓋治廣以狹，控制要害，疆理安集，計之久大者，想經督行覈勘，必得風氣融聚善地，庶可以阜蕃昌熾，培植元氣，以安善類，則妖祲邪氛，自然消息。惟此大務，方慶分理有人，贊承程矩，用對衆望，詎意監軍趙道條罹憂去，奉讀大疏，云"如失左右手"。某聞之殊增哽咽，寢食不寧者數日。及見會薦，李端州才猷夙著，則又恃爲慰，亟當祗承矣。遙想翁心，當此百務旁午，一段精神自流通於上下，遠邇無少闕匱，足覘忠誠體國，仁愛惠民至意。而又能念及省城改浚西河、建立嘉桂二事，勘議施措，具見大意，非素養靜定，抱負綽裕，曷能及此？惟此二端，極知言瀆非時，念久有昔議，向在都下時，梓里士夫已惓惓奉懇。

今春，近野菜峰諸君同來見促，謂某忝鄉望，宜導達輿論，不勝懇切。故於素心更戚戚不容自安焉者。衆會議稿，上瀆尊覽，特蒙賜答勤渠，且云更有利於地方，斷不敢惜費惜勞，因循廢閣。及云築坝一節，所謂急則治標爾，未暇治本也。斯言也，旨而遠，曲而中，三復躍然翔喜。故敢再附，又前奉憲檄下，行權築坝，謂在大觀橋內十餘丈築塞，庶近大海，以便搬坝，且使橋河之水長流廻合，方爲美利。今聞在裏面濠中斷塞，離大觀橋遠且數百丈，舟楫出入，半途又更滯閣。打銅街口大濠水又中斷，而內外分流，亦覺未爲迴抱，似與原行憲議未協。故今日所望，以開通彩虹、荔枝灣、半塘上流，以通舟楫，以引隨龍之水，使之源長而環合有情，則衆庶之望，視前此更爲緊要也。伏望亟行開復，以濟衆懇。此件昔年里中縉紳以僕曾陪郡邑諸公隨下體踏，已有成議。今滕總憲正身履其地，協主斯議者，及某前歲行時，復蒙郡邑諸君明約，再爲體踏，將欲有行，以西師大舉，未敢煩速。茲羅定奏捷，經理善後事宜已一一停妥，憲慮餘暇，似當及此。倘厪垂念，煩再諭知郡邑，詳覈開通會合水口所在，務求恊當及合用。民田處議，價口稅畝，一一商榷，周悉停妥，庶一舉事，衆善皆得，民庶永利賴之矣。至於嘉桂之議，已蒙施行，亦乞爲早賜玉成。至於錢糧，則暫借永豐折色羨金，足以濟事，是亦惠而不費也。此項曾竊與郡公來朝衆面商確，業已承應，但云不可爲例，恐後難繼也。希便間密以此意諭之，郡中當仰成也。極知煩聒，統乞鑒厚，幸幸。

與鄢少川

早承光顧，垂愛惓懇，繼復勞手書，感媿感媿。相贈以言，古今所稱美事，禮之所不可已者，況文宗張公甚過愛，兩弟忝在教育，情誼日真，郡博諸君又斯文相與，加之吾丈舊雅，三者皆所不可辭。但生自罪廢歸廬，抱痾杜門，於諸當道見顧，間有接迓。然一切報謁之禮，皆不敢往，應酬文字，學、記、志、序、碑、刻，間一爲之。至於送贈當道，則絕無所預，蓋語默動靜，不失其時，是之謂道。天山遯避野人，時義當如此，守此已十餘年。向可泉公行時，諸君亦以此見托，生以此辭之。蒙相見諒，吾丈相處已久，獨不察原鄙人耶？謹此奉復，幸早爲報達，庶別托之能者可也。草草未盡。

與支文宗

前日歸自江門，入城晉謁，兼承光顧，晤對從容，殊深浣慰。但未暇論及鄉賢名宦事體，邇年公論不明，各多冒濫，固宜汰其冗者。然必廣詢公論，稽於耆舊，覈其素履，以裁去取，庶於祀典協當，昭往貽來，俾益世教，庶非眇小。近聞各處遵奉，勘合通行，裁革同是，整率標準，不宜有所阿好，謬及匪人，誠美意也。但時遠世移，耆舊既往，新學無聞，取決後生，難免謬誤。頃至古岡，會諸耆彥詢黎秋坡名貞者故居，蓋新會國初偉人也。及有一二，皆邑名士也。聞一概汰之，衆論譁然異矣。

昨還省奉晤後，是晚與諸老友酌會，偶論及此事，衆皆起告，以東所張先生名詡者、堯山陳先生名激衷者、南海訓導名世浩者，閩人以名宦見汰，張、陳二先生以鄉賢見汰。李司訓古心古行，爲三學所推重，後陞餘干掌教。僕計偕道饒州時，特訪之，見其樸雅真實，足取也。至於張東所，自登第拜郎署，即疏歸，從白沙先生之學，端居邃養，數十年不詣公府，事親從兄之實，居家處鄉之宜，辭受取予之嚴，出處進退之正，皭然爲邦家光。□林見素，王陽明及當時撫按，如高三峰公韶、聶公賢，莫不表揚之。堯山起自寒微，弱冠讀書，至"修己以敬"章，註云："聰明睿知，皆由此出"，遂一主於敬，不設枕席者三年。比遊庠序，文宗章楳菴諸公頒其文行，爲十郡生徒式。莊渠魏公繼至，下學講書無當意者，至堯山講"思無邪"章，甚警切，時師生亟稱贊不輟。畢，延入尊經閣，待茶，云："吾以爲古人也，今何幸同堂。"莊渠銳志古禮，堯山力贊，其首重社學，佐成風教。後以一二子自尊大者，爲衆所排。堯山能先知卓見，悠然物表，盡釋羣疑。至事兄如父，終身隅坐，鄉舉宴錫銀物，悉歸於兄。四十喪偶，不再娶，篤學明志，安貧樂道，蓋私淑白沙而有得者。仕建寧見吾陳君讓修志，列名宦祀於學，今祀於鄉，通省庠序不可多得者。聞一概沙汰，未知起於何人，出自何意？

夫此數公者，祀不祀，何足加損？竊以斯文，抑揚風教，興替攸繫，緬維公祖主持十郡公論，特申衆悃，仰冀明臺再博羣議，稽覈素履，於張、陳、黎、李數公，特還舊祀，及通行各郡邑，慎酌去取，務協輿評。倘有差誤，不妨更正。庶振興斯文，風勵後學，誠於吾道有光，僭恃夙誼。謹奉質於高明，幸賜裁察。

謝冲宇顏先生

海內交遊中，稱明公實學懿履，爲斯道宗盟。某企慕久矣，竊以未遂論心質請爲平生歉。舊冬，蒙葉憲副轉致名製，爲拙稿光重。盥讀感媿交集。此稿乃閩徽二三友與吾鄉之舊遊者，掇拾於散逸之中，彙而梓之，迂劣之見，管窺蕘贅，大非作者。顧辱君子之章，獎與踰涯，悚息無任。中間點化提□，更明切懇至，三復仰□，精邃自得，迥出繩格。某不材，益勤就正私衷，獨念朽憊，不堪遠道，翹首四明，神馳意往，敬緣葉使蕭楮，附候興居，兼申謝悃，□縑侑緘。少寓遠情，非敢言禮，統冀道鑒，未宣。

又

馮令親轉致雲翰,絨巾名詞之惠,祇拜嘉貺,曷勝感戢!三復教言,道義淵衷,切磋藥石。昔謂同心斷金,言臭如蘭,幸今見之。某銘諸座右,以時觀警,獨念寡陋,總角學道,白首無成,時思益友,以翼不逮。海內同心如公,素切瞻依,欲一摳衣聚首請益而不可得。慈藉來教,謂千里心期,時時晤對,屋漏無忝,念念主翁,則端默即羹牆,萬里固同堂也。敢不矢勵慎修,求無負責成至意?行止卷舒平生,頗有成算,每慙薄劣,在昔叨竊,已踰涯分。今朽頹垂盡,更何能爲?蓋自解組歸來,已漠然如閒雲矣。學者到老,思善結裹,孔子加年學《易》,不見是而無悶,不易乎世,不成乎名,則又超於遯世之上者。而況以不完之行自反未必是,而人弗見是,尤爲猛省受益地也。晚年功課惟此,尚當進步,終日乾乾,一息尚存,不容少懈。庶幾無忝所生,惟望明公時時惠教,不會猶會也。馮使報便,肅布申覆,興居匆率,未備。

答黃彥博平南大令

近士人來自西粵,稱循聲藉甚,喜慰無量。山居闕使,無從致候,過承存問,辭貺情稠曷已。中藏郎官,上應列宿,日與蒼赤相覿,嘉謀美意,朝行而夕致之民。明道云:"一命之士,苟存心愛物,於人必有所濟。"此正賢友今日出身加民、生心發政時事也。"視民如傷"四字,當求不媿;

清、慎、勤三者，實爲居官衆妙之門。惟賢友勉之，出而臨民治事，入而事親從兄，天壤間至樂事也。老朽近以檢閱載籍，過勞目力，作熱畏明。今皆束之高閣，靜攝以俟平復，使旋布謝，兼致規益，瞶眊草草，惟鑒。

答劉素予論春王正月書

"春王正月"，曩時與沃泉鄧翁評論有說，筆之舊稿，失之久矣。今亦莫能詳爲記，臆大意謂：春即夏之春，正月即寅正月，書王者以春秋本於魯，魯國則稱公，此稱王者，示王朝大一統之義也。先輩云：以夏時冠周月者，決非孔子尊周之道，爲下不倍，訓已嚴矣。改月改時之說，尤爲無據，今亦不能一一詳記舊稿。大概古之帝主重登極，即位改名號，以一天下心志，易服色以新天下耳目，所以示大一統之正也。大概夏以正月登極紀元，商以十二月登極紀元，周以十一月登極紀元，三代不同。孔子參而酌之，以爲不如行夏之時以歲之首。春之端爲正也，亦猶冕與輅之言爾。至於時月，悉皆歸於唐虞，欽若敬授，以殷正四仲之舊，非真至夏爲然也。陰陽盈虛，四時迭興，循環不忒，後天而奉天時，一而已，何紛紛乎改易之辨？此意不肖看得久，以定若筆而衷之，茲未能也。容再圖之。

與司理魯公祖

伏蒙推念，建坊一事，僕自忖非時，控辭弗獲。日聞委官仰承德意，躬行體踏，已在大市街定基，擇吉興工。茲承明臺親臨俯賜，移出小市街口，以聳觀望，僕豈敢不承？但里人羣來山居，云大市街弘闊五丈餘，與衆門路不相妨。若移出小市賣花街，闊路僅二丈，須兩邊拆卸人居數間，乃可成址，立見勞□。視之大市街昨所定者，中正弘闊，不擾民居，大相逕庭。獨小市細民，下情難以上達，若僕則不敢以小大有間而慢易之也。夫闔境士庶，在明臺則爲同視之仁；桑梓鄉邦，在不肖當切一體之愛。是以寧懇辭止，庶不舍此而病彼。況年向順逆，方位休咎，亦古相察卜擇正理，說者謂今年東西向道順利，南北不宜作興。晚聞小市街東西居人羣，然唶嗟，慮家室生聚年辰，最忌北方，紛紛請待來年之說。僕聞益不自安，是以控辭以求停止。真衷彌切，可質神明。今承開諭，謹以衆情并申於明臺，仰冀早賜裁察。借重高車，再臨查審，原委舊樁，裁度至當，庶居鄰安妥，獲兩全而無害天時地利，集人和而咸宜，僕始敢承命以受成。如或遠煩更易，拆卸遷移，決不敢拜賜，以貽誚顢。俟裁示以遵作止，夜分具復，朽陋匆率統，祈慈鑒。

與羅山中

春端出城，待奉晤對，夙心夕慰。時以腹痛，憊亟還莊。居未罄宣展，貴邑羅山公後裔兆豐、昌齡輩暨諸生，連日冒雨衝坭過訪山中，備言通邑耆彦，僉呈羅山公特祠以崇報祀，業舉於邑，欲吾黨縉紳協成表揚，此義舉也。羅山識時知命，殫猷憲慮，竭忠勇以保鄉邦，奉版圖而歸真主，使嶺海免罹兵革之苦，保全萬姓之命，以勞定國，以捍大患，視之臨安錢王功勳，不啻過之。是時，聖祖錫命封伯，用章顯報，乃不再傳。彼後嗣被姻黨詿纍削爵，則後事也。與羅山完名大節，原無干玷，今止祀之鄉賢而無特祠，誠爲闕典，輿評士論，素稱歉嘆，今日之舉，甚愜公議，士民既已舉行，吾黨尤宜協贊。諸生以公爲邑望，欲公力爲倡率，或集鄉紳同詣諸當道，轉爲詳達，或聯名具書，申懇以玉成此舉。僕雖朽陋，亦當附驥，冀觀盛美。諸生守俟，力疾布楮。草率，惟鑒。

答滕少松中丞

　　臺旌之別五羊也，江津容與，少酌道真，媿不能操舟遠送，殊切歉悚。乃尊懷不以遐遺，度關北上，翰惠并臨，情深誼腆，且厪慎節精神之教，武公暮成之旨。某迂陋朽夫也，曷敢方駕先哲？然知己萬里之心，則既銘刻之矣。竊惟明公秉心塞淵，忠信孚感，三治廣土，士民翹慕，德政遠邇，前後如一日，斯民直道而行之，公於今見之。茲而入柄樞軸，日進無疆，吾道大行，膏澤弘沛，又非直廣人瞻企之私爾也，顒俟顒俟。頃者制府移鎮會省，兩獲瞻對，過承優禮，詢及《易說》，亟欲行梓。某辭以臆見，俟再口乃呈。諸所惓惓，皆推雅愛，見及便間爲道意聲謝，適原役來山居報，便立取回狀，謹布附謝，并致候衷。匆率，冀鑒。

答戴梧臺

　　戊寅夏，舟過章江，承悟款周至，銘感中藏。別計八餘載，林居朽僻，無從致候。日冀敷歷，樹績丕聲，爲鄉邦知己光重，顧以持正，不諧時局，直道難容，自昔稱歎。然士君子樂行憂違，自信自樂，何足加損？耕莘釣渭，不失故吾，仰事俯教，日乾夕惕，莫匪進修之益。獨念韶光易邁，空谷寡音，師友寥寥，孑立寡助，非尚友千古，曷能有成？惟賢者勉之。出而未究大用，係乎遇也。居而守先生之道，以待後之學者存乎己也，惟賢者勉之。入秋涼爽，仙舟倘出會城，能過南山，溫話夙昔，訂析疑義，共進斯道，此非時與□之所能禦也，顒企顒企。何生道思，過山居承華翰，披布道真，深感雅誼。且惓惓表章羅山公祀典，甚盛心也。羅山公殫忠憲慮，保境安民，畏天知命，識高千古，功德在南越，徽猷勒鼎彝，視前代竇、錢，媲美嗣輝。乃今省少，竟無專祠，匪祀典弗彰，而兩廣士民，懷恩報德之心，寥曠匪酬。僕昔與當道一二知己，曾致竊歎，竟以吾鄉士紳未得畫一會達，茲得賢丈，首念及此，此不但一邑一姓之私也，通省士庶老稚，何莫不然？聞貴邑耆彥已僉呈，又得賢丈懇之，邑侯既已通詳，此機會時宜之所曁也。俟行勘之日，敬煩道從出會城，通約省郡士夫，爲之詳訂道達，事必有濟。如是則國家崇功報德之典，庶乎不墜；兩廣衣被表章之恩，亦藉少申。吾省同心，義舉之正，咸得之矣。道真行速，謹布邍衷，餘俟面晤始悉。臨楮神馳，曷勝耿耿。

曲江縣改修學記

嶺南文獻之盛，前代蓋稱曲江云。古今人謂南人入相，自唐張公九齡始，天下稱曲江公而不名。余襄公靖仕宋，爲慶曆名臣，二公家世咸顯赫，列姓濟美，蒸蒸然與中州埒。顧今文物厄塞且二百年，豈人事氣機，汙隆否泰，有相爲感召者耶？諸生則以爲學校賢士所關，學圮教湮，士習以怠，故恒汲汲以改學爲首事。

按邑學，宋時在城東南隅，元人修之，我朝天順間復修之。弘治十三年，郡守蔣欽遷於府治東，湫隘且圮，前兵憲劉公穩欲改修未果。邇貴陽李公渭來守是邦，政通人和，百廢具舉。且以興起斯文爲任，諸生得以請，公曰："吾責也。"偕其佐熊君曉、王君嘉會、番君承惠，暨邑尹王子繼芳及鄉縉紳清江令黃子成，登陟原巘，至於帽峰山麓，觀其流泉下有鳳凰池，淵澄可鑑，蓮峰當其前，湞江武溪合流於城南。公顧瞻曰："休哉！天光發新，地靈啟秘，高朗清曠，無以踰此。"僉謀既同，請於撫按、督學諸公，咸報可。乃易學宮及明經書院舊址，得金六百有奇，外此皆公與王尹捐措，不以擾民。諏吉定度，鳩工集材，以隆慶己巳十二月□日經始，俾縣丞葉朝鎮、主簿梁柱芳董其役，庠生龔祚、卞漳，耆民周杞侯，繼統贊之。學之制，若大成殿，若左右廡，若戟門，若靈星門，若明倫堂，若兩齋，若啟聖祠，若敬一亭，若息虛亭，咸鼎而新焉，堊而級焉，而隅焉，榮焉，序焉，備矣。

明年□月□日告成事，公率僚屬師生謁焉。入門及堦，曰："禮，門也。義，路也。君子所履，小人所視。"禮成，歷階而進，瞻視廟廡，曰："羹墻如見，誦詩讀書，論世考人，是尚友也。"降階，自右廡入，西行數十步，爲明倫堂，升焉，曰："學，所以明人倫也。登斯堂也，容有不慈、不孝、不友、不悌、不忠、不信者乎？得無惕然訟、翻然改乎？"語罷，人人瞿然省懼，弗若於訓。由堂後而東，禮啟聖祠，謁敬一亭，曰："一者，中也。敬所以精，而執之君子，莊敬日強，德惟一，動罔不吉。"縱觀齋舍，至息虛亭，曰："君子之於學也，藏焉、修焉、息焉、游焉，讀書窮理，皆敬一事。若徒汩沒口耳，則以書博利，雖多奚爲？白沙陳子有言：'爲學，當求諸心，以虛明靜，一爲之主。'讀古人書，庶有契合，不爲影響依附，以陷於狗外自欺之弊，此心學法門也。人心與太虛體同，常虛常明，常感常寂，惟不知止，而蔽於物則不虛。善學者不物，物而知所息，息其所息，不息其息，虛自生生。周子言：'學以一爲要。'一者，無欲也。無欲則靜虛動直。陳子言學以虛爲本，致虛之以立本也。戒懼以閑之，以致虛也。二子皆學孔子而有得者，故言旨而盡。諸生學周陳之學以造聖門之奧，行張余之志以達三代之英，則曲江令聞，播於無極。苟徒希世榮，怙寵利忍，負人國家者，匪惟貽誚吾黨，山川且羞之。"諸生唯唯，既而請曰："名言在茲，盍記？"諸公然之，遣諸生來徵予言。未幾，公晉貳廣臬，過申前請，復命諸生以復。諸生歷述公言，爰次爲記。

梅嶺重修曲江張公祠記

　　梅嶺重修曲江公祠者何？重報也，勸也。初，嶺路未闢，廣人皆取道樂昌、連陽而入，水陸紆僻，山復層巒絕壁，鳥道巉嵲，行者病之。開元四年，公爲左拾遺，上議奉命涖茲土，履險相宜，殫慮布畫。於是鑿重關爲周行，車馬駢達，風氣流通，實嶺海內外無疆之休。夫公之治嶺也，猶禹之治水也。因勢利導，不自爲能。昔人覩河洛曰：「微禹，吾其魚乎？」至今嶺路之行，思公之功而不忘者，以公之利民遠也。公祠建於元人，迨我明，嘗修之，歲久漫漶不治，日就傾圮。

　　嘉靖甲辰，公仲弟殿中公裔孫惠安淨峰公奉命總督南土，過謁，愀然曰：「守土之責也，欲新之。」乃爲文以告。明年，郡侯某以其事白淨峰公，可之，又曰：「顓臺某公某、按院某公某，暨守巡某公某、某公某，咸可之。」於是經土理財，考度定制，圮者興，敝者易，堂宇門廡，赫爲具瞻，過者樂而觀之。是役也，董厥事者某某，相厥成者某某，工肇自丙午夏，越丁未仲冬落成。

　　周侯某[與其]❶貳張子某，將淨峰公命，俾予記之。某，公鄉人也，素仰公，義不當辭，爲之言曰：公爲唐代名臣，文章相業炳耀史冊，如抑守珪之濫賞，罷仙客之實封，上《千秋金鑑錄》，其風謇諤，爲大臣典謨。其最重而難者，則寢惠妃之謀，比貴妃之請，國本賴以不搖。至於請誅祿山，以絕後患，憂深言切，惜明皇不悟，遂至乘輿播遷，四海受毒，雖曲

---

❶ 與其，據《（乾隆）保昌縣志》補。

江上祭，亦已晚矣。公之卓見忠藎，繫國家安危類如此。及以直道見黜，安義達命，不少介戚。若公者，孔子所謂大臣以道事君，不可則止者也。庾嶺介江廣要津，四方之學者往來於茲，謁公祠、瞻遺像。志摛藻者，仰其文章；事功烈者，慕其相業；尚操節者，思其風度；安社稷者，鑒其先❶識；以直道見斥者，慰其安義；以奸邪被逐者，懼其靈耿。仁者淑其利澤，貪夫愧其穢跡。是祠之建，實所以昭報勸而廣風教也。《詩》曰："周道如砥，其直如矢。君子所履，小人所視。"信乎！公之道，宜於天下後世矣。是爲記。

---

❶ 底本衍"誠"字，據《(乾隆)保昌縣志》刪。

督府吳公生祠記

生祠非古也，萃輿情之公，而定於去思之後，則揆諸義而協，雖古未之有，可以義起者也。夫義隸於情，情生乎感，有感則有思，有思則有報。故祠也者，所以永思而崇報，示不忘也。廣省南新城太平門內有督府吳公生祠者，蓋以義起者也。

會城外環海而居，櫛比鱗次，士庶耆穉，何啻數十萬？四方避地流寓，與遠商大賈衣食於此者，又不下數萬。物產所宜，及番舶珍奇居聚於此者，又不知其幾千百萬。自倭入犯江南，垂涎此土，眈眈虎視，已非朝夕。往曾翔駛西指，幸颶大作，輒為壓溺，天意海靈，不無有在，然人心洶洶訾懼矣。嘉請甲子，柘林戍卒索餉，突至省南，□□得處，率眾三人，上下震驚，訌然束手。城外居人奔徙入城，踣仆躪蹂，斃者無算。公時駐節嶺東，聞報亟移檄撫諭，渙散黨與，執其渠魁，戮之海上，還鎮會城，集縉紳父老圖經遠計。時議者欲於沿河樹木柵，以防衝突。公曰："徒費無益，孰若一勞永逸，以貽久安？吾於其外城之，若何？"士夫國人之有識者贊曰："可。"於是商於按院。我渡陳公某，青田陳公某，暨藩臬諸大夫議既定，指授方略，俾廣守莫君某、番禺滕侯某率其佐屬經理其事。東自永安門迤南，而西至太平門，為城一千一百丈有奇，高二丈二尺，厚一丈八尺，櫓樓敵臺若干座，大門四，以便車馬，小門若干，以便貿易，東西水門二，以通舟楫。審地定度，鳩工集材，百爾具備，均而且節，選委分督，不敢懈忽。不數月而長城數里，截然鞏固。

隆慶丁卯，公推佐本兵還朝，戊辰六月，渠城曾一本煽虐海壖，黨類滋蔓。彼時總將馭備失策，賊糾衆尾其後，直犯省下河以南及新城外東西，無不橫罹荼毒，獨新城完，得保數萬室廬，以生百萬生靈之命。賊去，於是居人士女，欣欣然舉手加額，曰："微公，吾屬其枕籍干戈，將靡孑遺矣。今日得安全以保有室家者，非公賜耶？"流寓羣衆則相謂曰："吾屬避地趨安，微公則如水益深，胥溺何援？今日得爰居爰處者，非公賜耶？"市而賈者則曰："吾屬辭父母妻子，遠涉利途，微公則死且無歸矣。今日幸生存，得保所有者，非公賜耶？"於是相率捐資拓地，建立祠宇，爲堂、爲室、爲門各若干楹。垣廡緝緝，徐楷翼翼，襜襜然備矣。肖公像中居之，春秋伏蠟，挈壺潔藻，祇修謁薦。既而復相謂曰："祠成矣，不可無記述，以垂不朽，然必於達古而不苟於詞者。"父老相率來謁，謂予首力贊議，以成斯役，宜有言。某以不文辭，衆申請益恭，遂言之，以識吾感。

　　夫庸衆之人，可與樂成，難與謀始，自昔記之矣。明於慮患，而思以預防，視人猶己，而恫切一體，是之謂有方之民；作率趨和，協力圖成，是之謂易使之民；漫無可否，而因人成事，是之謂惷愚之民；瞰便則奪，見利則趨，幸災樂禍，陽合陰離，以僨人之事，是之謂徂儉之民。惷而愚者易動，徂而儉者難馴，恒情則然也。昔公之訪斯議於予也，罔利之雄，倡爲游謗，羣口附和，危惑衆聽。公申詞戒衆："我爲汝東人造福，築城飭障，保我黎民，吾責也。有沮撓者，按以法。"乃議定而事集。戊辰之變，捍災禦患，黃童白髮，感喟今昔，德公弗口，曩之挾疑而危動人者，帖然媿服，而亦莫不思附驥奔之列。噫嘻！兹祠之所由建，所謂揆諸義而協者也。予以是而知人心之天定，而君子之所爲，非庸衆人所識也。故樂爲記之，以貽來者。

重修翰林院檢討白沙陳先生祠記

白沙先生生都會里，里俗悍。先生長，遷白沙小廬山下，築春陽臺、碧玉樓，奉太夫人居之。先生篤志聖學，德成道尊，天下學者稱爲"白沙先生"。東西使節，取道進謁。觀風者欲於居南建道德坊，以風來學。先生止不可，乃改創爲嘉會樓，今巋然屹於江門之濱，過者必式。

萬曆辛巳冬，維栢泛舟江門，謁先生居里，偕陳子吾德行釋奠禮，其孫觀光奉遺像，設位爲祭，禮成，歷觀舊廬臺，鞠爲草莽，樓半欹圮，摳躓凜凜，不能安履，遲回久之。大令袁侯奎至自邑，相對太息，有改創之議。壬午春，制府臨武劉公堯誨，遺金五十，議遂決。陳子吾德暨邑博蕭子端升、馬子堪、郝子翀，各捐金來助。越歲，莆陽郭公應聘蒞鎮，以諸生之請檄邑，從宜措處，務底厥成，爲文遣官祭之。於是袁侯得以行其議，捐官田若干畝，計直若干金，召巨室出資，董厥役而歸之田。應之者乃先生門人聶某之孫某，矢志殫力，以隆茲創，拓樓後隙地，建於上爲碧玉樓。樓前接簷爲堂三楹，祀其先公與太夫人，扁曰"貞節存制"也。中建祠三楹，曰"崇正堂"，以祀先生。四方學子，謁奠咸在此。祠前爲堂，亦三楹，賓客告虔式燕，亦咸在此，扁曰"春陽堂"。之前爲門，扁曰"聖代真儒"，志實也。告成，袁侯致書山中，質言爲記。

予曰："維栢責也。"栢自羈貫，稍知正學，杜肩讀書，篤信李延平默坐澄心、體認天理之旨，夙夜端省，弗敢有懈。踰二年，出就省試；計偕，至京師，取友天下。祇見侈談玄虛，依傍光景，覘其行，類多不掩，同心觀磨鮮當意者。疏歸西樵山中，與一二同志静修討論，時諷詠先生詩教，渢渢乎有曠世同然之感。及得《白沙子》與京中初稿，参玩要旨，窮竟先生之學。

先生嘗自言曰："僕年貳十七，始發憤從吳聘君游，然未知入處。比歸白沙，杜門不出，專求所以用力之方，既無師友指引，惟日靠書冊尋之，纍年而未有得。於是舍繁求約，静坐久之，然後見心體隱然呈露，日用應酬，各有頭緒，來歷如水之有源委，始渙然自信爲作聖之功。"既而又曰："道無動静也，無將迎，無內外。苟欲静，即非静矣。善學者主於静，以觀動之所本；察於用，以觀體之所存。動静周流，體用一致，默而識之，而吾日用所出，固浩浩其無窮也。故曰：藏而後發，明其幾矣；形而斯存，道在我矣。"此先生學力功案，與時偕進，真積充實，馴致光大，歷可覩述如此。栢得於私淑，而終身服膺之者，惟先生爲得力。

程叔子有言："孟子沒，千載無真儒。"慨自漢唐、晉魏以來，訓詁支離，溺於影響；清談頓悟，淪於虛無；見解搜玄，競肆幻弄；詞章踵陋，何異俳優？入宋，理學大明，濂洛關閩諸儒并起，其間尚有不免各守師說，狗於角勝之私；躬勵局持，昧於自得之妙；高曠不疑，多歉允蹈之實；易簡直截，未底涵造之純。求其智崇禮卑，下學上達，致廣大而盡精微，極高明而道中庸，蓋自濂溪、明道以來，惟先生獨得其宗。是故由先生致虛立本之教，以深造動静合一之妙，過則聖，及則賢，不及亦不失爲令名，是在吾同志；法先生事親從兄之實，以致謹於家庭宗族之間，則可以稱孝稱弟，是在其後昆；薰先生樂易溫良之德，以敦睦於黨里，是在其鄉人；道德齊禮，平政明刑，迪民知方，以崇絃歌之化，是在良牧；作率匡翼，長善救失，以崇成人之美，是在明師。矢自今生於斯，居於斯，游於斯，仕於斯，學於斯，各思奮起於先生之後，庶乎崇重之道有在也。

新興文昌橋碑

　　新興，古端奥邑，僻在萬山中。然川岳清淑之氣，自昔間出偉人，土著號蕃庶，民物康阜，乃後不然。民疲於供億，劫於侵漁，盜賊虎豹，彌布山谷，兵師頻仍，訟獄❶繁興，故士庶❷無定業，民鮮寧宇，逋逃四出，戶口衰耗，其故已非朝夕矣。隆慶壬申歲，全豁王君以名進士出宰廣寧，賢聲旁達，監司上［請改］❸牧興邑。侯至踰年，政通人和，百廢具舉。邑東北故有橋，圮而弗復❹者三百餘禩，涉者苦之。侯往視，喟然曰："橋梁濟通，周官所先；觀其流泉，詩人所重。矧茲爲恩、陽、高、廉孔道，且邑水所出，非橋則關欄空曠，流直而駛，堪輿家以爲大忌。吾牧茲土，容❺緩視耶？"遂因士民之請❻，鳩工集材，捐俸金❼以爲士民倡。士民踴躍爭先，輸資協力。萬曆元年孟冬，肇工架木爲楹閣以祀神❽，更名文昌。茲役也，費力浩鉅，且當衆流之衝，一雨輒溢，工難以日月計。是年十月弗雨，至明年四月乃雨。一鼓而事集，勿亟而子來。往興邑取石，必於廣之西

---

❶ 訟獄，《（崇禎）肇慶府志》作"獄訟"。
❷ 庶，《（崇禎）肇慶府志》無。
❸ 請改，據《（崇禎）肇慶府志》補。
❹ 復，《（崇禎）肇慶府志》作"獲"。
❺ 容，《（崇禎）肇慶府志》作"忍"。
❻ 請，《（崇禎）肇慶府志》後有"審度定式"。
❼ 捐俸金，《（崇禎）肇慶府志》作"自捐俸金若干"。
❽ 萬曆元年孟冬肇工架木爲楹閣以祀神，《（崇禎）肇慶府志》作"萬曆元年，以十月二十三日肇工，於是爲墩者十，爲崇堤者二，爲醮水門者十有二。墩之上，架木爲屋楹三十有六間，中有閣以祀神，扶欄具備，巖然鞏固"。

樵，遠數百里，費漫不貲，侯召工問曰："邑境羣山中豈無石可采者？"一工告以去邑十里，有尖石可用。命取之，皆堅珉，遂用之，事省而工倍。人謀孔臧，天心默相，不❶數月而告成，於是❷往者、來者、行者、遊者、農者、商者、老者❸、稚者、徒而跣者、車而興❹者，由弗病涉，履若坦途。且交鎖會流，悠洋留顧❺，風氣還萃，茲邑之興，厥昌且❻熾。邑人士舉欣欣然交口頌侯功。諸生❼以鄉縉紳書，偕❽諸耆英造予，徵言勒❾石，以垂不朽。予時伏疾孔懷，未有復也。

踰數月，諸生偕父老復來，申請益懇。予進諸生問❿曰："公論出自庠序，斯民直道而行。世之善仕者得於左右，未必得之諸大夫；得之諸大夫，未必得之庠序之士；得之庠序之士，未必得之國人之衆。侯若此而豈徒哉？"諸生前而⓫言曰："侯篤志於學，故發之教，達之政，皆本諸其身。念興士⓬樸茂而⓭寡聞也，創⓮書院一區，以濂溪、陽明二公曾過化吾端，妥而祀之，日與⓯士夫庠序⓰，及民間⓱俊秀者羣聚於中，商析奧理⓲，月三課諸生經義，以豫制科之選，雖政務旁午，亦弗少輟。其嘉惠後學，惓惓不

---

❶ 不，《（崇禎）肇慶府志》前有"故"。
❷ 於是，《（崇禎）肇慶府志》後有"四方之人"。
❸ 老者，《（崇禎）肇慶府志》無。
❹ 興，《（崇禎）肇慶府志》作"輿"。
❺ 悠洋留顧，《（崇禎）肇慶府志》後有"培漓固洩"。
❻ 且，《（崇禎）肇慶府志》作"始"。
❼ 諸生，《（崇禎）肇慶府志》作"於是庠生劉梗、黎文惠、葉復元、趙良誼"。
❽ 偕，《（崇禎）肇慶府志》作"分"。
❾ 勒，《（崇禎）肇慶府志》後有"諸"。
❿ 問，《（崇禎）肇慶府志》前有"而"。
⓫ 而，《（崇禎）肇慶府志》無。
⓬ 士，《（崇禎）肇慶府志》作"之士"。
⓭ 而，《（崇禎）肇慶府志》後有"僻遜"。
⓮ 創，《（崇禎）肇慶府志》前有"請"。
⓯ 日與，《（崇禎）肇慶府志》後有"冠裳"。
⓰ 庠序，《（崇禎）肇慶府志》後有"之士"。
⓱ 民間，《（崇禎）肇慶府志》後有"之"。
⓲ 商析奧理，《（崇禎）肇慶府志》後有"以迪衆志"。

倦，故諸生翕然樂從之遊。邑有羣虎恣噛人，侯爲文詣神禱之，虎患遁息。峒賊流毒鄉❶落，侯命兵捕逐，且立砦以守，民藉安堵。民以同里逋負連纍流移者，侯清其稅籍，而還集者甚衆。至其端嚴明恕，祛姦剔蠹，禁兇保良，善政❷未易殫述。故闔境耄耋，舉手加額，謂百十年來，乃始此睹。"

予聞之，躍然喜曰："士君子❸知❹一體之學，以豫經世之才，然後可以通天下之志，以成天下之務。蓋❺天地萬物，莫非吾體。識得此體，雖❻責不在己，苟見天地萬物之不得其所，百職庶政之不得其理，猶皇皇然有不容恝然於心者，而況身其責者乎？責在則其心愈不容已❼。苟有濟於吾民，莫不殫思竭力，以盡其所當爲。乃世所謂善仕者，往往牽騖於法制❽之末，以從事於簿書❾之煩，苟且逭責，獵譽以便私圖，視民休戚，茫不相涉❿。予嘗以此概論今昔而深⓫歎之⓬。今⓭侯之振頹舉墜，祛蠹聚欲，汲汲然思以濟吾民，故一舉事而莫敢不順承，是之謂弘一體之學，以通天下之志，豫利用之機，以成天下之務。觀於今茲，而異時遠者大者可從推矣⓮。"予故樂道之，以告來者。

---

❶ 鄉，《(崇禎)肇慶府志》作"邨"。
❷ 善政，《(崇禎)肇慶府志》前有"諸所"。
❸ 士君子，《(崇禎)肇慶府志》前有"天下國家事必"。
❹ 知，《(崇禎)肇慶府志》作"弘"。
❺ 蓋，《(崇禎)肇慶府志》後有"宇宙內事，莫非吾分"。
❻ 雖，《(崇禎)肇慶府志》作"則雖"。
❼ 不容已，《(崇禎)肇慶府志》後有"故凡厝民上之寄，所隸疆域山川社稷人民，精神命脈疾痛疴養，默相流通，宣鬱導壅"。
❽ 法制，《(崇禎)肇慶府志》作"體勢法制"。
❾ 簿書，《(崇禎)肇慶府志》"簿書奔走"。
❿ 茫不相涉，《(崇禎)肇慶府志》後有"事蠱而弗飭，政瘵而滋甚，此民生所以日蹙也"。
⓫ 深，《(崇禎)肇慶府志》作"深惜"。
⓬ 之，《(崇禎)肇慶府志》作"之焉"。
⓭ 今，《(崇禎)肇慶府志》作"今觀"。
⓮ 可從推矣，《(崇禎)肇慶府志》後有"彼徒以制而愚斯民者能然哉"。

陳堯山先生傳

先生諱激衷，字元誠，號堯山。南海人也。少孤貧，出就外舅，業金工，客有見先生者，曰："此子狀貌非常，奚爲藝此？他日所就必大異人，科第餘事爾。"舅聞之，謂其伯氏，歸先生，遂得專志於學。時甫弱冠，書字多未識，伯氏每指授之。餘月，舅至，先生請曰："某於《書》，每句即要分解力行，苦不即解。"舅曰："《書》有集、傳，讀可解。"先生愈加奮發。齋居，設孔子先師神位，朝夕禮焉，恒計勤惰以自罰，或立或跪，託先師讓之曰："激衷，爾有某過，盍改諸？"深自刻苦，家人罕見其面，不設枕席者二年。倦則憑几少息，復起，明燈正衣冠而讀，常苦強記。因讀程伯子，聰明睿智，皆從此出，喜曰："得之矣！"自是動靜起居，一主於敬，故穎悟日開，豁然有得。其詩曰："聖賢有青編，屬我由來心。玩索徒以久，涉躐應難尋。駕航覺溟闊，騎驥疑山岑。求之必有要，反之在吾心。此志久以定，聖賢無古今。"每語人曰："須將《論語》熟玩力行，作聖之功在是矣。"後出，從師詹某，詹扣其學，大驚曰："聞子學未幾時，今若此，無以益子矣。"請辭。先生衣冠言動端嚴，同門憚之，或非笑之。時方仲子在列，曰："子所爲，乃古人之學，非吾輩所及。"方語其弟文襄公獻夫，最先加敬。後與古岡容貫、番禺何廷矩游，聞白沙之風，而志益奮勵。比游郡庠，督學章公拯以德行廬之，表其學，行於學政，頒爲十郡生徒式，藩臬有司自是咸重先生，憲副王公大用首禮於其廬。既則督學余公本下車命講，聞先生名，愕然曰："吾以爲古人也，何幸獲與一堂耶？"

甚加推重，考居上上。又督學魏公校涖學，說《書》無可意者。至先生說"《詩》三百一言以蔽之"章，公甚稱獎。遂與論極奧妙，喜溢顏色。講罷，延入尊經閣細論心性，輒以爲不可及，及考校，以德行居第一，賞其文曰："心學淵微，深造自得。"以老友稱之。尋佐公復古禮，興社學，郡邑弦歌，士風翕然丕振。

嘉靖壬午，領鄉薦，公命列郡生徒以師尊之，先生固辭，乃韜跡泉石，日與梁子賢、鍾子景星、劉子模游處。而樂昌駱子堯知亦時至。己丑，授建寧教諭，生徒常饋，一切却罷，而以身心之學、倫理之懿諄諄訓誨，士子多所興起。督學端峰邵公銳按邑庠，素聞先生名，殊禮重之。巡察雙江聶公豹按省，設五經書院成，聘先生主其事，至勸罷之。公與論學，大稱服，以上賓禮焉。未幾，陞國子監助教。時太宰某公昔憲廣，聞先生賢，召見之，偶以故不赴，憾之。至是陰使人以利試先生，先生不動，反加敬服。居國子數月，以病請改南。至姑蘇，復疏乞休。會謁雙江公，延論旬日，贈百金爲歸計，因之雷陽耕焉。先生志在食力，遭數奇，屢餒，窘益甚，遂歸五羊，居北圃，蓬門簞食，談道自樂。栢抱病在洛城里，得相與朝夕商確，多所裨益。

先生氣象溫恭，如楊休山立，其聲清越，鏗若金石，人聞其歌，莫不忘味。間製六虛琴，準古協度，以雷張自況。詩律江門雅趣，大書尤奇古，以究心字義。莊渠公著《六書精蘊》，時多問析。平居寡言笑，至與同心討論，則終日夕不倦。當有言曰："學者立志貴剛，觀之乾爲金，金百鍊斯純，純斯剛。吾人之學法天，非剛不可。"又曰："以吾心善念之微，敵百欲之攻，正如杯水勝車薪之火。苟非終日乾乾，顧諟警惕，惡能立而不變？故曰'尊德性而道問學'，惟尊則不屈於欲，然後無以尚，學以充之，成性存存，道義之門，易簡而天下之理得者蓋如此。"又曰："聖人之教，小處即是大處，淺處即是深處。故曰'下學而上達'，近而遠，隱而彰也。"或問先生曰："學患無師。"先生曰："天地萬物皆我師也。"或曰："此廢師之說。"他日質於莊渠公，公曰："物且師之，何謂廢師？"有疑先生不講學，先生曰："孔子教人爲學，未嘗徒講，其問思辨三者，盡歸篤行上收功，必真知實行，身心內外，無媿聖賢之所爲，乃謂之學。若徒事講說，雖日臻要妙，於身心何與？"大抵先生之學務自得，故志趣凝定，踐履篤實。年未四十，喪偶黎氏，矢心不再娶，事伯兄，終身隅坐。財帛不入私室，雖屢空，裕如也。嘗窘，售其居圃，文襄公乃出貲復之，以居先生。先生雖居圃，然終還其券。文襄公歎曰："固於介矣！"厥後，霍文敏公韜、巡大陳公大用、余公光，後先疏薦，洪公垣致禮表助，督學吳公鵬時過論難，錄其子鎡於學，以衣巾遺侍。時先生已家食，雖屏跡絕游，而見重於人人如此。

　　壬寅十月，先生同鄺子元禮、元陽、元樂，楊子佐，鄧子眕過予論學。至夜分，見先生神思頓減，咸訝之。別二日，先生病。予與數子往候，鄺子元樂診曰："先生病亟矣。"爲之召醫。越癸卯正月，予還朝，念厥後事，乃謀之巡院姚公虞，命有司以二十金助之。二月初十日，終於正寢。文襄公助之杉棺，遠近同志來賻贈者甚衆。然喪事實鄺氏兄弟綜理焉。予按閩，閱邵武乘，載先生宦跡甚悉。有司以祀名宦請，予可之。比歸，與諸同志議襄葬事，於是鄉先生湛公若水、倫公以諒、王公漸逵、李公翱、區公燦、李公文綱、冼公桂奇，各以禮來助，督學可泉葵公克廉，博采輿議，敦祀於鄉賢祠，表勸也。劉子模、鄺子元樂各爲序說，以識先生學行之詳，栢則本而爲傳云。

中離薛君傳

君諱侃，字尚謙，潮揭陽人也。號介軒，後結茅中離山，學者稱爲中離先生。幼穎邁有志，年十九補弟子員，侍讓齋公疾，克孝。比棄養，哀毀盡禮，人皆稱之。庚午舉於鄉，甲戌赴南宮，不第。聞陽明先生講學，往師焉。丁丑登進士，自諗曰：「吾斯未信，奚以仕爲？」丐歸，再侍陽明先生於虔。潮士學未知要，君歸與楊子士鳴兄弟講明於金山之麓，士多信從。辛巳還京，授行人，奉使湖南。事竣，聞太宜人訃，殞絕，復蘇。五日始食，襄事墓側，晝夜匪懈。起復入京，適陽明公訃至，爲位興隆寺，率同志數十人朝夕哭焉。求使山東，暇即王氏家經理其事，遂自越反魯，謁孔孟廟，集多士大會於嶧山，刻講義以紀其盛。尋轉司祠，再遷司正，疏請陸象山、陳白沙入祀廟庭，制從象山。又疏復舊章，早定皇儲，詔逮廷鞫，時當道者頤指羅織，刻求主使。君對曰：「爲臣盡忠，舊典可復，則宜上陳平生所學，何事奚待主使？」又曰：「明有君父，幽有鬼神，首可斷，心不可欺，百折不回。」聞者壯之，直道事人，威武不能屈，誠丈夫哉！

既免，歸山中，日與士友講習。既而率諸士白當道，立祠宗山，以祀陽明，崇勸也。江浙諸友寓書期會，君欣然命駕至。安成鄒子守益、吉水羅子洪先，留爲青原會長。旬月入浙，居天真，萃集同志，式敦師訓，以廣教思，使學者不惑於良知之旨，君之力也。返遊羅浮，久且四年。東莞善士劉某創玉壺精舍居之，命子某學焉。惠州聞風質業，大有興起。乙巳秋還潮，冬以疾終於家。著《研幾錄》《圖書質疑》行於世。

君性簡嚴，見善必爲，不顧非議，念昆季子姓顯盛，迪規立訓，以戒族黨，建祠增田，以崇報先。立鄉約，表節義以勵風俗。其諸橋梁河道閼蔽墜湮，凡可以興利而惠其鄉者，罔不殫慮盡力，以底於成，人以此德之。晚益涵造弘邃，充然有得，發揚宗旨，根底要理。學陽明而得其宗者，君數人而已。

同門紹興王子畿、錢子德洪、泰和歐陽子德亟稱於栢，栢心慕之，比按閩道惠，一見如平生。色溫而氣和，言簡而中理，虛受廣善，悠然物表，望知爲有道之士。吾廣自白沙先生倡道江門，獨趨聖域，時有若南川林子光、東所張子詡見知頴悟，不詭所傳，最後則有堯山陳子激衷起而卓立。潮之楊氏兄弟，與君之姪宗鎧皆夐然有志者，然皆先後即世。潮幸有君，且居惠，時同地邇，竊自慶，擬還侍左右，徜徉山水，以畢所願。乃罷歸，則君不可作矣。嗟嗟！哲人之萎，能不悲哉！山川遼曠，束芻莫奠；盈盈宿草，孤劍投誰。某恨識君之晚，天顧奪君之速，子立鮮助，能不重悲哉！

己酉秋，君仲子某，持司直君僑所爲行狀來謁予山中請傳。某不文，敬采其略，而伐木空谷之思，因以表見云。

忠烈太華李君死事傳

予讀太華李君行狀，悲焉，作而歎曰：嗟乎！生死誠大矣！世之委質受託寄命者，豈少哉！顧弇阿涊洓，苟便身圖，至臨利害，甘心竊竄，即負人，國家亦不遑恤。若此，世何賴焉？考之載籍，上下數千年所記述精忠大節者，亦惟嚴稽、張、許、顏、段、陸、張、文山數君子，此其表表者爾。茲以太華君所事觀之，則何忝數君子焉？

君諱堯卿，字唐憑，別號太華，世居番禺。生負異質，早奮賢科。嘉靖丙辰，仕爲寧德令，寧德瀕海下，邑民苦客戶漁害，加以倭寇鈔擾，益不堪命。君至，正己率物，鋤姦剔蠹，民用休息，乃修浚城池，繕治兵甲，其諸爲守禦計者，咸先事豫備。賊覘有備，三年不敢犯寧德。既而按節院，駐節建寧，察羣吏治。君往，賊聞君往，大舉入寇，居民潰散，攝簿挾印，走報至建寧。亟白歸守，按院壯而遣之，兼程三晝夜達境上。父老泣，止勿入城。君曰："城，吾□也。吾當與若等死守。"乃裂裳，招集散兵，聲義誓衆。衆感泣遮道，從入城，闔門爲死守計。須臾賊突至，繞城三匝。君申令親督民兵且守且戰，間有竊逃者，剌耳以狥。賊知軍令嚴，遁去，二日復來，復遁去，又二日又復來。君設伏生擒十餘賊，賊大沮，又遁去。旬日間，寇三犯而全城保安。臺院錄其功，薦於朝。辛酉秋，擢倅處州。時寇報益急，或諷以遷秩去。君正色曰："聞擢未憑，吾猶茲牧也。吾遽去，其誰與守？"先是，君捐措選募義兵四百，練習充麾下健卒，以故賊不敢近。後撫臺移鎮，撤其兵，賊遂乘虛寇攻。君與參將王夢麟歃血誓衆死戰，忠義所激，士卒莫不思奮。賊有張車登陴者，君手刃六七顆，飛血淋漓，衣甲皆赤。有進逃避之策者，主叱斬之。併攻三日夜，危甚，君度力獨不可支，嘆曰："大事去矣！"具服拜告天地君親，訣別人世，解印付家僮曰："事勢危蹙，今日外援更不至，城陷，我必死。汝護此，毋褻名器。"語罷，督戰益力，勢轉急，外援且不至，加以颶風大作，藥焰漫城，城遂陷。君尚憤刃賊，爲賊所害。是歲十月二十□日也。踰時，其義兵至援，痛君死，憤恨鏖戰，擊殺賊，賊敗退走，義兵得君屍，哀之慟，裹革負歸，有司斂之。事聞，朝廷嘉其忠。如知縣林咸例，贈太僕寺寺丞，廕其子翁齡爲國子生。越明年夏，歸櫬羊城，城中人莫不嗟悼。縉紳耆英髦士，相率會奠，各誄之以詞。

其姻唐山陳明府某，吾友也。偕翁齡，持君門人劉進士維嵩狀來請予傳其事。予讀史見古人忠義事，則爲之掩卷憤嘆不已。今與君同時又同地，而又深悉君死之詳，倍切悲感，曷已於言？倭怒，憑凌恣虐，黠猾斜導，煽動中土，肇浙延吳及揚，而浸滛閩越，毒慘不忍聞。七八年來攻陷治城不下十餘，守土之吏，望風奔潰，竟未聞一人以身狗國者，惟君與林君相繼以死。二君生同里，居一時，并以忠著，川岳正氣，凛耀寰宇。彼林君憤激挺戰，甘蹈白刃，勤事以死，固其烈矣。乃君先事豫圖，志切保障，事不避難，難不苟免，鞠躬盡瘁，精白一心，必欲以生其民。至於事變窮極，直以此身與城爲存亡，是致命慷慨，就義從容，精誠動天地，耿光照千古，回視巡遠諸君子，何讓焉？孔子所謂殺身成仁，守死善道，若太華君者非耶？正德間，賊陷上蔡，知縣霍恩被執，不屈而死。天子詔贈恩爲光祿少卿，優錄二子，勅賜愍節祠記焉。太華君與王參將贈都督者，同日而死。王遇害民園，君則挺刃砍賊，罵不受執，竟死敵樓上，是顛沛危亡，無少逡巡，必正死所。蓋與結纓易簀，同得正而斃。此非負剛大正直之氣，充之定見定力者不能。吾聞君自少篤志好學，爲督學莊渠魏公所重，執親之喪，七日水漿不入口，三年衰絰不解體，忠孝懿德，非由襲取，是其所植者然也。予故推本論著其死事始末，列爲傳，俾後之君子考衷焉。

贈監察御史小壺陳公偕配余氏孺人墓志銘

隆慶五年十月，江西督學憲副陳公持狀過予，請曰："不肖孤母病，幸公時存問，且致報，得亟歸，比終躬親，大事曷敢忘也？茲以明年正月，合葬於大鴈山先公之墓，祈公一言，并志於石。"予雅念憲副與吾弟吉士爲同年，吾兒長媳許姻憲副仲子，誼不可辭。

按公諱囗，字囗，小壺，別號也。先世自南雄珠璣巷遷於南海九江里，父早世，母黃氏生公兄弟五人，公以才克治家蠱，疏屬有子女孤無依者，母皆子之。公善承母意，視如同出，族里稱母賢而謂公孝。公居室，受之先大父者。仲弟婚無居，以己室畀之，別治新室。他日，季弟婚無居，復以新室畀之，別徙旁室，其友愛若此。里中諸少年緣木盡覆巢鳥，公叱之，諸少年恚甚，羣詬公，公挺矛前曰："吾戒若暴，乃敢仇我？若雖衆，曷能當吾矛！"諸少年走匿。他日，諸少年有私鬪，公亟赴解之，里人咸稱公長者。於是里中人有不平事輒來質公，平得，得不克訟。新會雷仁卿，儒生也，素爲惡少所困，公以理諭惡少，而直仁卿。仁卿德之，請以女爲公子婦。仁卿還新會，道逢寇掠去，公至其家，爲之行金，諜者脫仁卿。仁卿歸，申前請，公曰："急友義，以望姻報，非吾意也。"遂不復言。遺以白沙先生草書，公受之，曰："此吾家有道太史公書也。"公少挾長技，即琴、棋、歌、吹諸藝，莫不精絕。後屛去，折節爲學，一時諸名士皆樂與遊。居常讀《易》，誦杜詩，旁綜外氏百家，而尤專志教子，故憲副學業得早成，年十一即補邑弟子員，聲聞燁然起矣。仁卿所善方士余萬方風鑑與偕見公，大奇憲副，相謂必大公之門，公當食其報。但年不及待，公亦善萬方術，自知不久於世，每有不當於心，輒呼羅浮，飄飄然欲遐舉也。嘉靖辛丑某月，公在病，執憲副手，談曰："吾家世有潛德，吾母有大造於宗黨，吾子孫必昌。吾止生汝，汝足當之！異日成名，務自砥礪，以大顯揚，吾目瞑矣。"憲副泣曰："敢不夙夜祗命！"某月某日，終於正寢，年僅四十有六。公捐賓客，十有六年為壬子，憲副舉於鄉，登丙辰進士，授池州推官。貤恩贈公如其官，後以治得徵為貴州道御史，改贈公為監察御史，封母為太孺人。

昔公所與遊名士，每過必具飲饌，即不給，謀之鄰出之，雖蔬食，必飭當。公讓兩弟居時，太孺人相之，令憲副執炬前導，自執釜甑以從，略無德色，人以為視丈夫尤難。公既即世，太孺人備極號苦，至督憲副夜讀，手女紅伺之。及長，戒慎所與。比為司理，語之曰："刑民司命，不可不慎。"故池郡稱刑平。太孺人既膺祿養，窮織如素，同官詹某鄰署，聞軋軋聲，知為太孺人織，謂人曰："不意今復見文伯之母。"憲副為御史，出按閩蜀，命友人貽書勗之，曰："御史為天子耳目，官執法秉憲，其難其慎。苟任情作威，何所不至？"憲副得書，益自祗勵。隆慶戊辰夏，有今督學之命，憲副歸迎養，太孺人曰："汝方彊仕，吾猶健飯，汝第往以成先志，則吾心安。且江廣接壤，音問易達。"憲副遂往。

越二年，庚午九月，太孺人病作，彌旬慮不及見，命工繪容以俟。遣人過予，懇速報。予謀之當道，得津遣疾馳。報至，憲副即解印綬南奔，在途陳乞歸養，踰旬抵家，太孺人喜，病尋愈。越明年春，俞旨至，太孺人益喜。既數日，前疾作，遂終，享年七十有八。嗟乎！生榮死哀，可謂備美。太孺人既貴壽，而又有孫男三人，長鳴陽，聘同知黃宏女；仲鳴嶽，即吾兒崇亨壻；季鳴燕，聘霍文敏公子與人與瑞女。太孺人皆親見其成立，慶澤流遠，重泉相見，可以慰公。異時憲副勛名日晉，益光顯無窮。當有史氏名筆，嗣闡潛幽，茲論其著，志之而系以銘。

銘曰：牂牁東下，匯於九江；大鴈南峙，宗自衡陽。川岳萃止，孕秀啟祥；偶出小壼，公焉徜徉。秉節服義，潛德日彰；厥配賢淑，安貞有常。令妻壽母，教立名揚；昔期偕老，今歸回藏。澤鐘後人，奕葉熾昌；則篤其慶，施於無疆。

中憲大夫江西按察司副使玄山陳君墓誌銘

嘉靖癸亥五月某日，江西按察司副使陳君卒於家。其子庠生燦匍匐造予，泣而言曰："不肖孤先人稱重公，知先人莫如公，茲將襄事，敢丐一言，志於墓石，以垂不朽。"予諾之，未有應也。今年月日將舉葬於某山某向之原。燦持同年明府蕭君狀，來申前請，遂按狀。

君諱善，字繼初，玄山，別號也，南海佛山里人。其先世自南雄珠璣巷來居此，曾大父諱布愈，大父諱厚聚，俱有潛德。考諱李生，以君貴，贈刑部主事，秉禮執義，鄉黨信服。配霍氏，封安人，生君。君自幼穎悟，六歲能誦《孝經》，入學，日記數萬言，器宇凝重，言動如老成人。主事公喜曰："大吾門者，此兒也。"遣從通府石塘梁公游，梁公殊待之。年十五，補邑弟子員，每試輒優。督學公賞其文，廩之。主事公微時商於瓊越，某年卒於崖州。訃至，君年才十八爾，抱痛哀毀，遠涉鯨波，不避艱苦。至則謀歸櫬，衆止以不可渡，宜遵遺命。君仰天號曰："此恨何時已也！"遂葬崖之大蛋山，封樹如禮，置祭田屬守者而還。

既歸，益大肆力於學，日圖顯揚。嘉靖辛卯，領鄉薦第九人。乙未，以祿仕，授全州學正，至則分布科條，日與諸生講學會文，亹亹不少休。束修常餽，一切卻之，貧士有志力學及踰時不能婚娶者，皆捐俸量爲之助。名節信義，門下士莫不慕感，當道暨縉紳嘖嘖羨君。歲辛丑，登進士上第，授刑部主事，盡心刑獄，明斷相資，多所平反。大司寇石塘聞公掌院，大中丞屠公亟稱之，三載考最，貤恩二親，及封厥配黎氏爲安人。尋晉員外郎，聞公轉大宰，旋擢君爲浙江僉事，在淛歷攝諸道，署視堂篆，聽政決獄，惟明惟允，威惠大著。時數十人採薪海島，邏者執之，撫臺朱□欲按以大辟。君廉得其情，白而釋之。有盜錢糧者，牽連人衆，郡倅概論上刑，公覈實出之，其持法公平，所全活者多類此。凡所建白，皆切中民隱。聞、屠二公甚嘉悅，淛人士謂自昔監司，鮮如君者。然性直無婟阿，與李監察議不合，李銜之，遂誣論君。部院諸公稔知君，卒直之，晉廣西參議。君至，殫慮經略，以平柳、慶蠻寇功，擢江西清戎副使。便道東歸，一見霍安人，喜曰："自違老母，日切憂思，今何幸得侍膝下，吾志決矣。"遂不之任。

親舊有勸其進者，君曰："母老子出，豈是至情？一日之養，三公莫易，矧若此者哉？"日惟承顏嬉笑，修瀡之奉，必躬必飭。其得安人歡，又友愛諸弟甚篤。與人交，推誠相示，絕無畛幅。平居寡言笑，至臨事，則毅然應之，取與未嘗苟。有以非理干者，雖親厚，必峻拒之，不少假借，故莫敢犯者。吾學弘博，爲文有奇思，簡而當於理，行誼修潔，至老皭然，不愆其素，蓋可列於君子之林者矣。惜未究厥用，距生其年，享年僅五十有九。君三子，長即燦，庠生，黎安人出；次某，俱側室羅氏出。女一，諸氏出，適禮部尚書霍文敏公季子鄉貢士與璿。孫男應桂、應蘭。予與君同邑里，同舉於鄉。君心事光朗，識度汪涵，修踐篤確，孝文懇至，且致嚴義利取舍之辨，以審出處進退之幾，不事表暴而淵潛有得。視夫飭虛狥名，善談理道，至稽率履，類多不掩者，何啻千里？予故論著而系之銘。

銘曰：衡陽南下，南海之中；衣冠文物，海內稱雄。潛修篤學，策名顯庸；東惠恭職，隨事著功。見幾介石，難進之風；辭榮色養，真樂融融。胡然遽止，考祥令終；托體玄室，嶸嶸其崇。

明昭勇將軍廣東左參將可竹張君墓碑文

　　君諱裕，字天祚，號可竹。其先河南人，高大父祚以武功歷河南都指揮僉事，既而調江西。曾大父雯宗，寧藩儀賓；大父應隆，南昌衛指揮使，後調廣州右衛，守禦□門，卒於官，遂籍廣東。伯翺襲，卒，子祐襲。祐於君為始從兄，由指揮使，歷都督同知，鎮守廣西，副總兵，無嗣，以君繼襲。嘉靖乙未春，君來襲，纘兄緒業，庚子考軍政，視篆按院，姚公、楊公咸有嘉獎，督府蔡公委蒼梧聽用。未幾，與鎮守平江伯陳公會推君可用，還掌衛事。乙巳，表薦於朝。次年夏，督府張公委征封川，擒斬賊首從三百有奇，尋委坐營。明年己酉，移鎮雷州，征進瓊崖，君贊勷中軍有功。是年冬，陞江西南贛守備，以都指揮體統行事官，領團操。江西兩臺喻公、盧公、曹公，前後皆旌其能。庚戌，陞廣東都司僉書署都指揮僉事。壬子，掌本司印務。甲寅，陞左參將，分守高、肇、南贛等處，後奉勑改守雷、廉、瓊、崖地方。乙卯，督府張公委討新會劇賊陳文伯等，斬獲首級五百七十有奇，俘獲八十五口，奪回被虜一百八十二名。名按院郭公紀覈功次，題薦陞俸一級。庚申，以事詿論，閒住。壬戌，督府張公偕平江伯會推起用，公隨師東征賊首張璉等，鎮守潮州。夏六月，劇賊黃伯宣偕其黨許九等，囊刃潛入城，謀為姦。君廉知，與郡守何君策應，擒之，得無虞。後經題薦，乃拜欽賜誥命，授昭勇將軍，駸駸然欲大用君。君以老疾疏致事，長子朝輔襲。君敭歷江、廣，竭力盡慎，故隨在建績。退居踰十年，某年某月某日終於正寢，距生年正德□□□，享年六十有三，卜以某月某日葬於番禺上塘村巽向之原。

其子朝輔輩，懇吾同年蕭明府龍石君曰："人有言：與有道先生同遊，而不得一言爲重，是自藏也。況幸同里閈，又幸與先公游，而不得一言，是藏父母也。自藏可，藏父母不可。公其爲我圖之。"龍石君諾，介朝輔兄弟奉狀以進，予以夙誼不辭。念昔聞城西南□有可蘭君者，勇義人也，沉密有智略，纍著績廣右，且能毅然摘姦麗法，不爲齦齦小丈夫者。雅尚文儒，藩臬張石溪諸公皆與賡和，有《同聲集》。又治家嚴而束禮，有學士大夫所難能者，里中皆稱爲奇男子。予不及見之，而猶得見君。君雖起自行間，然禔身端潔，治家整緝，克肖伯氏，而慎慮發謀，足奕前緒。平居寡言笑，與人恭而信，故所交游多名士。又敦聘塾師，以崇嚴訓，子女婚媾皆慎選名家，大不類武習。考諱寰，以君貴，贈昭勇將軍，前母左氏贈淑人，母萬氏封太淑人。歲時追念，贈公不逮祿養，喏喏喟嘆。生諱二祀，備極哀思，色養太淑人克盡子道，又專祠以報可蘭。事嫂氏如母，人稱之無間言。配楊氏，左衛指揮女，封淑人。子男三，長即朝輔，次某某，皆業儒。女三，長適何二守之子某，次適方知州子某，餘尚幼。吾聞好修之家，長發其祥；植本之固，其幹必茂。嗟嗟張氏，光而大之，未有涯也。故予表著之，而系以辭曰：

於惟將軍，克慎克勤；有嚴有翼，治家以身。沉謀雅量，敬紹前聞；禮師貽訓，施於后昆。返此幽室，峩峩者墳。憲言在此，勒於琅珉。

明臨江別駕峻齋唐君墓碑銘

唐君諱守明，字允通，號峻齋。其先雄州遷南海季華鄉，曾祖廣基，祖景華，皆有隱德。景華始徙居會城，籍番禺。景華生絅，號東陵君，父也。東陵公少孤貧，不能自業儒，長而快邑。配譚氏，有子六人，咸使之學。舍旁購一室，延師肄習其中，夙夜令靡懈。於是伯兄守勳定江君，嘉靖辛卯舉於鄉，登甲辰進士，仕終興化太守，贈東陵公南京戶部署郎中，封譚母爲太安人。

君行二，賦資敏悟，克紹家學，弱冠遊庠序。丙午領鄉薦，庚戌會試，主考學士尹公、同考編修吳君閱君文，大奇之，擬置首卷，署榜時遺失策墨，遂落第，相顧嗟嘆，士論惜之。壬子，弟守文復以《詩經》舉亞魁，君曰："吾兄弟既顯盛，吾數詘南宮，命則然矣。"己未，謁選，拜倅臨江。臨江，江右衝郡，民俗囂悍。君以疏捕爲職，涖政嚴明。永市良民四十餘人，被誣爲盜，君鞫覈，果善類，咸釋之，人皆稱服。鹽商私販率賂公所，聽其恣肆，君盡剗宿弊，鹽法肅清。兩臺廉君才，委督瑞州屬邑賦，各糧長踵舊習，餽以多金，君峻卻之。諸邑愆期集事，萬載歲輸，悉由里胥串沒，逋負踰萬，官此者以課殿罷斥，僉議屬君署縣事。君至，條喻便宜，俾民徑自輸納。不數月，逋負悉完，大被嘉獎。樟樹巨鎮，四方貨物輳集。時分宜秉國，其家據握利權，大爲商蠹，君隨事裁抑，有犯輒繩以法。人語之曰："宜從寬假。"君曰："吾貳牧茲土，誠不忍長姦流毒，且窮達命也。吾豈以斗粟撓吾志哉？"臨江接壤袁郡，四方餽遺，道路相屬，多致要津，君獨無所餽，亦不一至其門。景王之國，租逆供需百出，當事者甚懼。君承委馳至九江，協理區畫，晝夜不少休。既峻事，聲聞藉甚。時劇寇數千，流劫郡邑，倅入清江。城中素無備，獨有阿兵乃僞漢遺種，頑獷不可羈縶。君以義激之，咸樂効死，率之往擒賊數百，奪擄掠而還。倭夷犯浙，直集諸省兵禦之。比放回，主帥乖於撫馭，叛者四起，勢甚猖獗，遂犯新淦。君竭力防守，夜潛搗其營，卒走之，境內安堵如故。已而吉安盜起，參政王某、副使汪某率兵征剿。君承撫臺之命，部兵至其地。既投牘，宜辭回，君以地方有急，分宜戮力，不忍遽去，乃請自當一隊。時二道以賊平在旦夕，不欲分人以功，遂辭回。未幾，我師敗績，汪死之，王被執，贖歸，道臨江，君有事於撫臺，無由伺接，銜之，語人曰："唐倅固良吏，向吾遘難，各屬皆有餽問，唐獨不然。"遂誣以窺避，竟落職，可勝慨哉！君在官三載，去之日行李蕭然，郡中人士僚屬相顧嗟嘆。百姓有遮道垂涕者，君談笑出境上。

　　比歸，日侍太安人，菽水盡歡，葺先公遺園爲別業，日與親舊觴咏其中，顏其堂爲遂初，識適也。君孝友，執二親喪，哀毀盡禮，葬殮百費，與伯兄先後經紀儲蓄，而出其私充之。事伯兄如嚴師，至遇諸弟，則相怡怡。弟庠生守謨，早擅文譽，賫志以沒，貧無爲居，捐產易室，以遺諸姪。守文宰壽寧，卒於官，子幼，君撫如己子。守敬嗜學績文，有古作者風，當道多禮致之，爲館客，顧鮮事家產，君極力庇覆。《書》云："孝乎惟孝，友於兄弟。"君庶幾無媿斯言。業師湯君介所，賢而貧，始終敬禮，周其窘急。何生誠者，名士也。與諸子姓同館，時大比，生遘疾遽逝，君治棺躬殮而歸其喪。師友厚誼，當於古人中求之。常誡其子與式，毋怠學業，以廣先志。式明經勵行，每試輒居首，當道咸敬重之。人謂義方之訓，有足徵者。君氣禀精強，平生少疾病，晚年痛骨肉彫謝，加意藥餌，以保嗇延齡。顧藥石浸漬，反成痰症，調治竟弗起，至屬纊時，辛苦萬狀，并不錯亂，考終正寢，享年六十有四。配劉氏，淑德宜家，壽祺未艾。子一人，即與式，廩生。女二人，一適侯參政子樹勳，一適劉令尹子克修，皆庠生。

　　君嘗自卜壽宅於永泰鄉橫枝岡，辛向之源，與式將以今年正月奉公藏焉。介予友鄢君某,以其叔某君狀來請予言,以表諸墓隧之石。予念與定江君爲同年,素善,既而壽寧君復與予弟春官維椅同舉於鄉,塤箎迭奏,慶萃一門,且子姓振詵,足世其家則焉。其慶施於孫子,奕葉昌熾,於昔有光。予故論著之,而系之銘。

銘曰:於惟唐氏,世有潛德;至於東陵,善貽燕翼。禹鈞義方,異世同則;有美允通,澡行不忒。出倅江郡,秉是正直;早賦歸來,怡然家食。永參雲山,策筇登陟;橫江聳秀,爰卜佳城。倏爾告徂,於此宴息;濟濟後昆,古訓是式。世德作求,務滋學植;丕基光承,貽於無疆。

孚濟官禱雨文

惟神默參玄造,顯著英靈;普施恩澤,廣濟衆生。嗟我東人,秉心不恒;天降酷罰,渠惡縱橫。民罹荼毒,師旅繁興;征輸百出,饑饉薦仍。膏焚淵溺,野殍溝瘠;嗟我東人,亦已孔棘。今復春徂,雨未濡及;東作愆期,蒸黎憂亟。逝者已矣,餒者何食?天胡不弔,曷至此極?衆禱皇天,祇戒勿斁;惟神慈鑒,哀此控逼。上贊蒼穹,靈雨在即;瀼瀼甘澤,遍敷原隰。粒我蒸民,咸仰神貺。某某無任祈禱願望之至,謹告。

謁雲谷白沙先生祠祭文

先生氣完川岳之精,德萃中和之懿,師事康齋之門,而學志以立靜。專陽春之久,而端倪日新,致虛立本,握至聖至神之機;勿忘勿助,極深造自得之妙。質美明盡,而學宗自然,則如程伯子;主一無欲,而靜虛動直，則如周濂溪；不事著述，而忘己之大，則如李廷平。至其守己俟時之嚴，事親信友之實，辭受出處之正，感人動物之誠，無一而不概諸道而時其宜者。先生殆明代之儒宗，聖門之正裔也。某等居雖鄰地，生□後時，懷儀刑之罔覯，慚狂簡之莫裁，祇繹遺編，服膺已久，獲傳緒論，窺見實難。哲人已萎，慨依倣之日遠；道澤未斬，幸私淑之有聞。茲歷名山，新瞻祠宇，敬申獻告，用展素悰。不亡者道，懿德攸同；至著者神，羹墻如見。仰冀神聰，俯垂宜鑒。佑啟於後學，俾有造同心，興起於斯文，庶敬承不墜。尚饗！

至江門謁祠再告

某等仰止景行，敬奉先生之學，曾謁雲谷先生之祠。茲者□□江門，躬□嘉範，載瞻遺像，益切宗依。嗚呼！居鄰百里，生後十年，雖未及門，親承端□之微旨，猶幸私淑，竊窺立本之自然。碧玉陽春，快覿心目，黃雲紫水，上泝淵源，謹盍朋簪，緬敦夙約，祇潔俎豆，爰申蕪言，優優大道，不亡者存，佑啟後學，先生鑒焉。尚享！

祭羅整菴先生文

嗚呼！三代之教出於一，故學術明而士習正；後世之學淪於雜，故異論起而聖教微。襲記問者，則溺於口耳支離之病，而昧自得之真；執意見者，則陷夫隴侗莽蕩之歸，而歉躬行之實。道之不明，或失則煩，或失則虛，其所由來遠矣，無論漢唐。入宋，理學大明，周程至矣。延平之下則有朱晦菴、陸象山，眞積力行，皆實學也，著述與否不繋焉。後之學於朱陸之門者，各尚師說，而濟之以角勝之私，說始騰而道日漓，以迄於今，侈煩飾虛，流弊滋甚。至論理學，則陽明、甘泉二分，晰矣備矣。某皆慕之仰之，第未及門，以罄其說。若平生得於己實行可信❶者，則志剛❷力勇，果決必成，有如吳康齋；［志大識精］❸，深造自得，有如陳白沙；踐履篤實，議論平正，有如薛文清。三君子皆予所願學，恨生也晚，不及見。弱冠宦京師，與四方學者游，則又知有整菴先生者，好古之勤，力行之實，進退之正，辭受之嚴，鄉里稱之，天下信之，予心嚮往久矣。嘉靖癸卯還朝，道泰和，竭一日之程，遂謁見之。素至，則先生夙恙未瘳，扶杖欹迓，諄諄論議，確有真的。泛及陳、王、湛三先生之言，以爲皆悟後之見，學之者未領厥悟而襲其論，失斯遠矣。且敬服白沙之學之才爲不可及。某應之曰："王、湛二公，立言者也。諸所述作，天下後世必有識之者。若白沙學求自成，不事著述，蓋有諸己而求❹諸己者。間有一二援引托喻，乃其泛應之語，恐未可摘而疵之也。"先生首肯。某二日告別，雖未克成弟子之禮，然登堂階，聞謦欬，素願慰矣，計往還源源請益。乃乙巳以罪擯斥，遂歸舊隱，相去日遠，心益不忘。丙午夏，得先生手書，及惠《困知記》，暇日三復，其以理一分殊論性，而性命流行之妙可徵；以動靜體用論心，而道心人心之微❺以著，此皆獨得之見。至於立論之確，考辨之明，皆維道獨苦之心也❻。某學未有成，於諸君子之教，不敢方擬。獨窺先生踐履真實，言行相顧，豈非所謂躬行君子者耶？某私淑先生，較爲得力，故信益深，詎期天不慭遺。丁未之秋，遽聞訃音，以侍奉庭闈，不敢遠離。峻嶺長江，未展几筵之奠；緘詞束帛，遙將哀慕之誠。嗚呼！

---

❶ 己實行可信，《廣東文選》作"師友所尊信"。

❷ 剛，《廣東文選》作"眞"。

❸ 志大識精，據《廣東文選》補。

❹ 求，《廣東文選》作"忘"。

❺ 微，《廣東文選》作"幾"。

❻ "考辨之明，皆維道獨苦之心也"，《廣東文選》作"攻辨之嚴，則良工獨苦之心也"。

哲人已萎,吾將何哀❶依?臨風悵惘,涕泗漣洏。千里寸心,萬古一時。羹墻如見,何敢斁思?精靈不昧,庶幾鑒茲。尚饗!

---

❶ 哀,《廣東文選》無。

會祭司成白山倫先生文

嗚呼！大塊盈虛，物無不盡。故終始者，造化之恒機，而豐嗇遐促，則繫於所值之數。哀死者，生人之大義，而厚薄輕重，各因夫所發之情。觀之人世，繽紛混雜，萬有不齊。其之死也，則有所惜者，有不足惜者，有可深惜者，有無所用惜者。生而鄙瑣庸碌，與草木同腐，則亦不足惜。乃若履素，達猷顧所，遭值窮蹙以早世，真爲可惜。至於鍾氣英特，具質碩雅而器可大受，乃嗇於年，畫於力，不足以充所志而成其材，斯則尤可深惜者。嗚呼！若白山倫公者，豈非吾黨之所可深惜深痛者哉？某等服膺於公，知公之素矣。竊嘗慨天人常態，幼而聰警則荒於嬉，學而博識則飾智以傲，少登高科則氣盈以侈，榮顯世濟則鮮克由禮，仕涉華美則冒昧於進，至老而不止。公自少開悟絕倫，乃能遜志於學，人稱其敏；博識廣聞，而自視欿然，人稱其謙。弱冠登上第，兩魁天下，而聲光不露，人稱其重；喬梓棣萼，奕葉聯芳，則履盛滿而不滛，善戲豫而不謔，人稱其約；官翰苑，賢資最著，同時後進者，率能善致顯膴，公獨恬然，甫二十年始得拜南雍司成，猶瞿瞿然如弗勝，人稱其操；在國學，和易寬博，而濟之以縝密不苟，人稱其慎；居數載，不逐時好，遂引疾懇辭，人稱其勇；既歸，杜門不蹈塵鞅，人稱其靜。夫若是，則可謂敦懿參行，固宜介祉膺永。乃年未五十而卒，不遐其福，惜哉！公珪璋瑚璉，清廟器也，人多以公輔期公。天顧奪公之速，使不得以大其任，以究其用，惜哉！吾廣自昔多稱賢卓，至如崔菊坡盛德清風，跨映宋代；陳白沙道成德尊，命令今世。斯固間氣獨鍾，然實得於所學之正。張曲江陳道侔伊、呂，見知明主，而能發表事業，爲唐賢相。李文溪以賢良策名上第，亦得展布文章氣節，爲宋名臣。雖其知遇之隆，然亦由夫所趨之大。公禀氣英特，具質弘雅，而所遇亦隆。使早得專志正學，以迪其所趨，繼之以年力，以極其所造，何古人之不可及也？顧厚其質而靳其力，崇其名而嗇其年，乃未足以竭其當大有爲之志，而充夫任重致遠之才，以成不朽之美。嗚呼！白山豈非吾黨之可深惜深惜者哉？然而公也早有顯名，沒膺榮錫，且冠裾簪紱，盛於一門，視世之窮蹙以殞者，何啻千里？況夫敏重謙約、操慎勇靜，生爲人所共稱，死爲人所深惜，則異夫世之虛生浪死者，而公亦可以自慰矣。嗚呼！蓋棺無忝，歸土則寧。衆感疇昔，誼通幽明。俎豆告虔，檀越斯馨。公其有知，宜鑒羣誠。尚饗！

祭太華李太僕文

嗚呼！太華！世有大言而憒事，公則退訥而寡詞；世有洟涊以希媚，公則正毅以自持；世有窺難以苟免，公則見義而勇爲。當倭寇之跳梁，矚時事之日非。彼鄰封之震蕩，揣寧德之孤危。公不避夫艱險，竭心力以圖惟。躬率衆以簡勇，爲黎庶所倚毗。屬有事於外郡，賊覘隙而蔓滋。簿攝篆以先遁，民岌岌而流離。公聞報而痛息，亟懇辭以宵馳。及郊坰而慟哭，激義氣以起疲。賴公歸之有備，解烏合之重圍。藉數年之保障，薦表揚於監司。領處州之別駕，民不忍其去斯。遭時艱之薦及，際人事之差池。嗟權宜之中阻，撤民兵於外移。媒劇賊之深入，痛事勢之乖違。且天心之助逆，風颼颼而回腮。睏外援之不至，信虛邑之莫支。公挺身而不顧，誓死守以登陴。犯矢石而鏖戰，蹈白刃而不辭。嗚呼！太華之忠，光爭日月；太華之節，名重華彝。羌睢陽之激烈，諒往駕之可追。曰成仁而取義，質斯言而奚疑。嗚呼，太華！人孰無生？公不虛生，爲斯世之所禆。人孰不死？公不苟死，爲天下之共悲。且晉階而錄子，被身後之恩私。猗顯忠以勵節，實世道之網維。顧卹典之常格，未酬志節之奇。幸公論之不泯，足慰冥漠之知。某等誼重大閎，情親梓里，感公事以擊嘆，睇遺櫬而悽其。陳蕪詞以宣意，臨長風而酹卮。惟英爽之不昧，庶慨愾以格思。嗚呼，哀哉！尚饗！

祭岑小谷文

　　大諫議中順大夫紹興府知府親家小谷岑君先生之靈曰：嗚呼！已矣乎！君遽至是哉！念昔京邸，予與尊公相得甚懽。君齡稚已岐嶷，非凡品矣。比予在告，尊公宅太夫人憂，同歸羊城，君與予門人順天莫子遜者夙夜勤學，間出所爲文，予評知爲遠器。堯山陳先生者，予友也。君往師之，學行燁然聲庠序。己酉鄉薦，上列尊公，晉位方伯，家世顯盛矣。君顧欿然敦素如寒儒，計偕時手一縑介文字，過予告別，執通家禮甚恭。明年，予采媒議，卜之吉，遂婣姻好，情誼益至。己未，君第進士，爲理官池郡，稱廉平，以治行徵爲南京戶科給事中，讜直風裁，爲時敬憚。未幾，出守紹興，愷悌之政，孚於上下，冰蘗之操，可質鬼神，彼中父老，嘖嘖謂百餘年無如君者。天下人無問識不識，咸冀君日躋顯腴，以弘功業，顧遭時忌，追貶爲延安宜川丞公，浩然南歸。數月，尊公命之行，迺行。隆冬，入關中。徂春二月，倏病弗起，幸諸當道素重君，經理後事甚備。而余門人葉監察者□字言，謫鄜陽，走數百里，護喪出潼關，哀之以詞，真一字一涕。夏四月，君櫬還，予偕兒曹撫而哭慟。嗚呼！已乎！君遽至是哉！嗟乎！窮通得喪，死生妖壽，有默宰之者。君子達觀委運，則當順受其正。君年躋知命，行著鄉曲，任言責爲直臣，官守爲循吏，庶幾無媿於俯仰，則亦何計於修短？而惜君者，則以爲羈孤旅櫬，不得與尊公訣別，爲無窮恨。又謂君負碩才，齎志以沒，未究厥施，可爲世道太息。噫嘻！君所能者，人也；所不能者，天也。天乎，人何尤？君之昆弟子姓，蒸蒸然盛，二子咸儁偉克世，君家足□爲尊公慰。余忝姻誼，喟感今昔，泫然出涕，崇醪修奠，陳詞宣哀，直紓悃愊，而不以文，惟靈鑒之。尚饗！

祭青蘿王先生文

曩予識公京師，邂逅契合，未足盡其所長。公抗疏詔罷，予尋在告，歸而聚講樂於越山之陽，對榻論心，訂析疑義，尚論古今，縱觀寰宇，各極夫心之所潛藏。惟公胸次灑落，有得舞雩之趣，而達觀鑒止，則何羨於柴桑？致知窮理，既迪關閩之矩，而敦敬秉義，嘗從事□□□善取諸人□□□之爲友，雖以予之不肖，期相示於周行。荷麗澤之既深，而敬信之必至。遣其子以從學，冀取益於無方。擬卜築於雲屏，俾逍遙以終老。公胡遽而遐逝？□今昔於茫茫。嗚呼公兮！茲返玄堂，命舟百里，來公故鄉。雲山在目，恍舊遊之如昨。臨風淒其，悲重泉之永隔。慨斯道之日孤，痛故交之零落。嗚呼公兮！已矣乎，不可復作！然公積厚流遠，塤箎諧雅，居能世其家，出能行其學，孫子詵詵，奕葉昌熾，足以慰公靈於冥漠，束蒭遠致，深慙如玉，同心之□□□宣衷膈。尚饗！

天山草堂詩存

重鈔天山草堂詩存記

　　謹案:《四庫提要》內云:"《天山草堂存稿》八卷,內文六卷,詩二卷。"惟族中所傳鈔本已闕詩二卷矣。茲卷當未及其半,然亦可窺豹一斑也。其版成於咸豐初年,旋遭火劫,今族中亦僅存數本而已。光緒丁丑,沅曾手鈔一本,逮癸未,又鈔附於存稿之後,今歲鄉居偶暇,復鈔是本,區區之意,蓋恐久而復失,或者多得一本,亦可失彼而存此云爾!

　　又案:《提要》云:"公詩多講學語,蓋公嘗從陳獻章游也。"又云:"獻章詩是有韻之語錄",蓋以詩無取乎道學語也。竊以爲詩道性情者也,性情之所專註,即不禁津津而道之,故三百篇不少道學語,豈得以道學爲詩之病乎!獨是東冬混押、支微互通,似乎宜於古者不宜於今,此則所欲質疑深於詩學者耳!若再鋟版以永其傳,則俟諸後之君子。

　　光緒二十九年歲次癸卯八月,沅謹記於知困齋。

天山草堂詩存序

　　大宗伯諱維栢，字喬仲，號古林，賜謚端恪，我房高伯祖封翁號逸溪之長子也。前明嘉靖間爲福建巡按御史，秉政仁惠，閩人尸祝至今，首發嚴賊之姦，聞者敬怖，禍幾不測；卒誠感鬼神，忠悟人主，得賜生還。隆慶改元，起用大理寺少卿；萬曆時，以南京禮部尚書致仕。公經濟節義，載在史志，炳爍古今，兹不具載。然人但知公大節之昭，而未知其著作之富也！

　　初，公之生也，自少以孝友聞；及長，讀書於西樵之天山草堂，私淑陳白沙先生，所學無非以誠意正心、身體力行爲本。嘗自言曰："人能坐言起行不負朝廷，不愧所學，如斯而已矣！"故其在閩被逮時，從容自得，置死生於度外；去官後，講學南昌，即本所學以爲教，遊其門者千數計。前後著有《太極圖解》《易學義》《禮經辨》《陳白沙言行錄》《天山草堂存集》行於世。

　　百餘年間，板刻蝕剝，片紙寸箋，莫由考核。辛亥春，與諸父昆弟論及天山草堂遺文，鮮有存者；予情不自已，多方搜採，冀復覩其全書，而除《天山草堂稿》《誠徵錄》外，終不可得，未嘗不令人致慨於杞、宋也！後於星衢叔祖及澧塘叔兩處，得手鈔詩若干首；續又得《西樵志》《誠徵錄》中諸什，裒而集之，共得八十餘首，此所謂存什一於千百者，其在斯乎！其在斯乎！

　　夫以公之學問、經濟，日月爭光，豈區區待詩而存者。然即以詩論其識力之精純、胎息之深厚、體格之渾成、吐屬之工雅，平生之學力氣節，往往流示於言詞之表，則其全稿雖亡，如此詩者，未始不可以窺全豹於一斑也！因亟授諸剞劂，敬而存之，俾吾家之後學得所觀感而興起焉。且以知凡爲人子孫，須善繼善述，慎無使先人手澤，棄若弁髦焉可。

咸豐二年葭月先立冬三日，族曾姪孫錫祥謹序。

天山草堂詩存敘

今詩集未及刊此敘，沉於昨歲得是稿，茲特補之。

《天山草堂詩卷》乃前明家八世高叔祖、大宗伯古林先生之遺草也。先生爲有明一代理學儒宗，方世宗朝，王綱不舉，國事日非，黨惡橫行，忠良戮辱；先生以名進士入翰林，擢御史，巡按八閩，慨然以天下爲己任，所以勵聖學、廣聖聰、省征徭、斥姦佞，嘉謀嘉猷，載在口碑，赫如昨日。而要先生之心，則苟利社稷，死生以之，進思退思，惟日不足，又安有寸晷分陰，得以從事於風雅中乎！故先後服官四十餘年，其間往來唱和之章，即景抒情之作，集中鮮有存者，其所存大都皆未仕時及致仕後居多。而由《誠徵錄》鈔附古今體若干首，則皆按閩被逮時，自始事至歸籍往返南北凡數月，憂愁感憤之所爲作也。怨而不怒，有三百篇之遺風焉。嗟乎！先生之爲國爲民，先生之至性至情也！先生之性情真且摯，固於君國見之，而不徒於君國徵之，方其身在縲紲，禍幾不測，所惓惓不能釋諸懷者，雙親而外，他無所繫念；逮聞諸弟遠赴兄難，馳驅萬里，流涕感激，情見乎詞，其詩具在，取而讀之，真足令百世下頑者廉、懦者立，天下惟先有所不忍於一二人，而後能有所不忍於千萬人！嗚呼！豈偶然哉！

先生身歷三朝，纍官至南京禮部尚書，未抵任，乞休歸里，角巾野服，以著述自娛。《天山草堂全集》，其手定也，歷年既久，版刻無存，族中僅有藏本，皆殘闕蝕剝，而詩卷則爲傳繕者失之，斯亦先生全集之一大恨事也。

藻青不敏，弱冠即欲重校是書，以俟有力者之鋟版，以詩卷正闕，尚待蒐羅，且鞅掌名場，未遑將事，今匆匆又十餘年矣！近益迫於生計，無暇思理舊業，中心藏之，不知何日慰之也。

　　辛亥春，株守鄉園，偶與諸弟昆搜輯先生遺詩，凡見於他本者，隨手錄之，僅得若干首，吉光片羽，彌覺寶珍。今年二月，杏樵姪恐其閱時而仍失也，亟付剞劂，杏樵可謂能紹復先人之大業者矣！倘因詩而併及全集，接續開雕，以成余欲成之志焉，杏樵紹復之功，更何如也！是又余之不能無厚望於杏樵者也，杏樵勉乎哉！

　　皇清咸豐五年乙卯四月既望，族曾庶姪孫後學何藻青侶陶拜手謹序。

敘

詩以道性情者也，古人謂離忠孝無以言詩，旨哉，斯言！夫性情正而後人品端，人品端而後詩品貴。然三百篇其間言忠孝者不鮮，類皆發乎情、止乎性，而可歌可詠也；乃後之人，或標新獵艷，死灰槁木，無生氣焉。闢僻騁奇，牛鬼蛇神，少真機焉。其不曰希蹤李杜，則又曰方軌韓蘇，書肆中專集之刻，汗牛充棟，求其合乎溫柔敦厚之教者，曾幾人哉！

瑜祖古林公，少具妙才，長敦實學，致仕後，嘗於河南是岸寺側，結廬其下而讀書焉，顏其廬曰"天山草堂"，取《易·遯卦》之義也。時著有《天山草堂集》，并《易學義》《禮經辨》《太極圖解》《陳白沙言行錄》諸書行世。乃代遠年湮，全書盡歸蕪散。嗟乎！《論語》代薪，班《書》質酒，古今有同慨焉！其亦思前之人盡心力而爲之，後之人視若土苴焉，不亦爲書之一厄哉！

公自舉孝廉、登進士，歷官至禮部尚書。當其爲御史而出巡八閩，則黜奢華而尚樸儉，崇學校以正人心，發倉賑饑，存活甚眾，閩之人至今猶尸祝其德不衰；迨乎被逮，無老少智愚，莫不感恨飲泣以送，其時之爲歌謠者，不下千百章。歿後，郡之士大夫以公生平端方正直，乃舉爲鄉賢而崇祀之，則公之政事文章，已足傳世，不必以詩見也！而即以詩論，雖爲比物起興，而性情朒摯，不矜才、不使氣，更有合乎風人之旨，則謂公詩之自行其忠孝也可，即謂公詩之有當於三百篇也，亦無不可。

甲寅春，族兄慕桓於各志書搜羅迨遍，得公詩若干首，其間各體具備，乃亟爲授梓，以垂永久，吉光片羽，文豹一斑，則所爲繩祖武而慰公志者，謂非詩之流澤長耶？

　　維時咸豐乙卯良月初吉，梨棗畢工，爰喜而爲之序。族十八傳若瑜頓首拜撰。

五言古風六首

望遊武夷

公至崇安縣長平驛,時戴甘劉先生、黃副憲以陞任,聞公,亦遲留此數日以俟;未刻,經武夷九曲水口,公作此詩。

名山久懷音,廿載未緣契。奉役趨八閩,夙夜事公勷。歲且值艱饑,民復際氛沴。載春歷建延,夏半旋東蒞。仰幸天心回,蒸民蒙粒惠。適擬事遐觀,微軀已見逮。桎梏驅前行,取道歷山際。黃冠挈榼迎,津夫促徒揭。踟躕立斯須,默默遠凝睇。玉女肅孤貞,大王儼上帝。望望天笠峰,翩翩天遊袂。九曲下縈洄,湯湯亦東逝。雲間萬木森,天末輕雲翳。玉仙不可跡,孤飛迥塵蛻。神遊尚八極,跬步何茲滯。昔聞已勞想,今見徒增涕。有生同如此,素位行不替。順吾隨所之,形役何纍繫。天風颭征衣,山靈默鑒諦。我心誠匪石,俛仰人間世。無言回顧瞻,含情結盟誓。徐徐成短章,聊以紀年歲。

河西務述懷

自德州由水路行,周錦衣見眾各憊甚,取船至河西務,是日途中,公述懷一首。

孑形寓宇內,倏爾作楚囚。炎蒸歷艱阻,桎梏渡中流。辰星迅飛馳,寢食詎自由。啟閩泝江浙,浹旬屆長洲。乘風濟江險,夜半入揚州。信宿達清淮,桃源暮煙浮。早蝗咨蒸民,聞之尚懷憂。徐邳弔古跡,萬劫落荒坵。三歸臺下草,富貴海中漚。回瞻鄒魯郊,孔孟寡匹儔。此身不易得,此心詎能休。嗟我愚戇性,百念一靡酬。謬誤蹈危機,微軀拙爲謀。骨月不相顧,鴻鴈悲鳴秋。欲飛鳥無翼,欲渡河無舟。仰窺天日光,俯瞰江波流。天命苟如此,吾道更何求。悠悠起長思,浩浩賦遠遊。秉彝不易心,何須生別愁。

悼內

　　幽懷忽不釋，撫景嘆以悲。天地何寥曠，此身安所之。歸雲依故岫，棲鳥戀舊枝。入闥感疇昔，欲言當告誰？念昔主中饋，琴瑟常靜好。仰事極歡怡，時享潔蘋藻。諸子雖異乳，義方惟一道。合室交相愛，自謂終偕老。胡然舍我去，衰頹踰潦倒。豈無事一人，百爾從草草。感來臥獨遲，愁來起常早。儀容不可作，黯黯傷懷抱。

登伏虎臺偕王諸子

　　乘高步石臺，況復值佳節。悠悠媚茲幽，天空真鏡澈。孤雲不可覊，衆芳逞奇絕。涼飆萬壑生，佳氣千峰列。矯首縱遐觀，知心幾賢傑。我與二三子，青山有真訣。萬里秋色深，相思共明月。

崑都聳翠

　　孤峯立霄漢，萬木森青蒼。振衣時一登，流盼睞大荒。崑都自崑崙，岩嶢宗衡陽。屏立亙橫石，白雲秀東方。西樵抱我前，大雁列我旁。靈鬱合滇武，迢迢浮大江。羅浮指顧間，滄海東茫茫。廣土萬餘里，惟茲奠中央。衆山互聯絡，奇勝獨昂揚。靈竅發天籟，名花吐異香。下有千仞淵，蛟龍時潛藏。上有千年樹，可以棲鳳皇。吾生二十載，躡足探孤芳。結茅北山麓，勝事日徜徉。竹門度幽禽，松風韻清商。門戶事探討，默坐澄心腔。冰壺澄社溪，翠草交周窗。緬然景前哲，亦有崔與張。崔張日以遠，江門浩湯湯。泰山入青徐，嘆彼道路長。決策時及早，驅東歷周行。今人亦古人，後生當自強。壯行在幼學，時發貴含章。從龍雲致雨，起鳳天際翔。他年紀勝跡，茲山詎能忘。

山中得家書有感

昔稱陶公貧，敝廬猶足依。宅外五株樹，餘光陰荊扉。秋菊華三徑，清露足晨暉。寡性抱迂拙，無營生事微。糟糠苟不失，尚敢怨長饑。但念棲無廬，依人駐庭闈。

西樵山

沅據《南海縣志》鈔補

赤輪躍東桑，褰帷入西麓。直矗接高岑，紆迴度幽谷。浮海四茫茫，攢峰數六六。林翳晝長陰，雲深樹如沐。碧水淨煙嵐，懸崖倚茅屋。老叟解逢迎，兒童喜相逐。卜築忘歲年，問俗去寒燠。朝出餐露葉，夕棲侶猿鹿。指點說生涯，山前茶可熟。落日下橫江，丁丁聞伐木。迤邐白雲窩，千尋瀉飛瀑。追踪鳥利巖，仙人曾辟穀。我亦愛樵居，無緣能信宿。把酒握同心，登眺以舒目。

七言古風二首

鉛山道中尋弟不遇

公至江西車盤驛，建寧首領官及崇安縣護送官俱發回此境，自此懇辭晉接。未時，至鉛山縣鵝湖驛，遍尋諸弟不遇。先是，公在閩省藩臬，諸兄見公待罪，及見疏稿，時三司會差舍人陳六赴廣馳報公家，公弟愷仲帶二使者王明、陳昌并族兄景清等，刻日同所差舍人兼程趕至鉛山地方安歇。陳六入閩回報，時公已被逮至延平舟中矣。即遣隨行史承、王奎、謝鸞先往廣信地方尋公弟不遇，周錦衣見公思弟不遇，憂形於色，勉留此宿，公書悶一首。

有弟相迎道相失，不知天南與地北。吁嗟艱阻骨月情，愁見鴻雁天邊鳴。日來消息知何如，臨風爲汝立斯須。

太思章

入京時周頗作威，將押解人打罵，不測其意。後聞東廠有人探望，嚴亦差家人沿途訪探，周故有所爲。公是日，馬上遵法，觀者如市，公作一首，曰《太思章》。

陟彼高崗兮崔嵬，思我父母兮徘徊。生我鞠我兮恩罔極，子事親兮當竭力。嗟我愚兮違子職，命我仕兮不家食。日時艱兮填胸臆，顧蒙昧兮身許國。履機危兮作楚囚，身莫測兮心之憂。使我父母白髮愁，不孝罪兮莫贖，順吾命兮何求！

五言律詩十首

遊飛來寺

其一

寺古老於樹，雲深鳥道微。鐘鳴羣獸走，風送片帆移。
挂杖青崖林，丹心白日馳。登臺千載思，雙鬢任風吹。

其二

曲澗瀉春泉,寒松帶晚煙。半雲侵客座,斜日落漁船。
風細巖花靜,月明山色鮮。酣歌迷去路,倚榻欲棲禪。

其三

白髮閒無事,招攜峽上遊。友生千古意,吾道一孤舟。
雲靜僧歸洞,山空月滿樓。探幽情不極,隨處是丹邱。

丁未除夕

虛窗人不寐,起視夜何其。斗柄遙東指,梅花發故枝。
寒隨更漏盡,春入草堂知。感激平生志,殷勤正及時。

乙丑守歲

寒漏催餘臘,芳筵待令辰。梅花看不厭,爆竹聽何頻。
海上青燈舊,天涯白髮新。豈須窮夜守,明發又為春。

春日喜晴

(沅案,此首失實。)

亦知樂不改,況復值春晴。雲散千山靜,天空萬籟清。
水鳥雙雙度,巖花處處明。無言坐高閣,終日道心生。

和泉翁咏滿山紅花

茁茁滿上曲,欣欣向晚紅。天然自真色,人事絕無功。

過眼希容媚，傷心乞態工。幽巖將傲笑，歲歲此春風。

德州發書回籍

公至德州發書，承差林應允、舍人萬全，起馬回廣東，因作詩一首。
聖世聞湯網，皇恩釋楚囚。幸承還籍命，得慰倚門憂。
愛日催長路，停雲值暮秋。天涯遊子遠，歸棹敢淹留。

登金山覽舊遊書懷 淮陽渡江時

南北中流迴，乾坤砥柱成。江襟彭蠡澤，山拱石頭城。
往跡千年在，歸舟一劍橫。狂瀾不可禦，感嘆幾年平。

度大庾嶺

梅關山色舊，蒲石未寒盟。古木堪垂釣，江門好濯纓。
片雲浮世界，孤月淡蒼茫。八極神遊遠，悠悠得此生。

七言律詩二十七首

題方少保西樵山書院壁

十二歲作

幾回欲上碧峰頭，今日始登山上遊。天與斯文聊寄跡，我來心思莫多愁。

乾坤萬古雲山在，世態無窮江水流。不是倚闌空悵望，居高還解廟廊憂。

奉和封君元旦言懷 用原韻

喜看斗柄轉洪鈞，栢酒椒花頌獻新。堂上椿萱皆白髮，庭前棣萼共青春。
詩書世奕螽斯慶，清白家乘麟趾仁。歲歲年年長此會，不妨江上臥垂綸。

與諸同志泛舟江門謁白沙先生故居

夢寐江門意獨深，扁舟南下歷江潯。黃雲影裏千峰靜，碧玉樓中萬古心。
吾道淵源真有自，釣臺風月尚堪尋。憑欄極目遙天外，欲扣漁歌和此音。

送弟維椅會試經金山至三水言別

共泝靈洲出海潯，樽前棣萼故園心。斗文萬里看長劍，吾道扁舟在素琴。
漠漠長天鴻影遠，悠悠江水別情深。相思二月長安道，早向東風寄好音。

送李三洲憲副入楚

江南二月杏花飛，雲夢煙深客路微。兩疏欲爲彭澤隱，九重未許洞庭歸。
青簾白舫驚湍急，岸柳汀蒲對曉暉。往事不須憐屈賈，越臺春色滿漁磯。

扃院草疏 用前院聶雙江韻書懷

　　草疏奏嚴嵩，是夜拜告天地，祈格君心，秉燭起草，有大鴉百十，噪繞庭中，至翌晨，一啄硯池，二立公座，公祝曰：「栢志已定，縱啄吾目，當亦不止。」鴉仍徘徊亭中，揮之復聚。

院門深鎖鳥頻聲，靜喚春心入帝城。漫覺憂時孤夢遠，敢云去國一身輕。

馳驅無計舒民瘼，迂僻茲遊愧友生。翹首瞻依天北極，五雲晴炫日邊明。

天津道中

　　公在舟中忽然發嘆，諸役左右相謂曰："何御史前日受大難，未嘗嘆聲，今何故發此？"史承、王奎問，吳欽、李存忠以衆言問公，公曰："幸蒙聖恩寬宥，得全首領，少可以慰父母之懷，惟有弟至京全無消息，獨此爲慮，念骨月至情耳。"各慰公而退。

天津一棹向南溟，越客孤懷對酒傾。樹裏歸鴉浮夕照，江邊飛鷺趁潮平。半生事業虛題柱，一曲滄浪有濯纓。驛客飄蓬隨所適，任從天意自陰晴。

北江別諸親友

孤舟萬里迅宵征，細雨更深寢復興。別岸數聲傳野柝，前灣幾點落漁燈。非才捧檄成何事，多病匡時愧未能。倚枕不勝懷土夢，白雲回首已千層。

渡鎮江述懷

　　時落職回籍，次濟寧，遇弟愷仲暨族兄景清，各歡欣鼓舞，且泣且拜，公詢雙親健飯，自慰喜不自勝。公曰："弟遠赴兄難，馳驅備嘗艱苦，可謂情之至矣。"

其一

萬里自甘行路難，雙親憂共倚門寒。天邊鴻雁愁爲別，河上雎鳩忍獨看。魏闕北瞻天浩浩，楚江東望水漫漫。微臣幸有生還日，帝德應同宇宙寬。

其二

是晚中秋,值雨,須臾月色皎潔,公又述懷一首。

萬里中秋客裏逢,蟾光雨後澹秋客。孤踪遠出春明外,雙雁回鳴天漢東。邂逅相看悲失路,辛酸各自語飄蓬。酒酣却憶當年事,浮世生涯一夢中。

咏舊居故梅

二十年前種此梅,今年聞得對花開。幽香似隔西湖近,春色疑從東閣來。逕裏獨宜松菊舊,門前誰作杏桃猜。歲寒願得天心復,百卉叢中此是魁。

村居漫興

閒從故里恣行遊,無限江山得自由。南望楚雲臨遠海,北瞻庾嶺見中州。寒梅破臘催春色,彩鷁乘潮趁鷺洲。雲白天青雙目迥,蒼茫今古思悠悠。

三溪印月

扁舟晚向三溪宿,獨坐遙看秋水生。明月澄江天共遠,雙松孤鶴夜同清。眼中滾滾俱塵夢,海上悠悠非世情。更欲乘槎何處是,扶桑東去即蓬瀛。

雨後渡珠江寺感懷集古

江中風浪雨冥冥,雨後看山郭外青。幾樹好花閒白晝,一方明月可中庭。滿堂空翠如何掃,舊事淒涼不可聽。安得務農息戰鬬,看花多在水心亭。

臘月同諸友登越王臺

乘興招攜入洞天，洞中風景尚依然。閒雲野鶴如相識，綠樹青山是舊緣。在處登臨皆此樂，古來塵跡不須憐。請吟坐上梅花月，付與山靈紀歲年。

與諸生宿鎮海樓夜話

夜坐江樓月未西，潮回江國已聞雞。連床細話多新得，倚枕應知覺舊迷。志定隨時皆實學，心閒到處是幽棲。明朝更欲尋芳去，山北山南同杖藜。

鎮海樓

兀兀層巒控海樓，仙城繚繞跨浮邱。雲封野寺三千界，風度長空萬里秋。極目星河依北斗，迴瀾砥柱屹中流。登臨莫謂炎方遠，鄒魯年來是此州。

白雲山

登臨地迴三城盡，紫翠煙深一逕微。雲靜九龍依洞出，臺空孤鶴向人飛。千山佳氣平臨目，萬壑涼飆故拂衣。悵望清秋情不極，浩然回首月斜暉。

菩提壇

清齋飯罷暮鐘時，塔裏傳燈樹影稀。僧在上方秋寂寂，月生東海夜遲遲。旛著相心先動，明鏡非臺性自知。卻笑黃梅留偈別，三更衣鉢使人疑。

五仙觀

煙霞堆裏訪仙家，樓觀崔巍歷歲華。芝草綠荒臺下路，碧桃香老洞中花。天連緱嶺從騎鶴，水接銀河好泛槎。客對晚涼成久坐，鐘聲幾杵散棲鴉。

遊南華寺 用東坡韻

南華路口別多時，尚逐陳勞覺已非。野寺蒼松虛鶴夢，洞門芳草待人歸。傳燈塔裏留僧偈，說法堂前有佛衣。日暮肩輿獨乘興，曇花琪樹正依依。

飛來寺

更從此地一維舟，直上飛來最上頭。犀去已知金鎖寂，猿歸空有玉環留。寒雲野樹千峰合，春水長江萬古流。歌罷月明眠碧落，此身不覺在瀛洲。

冬日由沙隄至磻溪山中遊覽

其一

冬日尋芳水竹村，梅花春色滿衡門。平田百里牛羊遍，遠岫千層虎豹蹲。迤轉松林連谷口，舟行荔浦似桃源。歲寒到處堪乘興，白髮天南酒一樽。

其二

鷓鴣山下鷓鴣啼，匹馬來遊日未西。雲護翠屏藏石室，水沿幽澗入磻溪。鄉關咫尺猶難遍，詩思飄瀟可盡題。對此莫愁歸路晚，明朝春色更堪攜。

西樵月夜感舊

萬丈松風吹客衣，月明山色望霏微。石泉洞古春常在，雲谷天空鳥自飛。此日登臨仙犬吠，十年蹤跡主人非。巖花似領無言意，且向樽前一詠歸。

春日偕諸弟姪遊西樵

採芳猶及暮春前，路入桃源洞裏天。幾片晴雲臨釣石，數聲啼鳥破朝煙。回看世界真如幻，每到林泉似有緣。欲識舞雩童冠樂，漫隨花柳過前川。

偕陳黃門、崔民部、陸孝廉遊西樵經梅花館

十年重約此登臨，千里良朋來盍簪。龍洞水從雲谷轉，虎臺花護翠巖深。論心夜對青山月，攬勝朝探碧玉林。偶遇舊時饔粥處，松梅猶傍草亭陰。

海目山

沅據《南海縣志》鈔補

閑向江門放釣舟，偶從此地識丹邱。雙峰遠在波間出，一水平分檻外流。風遞濤聲迴砥柱，樹含秋色護瀛洲。憑高未盡登臨興，揮筆題詩最上頭。

五言絕句六首

西樵山居

鳥向樓前語，花當檻外明。閒來無一事，心跡淡雙清。

對鷗

漠漠橫江鳥，悠悠度水雲。豈知人世上，終日自紛紛。

還故居

其一

嶺外沙隄里，江邊水竹居。乾坤佳氣在，還此結吾廬。

其二

東海一絲綸，西疇十畝春。茫茫天地裏，容易寄閒人。

望樵山

不到樵山久，寒松幾度秋。遙知湖上月，長照紫雲樓。

金山

月白元鳥歸，山空松子落。知心千載人，神交付溟漠。

七言絕句三十五首

題九老雅集

公巡按八閩，緣奏嚴嵩，被謫歸里，後僑居河南南昌何庄，遂講學於天山草堂。時里中有解組者八人，年皆耄耋，與公父通議公詩酒往來，甚相得。公性最孝，遇有饋佳味者，即白父通議公，延里中八老讌集草堂中。九老者，達齋唐明府九十二，沃泉鄧憲副八十六，荔灣周太守八十三，獅山周明府八十二，豫齋曾僉憲、虛谷江明府皆七十二，北崖辛通府、惠齋張貳府皆七十一，與通議公七十七，爲九老雅集云。時嘉靖甲寅歲也。

五仙舊在三城裏，九老今同一里間。春日蔬盤真率會，風流得似白香山。

七夕

其一

金風裊裊動新秋，江雨霏霏上畫樓。把酒憑高閒引月，天河雲影夜悠悠。

其二

雨餘雲散七襄橫，飄渺香車入夜行。一笑茫茫天上事，翻憐人世更多情。

其三

星期靈匹水迢迢，仙鵲羣飛合作橋。良讌未終雲影亂，天雞催動五更朝。

其四

瑤池宴罷送將歸，欲別無言意恐違。一自乘槎歸去後，夜寒依舊理殘機。

其五

殷勤鸞駕度金波，欲展新歡舊恨多。何似從前莫相識，廣寒終古伴嫦娥。

其六

莫云相見不從容，天地悠悠共始終。歲歲清霄常此會，絕贏浮世歎飄蓬。

其七

針樓處處鬭蛛絲，幻局塵機巧有餘。白髮青燈閒獨坐，碧梧涼露夜窗虛。

其八

秋光淡蕩碧山前，清夜焚香靜不眠。世上陰晴俱莫問，古今離合總茫然。

田家雜興

村庄禾黍與桑麻，暇日田園處處佳。願得康寧足衣食，更從何處覓生涯。

村居懷關紫雲

欲上西樵訪舊遊，歲寒時事尚淹留。不知亦有山陰興，能過磻溪共釣舟。

山居感懷

其一

笑看幻局自升沈，何用勞勞獨有心。坐對寒松巢老鶴，身閒贏得臥雲林。

其二

沙隄變盡舊田園，從卜南昌自一村。三十年來成拙計，好將貽翼屬兒孫。

宿沙溪舊廬遇雨

敝廬門巷草芊芊，頹壁風寒夜不眠。竹榻跏趺聞蟋蟀，敢將心事向人言。

贈鶴所、兆先、兆明三位從兄

伊兄弟因事故分散，後各引咎，共歸歡酌，作詩以贈。

其一

鴻雁翩翩逐隊飛，有時南北各相違。風回雲靜天邊合，依舊和鳴共影歸。

其二

荊樹同根自昔時，如何榮謝不相宜。樽前昨夜東風轉，滿眼庭花發故枝。

江村感舊漫書

其一

亦知身世兩悠悠，何事勞勞尚未休。莫問人間醒與醉，閒情都付水東流。

其二

水流崎澗出隄西，一度臨流一度低。萬木青青山寂寂，獨憐幽谷鳥爭啼。

其三

鳥啼花落總無心，極目蒼茫自古今。欲問幽棲何處是，青山回首白雲深。

其四

白雲繚繞度遙天，萬古升沈盡目前。世事悠悠何足問，從今只好學無言。

舟中獨酌

孤舟獨坐出江潯，詩自閒吟酒自斟。天外白雲閒片片，笑看萬事總無心。

過歌風臺

公夜過泗亭驛，望歌風臺，口占一首。

歌風臺上漢時秋，赤帝雄圖蓋九州。世業獨憐多與仲，只今惟有水東流。

衢嚴道中口占

公自常山至杭皆順水，數日值大北風，杭人甚苦，公遂自岸行至會江驛。

六月北風吹浪生，順流旬日逆牽行。天時人事每如此，誰道乾坤亦世情。

會江驛夜中述懷

會江驛宿，驛中荒涼，役夫俱逃避，夜無供飧，亦無房寢處所，公遇自安。

浮生蹤跡豈須言，此日艱難空自憐。桎梏無餐亦無僕，舉頭長夜對青天。

雨中有感

公至無錫縣錫山橋畔，絲管雜聞，公雨中獨坐，忽有故鄉之思。

羈旅逢秋楚雁聲，愁心連雨入孤城。人間樂事付流水，塵夢遙憐芳草生。

滄洲道中晚眺漫興

歸鴉低繞夕天紅，野寺松風落曉鐘。倚棹滄江成遠眺，中天看月好誰同。

冬日東閣觀梅

孤雲自照天中月，疏影能禁雪裏寒。冬日尋芳惟有此，何人錯把杏花看。

和宮詹黃泰泉釣舟詩

江村漁火枕漁簑，臥聽滄浪孺子歌。一曲未終江上白，好懷偏對水雲多。

水澳橫舟

西樵真景爲方文襄公題，下三首同。

官山山下水西頭，楊柳津前綠陰舟。海內風濤多不定，未應長嘯獨臨流。

五龍穩睡

石牀冰簟臥龍墩，分得華山枕上痕。相國勳名先版築，君王應有夢思存。

天湖釣月

靜向淵源獨鑑心，秋空碧落夜沈沈。漁人不費絲毫力，閒對清光萬壑深。

翠巖流觴

千層雲谷鎖秋陰，絕壁天池瀑影深。洞裏乾坤誰燮理，樽前水月也無心。

經方文襄公故居

五龍深處相公家，樓閣連空鎖暮霞。門外久荒車馬道，庭前猶放木樨花。

西樵道中

勝日尋芳上翠岑，鳥啼花落總春心。杖藜到處有真樂，松嶺朝雲一逕深。

紫雲樓雨夜書懷

夜坐西樵百尺樓，忽驚風雨起春愁。十年回首論心事，寂寞寒燈數舊遊。

天湖亭雜詠次嗇翁韻

獨坐山亭獨自歌，月明歌罷枕藤簑。夜深翻憶十年事，學海其如孟浪何。

題陳白沙先生祠門聯并書

道承孔孟三千載
學接程朱第一支

諸家題贈

過讀書堂懷何古林大宗伯

長泰縣令陳景唐　三水人

見說棲鸞地，流風緬昔賢。青山自今古，茅屋空雲煙。
諫草三千牘，才名二十年。思公渺何許，霜月滿江天。

讀書堂

督學蔣信　常德人

　　古林何子總角時讀書崑都山麓，與蘭坡老人僦屋半間，編竹爲垣，上覆以茅，僅容一榻，客至，無坐處。三面野塘，湫陋人不能堪，何子居之甚適。雨漏則拾竹殼葺補，日夜端默靜坐，壁間書李延平先生"默坐澄心、體認天理"八字，日顧諟之，至忘寢食。如是者踰年。甫冠，乃還故里，閉南軒以專志於學。豪傑之士無所待猶興，古林子方少時，乃能卓然自立。

　　予嘉靖戊申，偕長沙羅子一岳、蔣子自正輩，自楚踰嶺，與廣諸同志遊羅浮、西樵，道古林子沙澂里，同出三水訪光遠陸高士，遇何子讀書堂，蘭坡老人指示故所，竹壁蕭然，可想可愛，題曰：何子讀書堂。遂贈以詩。

其一

古林深處讀書臺，一榻乾坤靜裏開。饘粥自甘清晝永，茅簷長傍野塘隈。
潛藏自是蟠龍地，端默由來結聖胎。今日得逢舊棲處，卻憐秋早鳳歸來。

其二

名公自昔藏脩地,茅屋斜連水面開。繞檻風雲閒白晝,沿階花木淨黃埃。曲肱幾見周公夢,吹杖曾承太乙來。壯志十年虛諫草,台星夜照讀書臺。

讀天山草堂遺稿有賦

大學士何吾騶　香山小欖人

閒披金鑑許誰同,最憶先朝指佞忠。九廟有靈留鐵面,千秋遺草照丹楓。天山堂上人猶昨,風月樓頭韻轉工。薑桂秖今餘辣性,秩宗南去有如翁。

與何古林同登崑都山

龐尚鴻

秋高扶杖覓青山,竹逕紫扉許共攀。紆曲路隨松澗出,馳驅人向日邊還。驚林玉露鳴清籟,默石高談解悟關。若問浮沈江上事,風塵何處得休閒。

送何古林出洞

湛甘泉若水

送君出洞去,新手閉三關。君有陽和約,一陽來復還。

何古林別後有懷 用前韻

湛甘泉

猶疑顏色在,曉月照松關。浩歎草黃落,王孫遊未還。

奉和何古林侍御居樵

湛甘泉

城宿寧非寂，山泉亦是喧。要知喧寂處，動靜此心然。

八閩歌謠

錫祥謹案：《誠徵錄》所載歌謠各體，皆公被逮時，閩之庶士沐公之澤，思公之德，憫公之忠，一一寄諸謳吟，以抒其憂慕之誠者也。其中有歌行，有填詞，有古今各體詩，凡皆以歌謠概之，蓋悅之故言之，言之不足，故長言之、嗟歎之，嗚呼！公之大有造於閩，而閩人之沒世不忘乎公也，豈偶然哉！茲因蒐公遺稿，而凡當代之搢紳大夫，苟有懷贈，悉皆附錄其後，豈於閩人之歌謠，尤懷贈之殷且摯者，敢獨遺歟？爰節錄其古今各體詩，而於歌行、填詞二種，姑存《誠徵錄》中，以此係詩集，故不便攙入別體云爾。

其一

萬里風濤險，何人競渡舟。非因根腳定，那得錦江流。
發粟知時急，輸忠爲國謀。口碑聯海島，春色映羅浮。
詎意嚴霜慘，翻成六月秋。行歌牽馬首，泣別渡江頭。
蟲鳥猶知戀，煙雲爲去留。乾坤如再造，端不愧伊周。

其二

聖世推時彥，公當第一人。持身法若水。秉政疾如神。
區畫公私困，調停出入均。全城皆受福，八郡盡回春。
國賦惟供正，民風俱返淳。匡時驅虎豹，經世獻麒麟。
擯斥心無怨，拘攣辱不驚。竭忠來漢使，授直縶賢旌。

赤地俄成雪，公居偶集蠅。豈因羞落羽，不爲憚批鱗。
草野長聞化，清朝待秉鈞。願言追稷契，萬古仰臣鄰。

其三

聖詔從天降，民心載道悲。何人憂社稷，公去係安危。
風雨愁行色，煙雲動去思。乾坤還有眼，應不負明時。

其四

聖詔今朝下，山川草木愁。攀留轡未脫，泣別淚難收。
赴闕馳驅急，單車驛路悠。行看旌直節，忠烈映千秋。

其五

逆鱗千載寂然無，誰信留鬚表丈夫。借劍尚方朱折角，開倉賑濟汲長孺。
平生正氣邱山重，舉郡冤聲野草枯。蠅集肩輿知赦日，天教社稷仗公扶。

其六

使君持節按閩臺，懍懍風裁百度開。請劍孤終昭日月，賑饑真惠遍蒿萊。
攀留無計長揮淚，投鼠深知重見猜。煩語錦衣須愛國，好將公論達堯階。

其七

中宵秉燭上封書，爛吐燈花鬼膽虛。卻憶尚方曾借劍，每懷大內反牽裾。
孤臣萬里心常切，直節千年氣轉舒。漫道逆鱗時不測，留旌檻跡定何如。

其八

未久巡閩澤已深，是非公論在民心。草茅無計回天怒，再福蒼生有古林。

其九

送別江頭日已西，攀留無計扯衣啼。乾坤浩蕩應回首，想起關河又轉淒。

其十

嚴霜六月下榕城，白叟黃童涕淚零。爲國捐軀扶社稷❶，長途願施好生心。

其十一

百歲無人見此荒，蕨根搜盡水充腸。何爺若不開倉早，十室應知有九亡。

其十二

使君匹馬向神安，百折關頭幾度難。尚賴天心扶社稷，管教夫子得生還。

其十三

行李蕭蕭動去思，扁舟一葉竟何如。攀留無計江頭溪，那得音書付雁魚。

其十四

萬里飄飄驛路遙❷，甘棠遺澤播民謠。高風千古人瞻仰，尤喜遭逢得聖朝。

予家自大宗伯而外，列祖之以詩顯者不一而足，要皆流失散佚，蕩然無存，近因輯大宗伯各體詩，而於列祖之詩隨所見聞，敬而錄之，并付諸梓，庶留什一於千百云爾！

錫祥謹識。

---

❶ 旁有"賢使儘憂國志"。
❷ 旁有"馳驅別思迢"。

列祖律詩

元旦言懷示諸兒

何應初逸溪

習習塤箎奏帝鈞，眼中人物若爲新。詩懷恰動梅花興，酒意客添栢葉春。事了身閒隨地樂，父慈子孝合家仁。千年緒業兒孫繼，饒我江湖把釣綸。

贈古林家弟致仕

何士傑鶴所

綵鷁翩翩萬里還，傍花隨柳任偸閒。一肩風月歸南海，千古綱常重泰山。青鏡從教塡白髮，丹砂長養駐朱顏。回頭卻笑長安道，多少行人未出關。

余年八十有一，家弟古林自省歸里，擬奉觴張樂爲壽，詩以卻之

何士傑

八十康強老自安，兒孫遶膝足怡顏。無端世事何時了，罔極神恩欲報難。讀罷蓼莪心倍痛，歌餘杕杜骨猶寒。生平抱此終天恨，忍對杯盤強自歡。

郊天應制

何維栘二禺

祥光飄渺護彤墀，恭覿吾皇報祀時。法駕曉臨仙仗肅，奏壇夜集漢宮儀。
聲偕鸞鳳風和細，影動蛟龍月上遲。知是神人咸受職，共歌天保樂雍熙。

映日軒七夕與友人話舊

何嘉元鈍樵

雲樹蒼蒼幾片情，今宵玉露滴新櫺。共憐牛女方乘鵲，誰識求羊有聚星。
杯酒坐分明月夜，琅玕風細曝書亭。白頭傾蓋渾無恙，閒數流光眼獨青。

白裏白

何瑗有蘧玉

馮借庵以此副前題，掌壇坫也，分賦諸子，有以雪裏梅詠者，有泛指天下之物二白相配詠者，各錄一章，以俟後訂。

本來風骨若憑凌，欲判雙清盡不能。剡浦絮飛花片片，孤山香結雪層層。
澹移雲漢天無色，碎落寒光月有稜。靜對前川供一賦，朱門濃艷爲誰矜。

天然設色巧爲圖，淡淡晶盤映玉壺。素女波間飄縞帶，寒蟾影裏弄明珠。
臉施粉汗看疑似，額試梅粧問有無。皎潔更誇仙客跡，翩翩鶴氅雪痕孤。

附錄一　佚文

粵山煙樹賦 并序

[明] 郭棐纂《嶺海名勝記》卷二

　　粵山煙樹賦者，同會諸君社中賦也。予以懶陋，是日不及會，諸君謂予不可無作，田園既暇，遂染翰爲之。夫越山，托跡也；煙樹，寓情也。達觀順適，何往非茲哉！廼因以廣志焉。

　　伊夫越山之靈秀兮，岧嶤奠荆揚之南。紀歷九疑而蟠五嶺兮，白雲兀天而特起。溟渤匯百川而東之兮，沆瀁而不可涯涘。羅浮之飛雲渺渺兮，扶胥矻虎門而雄峙。蒼梧桂林之綿曠兮，聯西樵大鴈而獻美。黃雲紫水之當其前兮，俯日南林邑而遐視。曜朱輪以臨北景兮，炳南極之熹明。居天地之仁氣兮，篤大德之長生。普美利於咸亨兮，善品物之流形。洽四時而皆春兮，欣萬卉之敷榮。挺列於巖崖之陰兮，連林於曠野之陽。彼栟櫚枸橺與楓栟兮，綿杭杶櫨而豫樟。惟平仲古度而榕樾兮，□離波羅與朱楊。嗟頓楠松梓之相思兮，楨檀桾櫏而文欀。敷蓏抗莖，聳綠挺黃。含煙暝霧，靄靄靆靆。時有猨翁猩子，吟嘯哀傷；狖鼯猱然，超趠騰驤。獮貁烏菟，麕狼裊羊。鉤鋸鋒頴，躑躅跳梁。與猩貙之所巢穴，極怪魅之所潛藏。至於原隰郊埛，井邑疆場。橘柚餘甘，仁面之品。桂椒木蘭，檳榔之芳。荔枝龍眼，橄欖之林。奇檀沉降，百合之香。異蕚藍蒴，萬列千行。中州不可得并其有，物志豈能辨而詳？趺蔓蕤條，冬蒨春虇。倉庚戴勝，隨上下而差池。鷓鴣杜鵑，感氣序而飛鳴。山雞雲鶴，時矯翼以歸棲。孔雀翡翠，日綷羽以翱翔。乃若結根邃谷，幽茂崇岡。僨柯旖旎，密葉清揚。綢繆繽繡，掩映青蒼。旭日映曈，緒風颸颸。颸瀏颼颼，流徵激商。天籟微鳴，迭奏笙簧。蓁蓁萋萋，其中則棲乎鳳凰。亦有擢本千尋，垂陰萬畝，蔽虧日月，吞吐雪霜。銅柯鐵幹，錯節盤根，輪囷虯蟠，偃蹇龍鱗，多歷年歲而不改易者，真可以棟樑乎明堂。干雲霄而直上，遺獨立於遐方。豈時地之固然，實終古其難量。此鳳德之歌，宣父見誚於楚狂。而工師之喻，子輿未售於齊王。感時物之值適，嘆世事之靡常。緬今昔之崇替，詎永懷之難忘。陟層巒以舒眺，策我馬之玄黃。集仙城之舊侶，循郭外之康莊。坐茂林以徽絃，鑒清流而泛觴。眛雲山之渺漠，眄煙樹之微茫。觸景物以興懷，吐芳詞而起予。

予於是正襟嘿坐，四顧遲躇，少焉答問抽思，乃極吾心之所如。睨呼鶯之蹊徑，陟朝漢之遺墟。指南楯之故廡，云益智而實愚。彼趙劉之霸圖，特偏雄之土苴。煙沉電滅，曾何足以動吾之歆歔。矚菩提之茂樹，俯梁唐之琳宮。悟無量之上乘，展釋氏之南宗。探稚川之丹室，訪安期之遺踪。窺玉蟾之玄趣，契三教於攸同。彼二氏之虛無，實賢知之過中。雖卑視夫塵界，而亦豈予心之所從。於是遠覽九成之韶臺，徊想曲江之芙蓉。相業迥邁於唐世，風度注慕乎玄宗。歷辭相而不拜，稷菊坡之清風。備天人之盛德，跨宋代而獨隆。爾乃皇明炳耀於南土，卓爲海濱之鄒魯。振遺響於江門，步濂溪之方武。道深造而自得，迪孔孟之遐矩。此皆往昔之鉅賢，實邁吾邦之高軌。諸彬彬之碩彥，殆更僕而難數。闡文物之丕聲，播忠貞於寰宇。鍾山川之清淑，豈徒林木之足取。猗後生之有造，宜先民之是程。由邦國之善士，稽千古之儀刑。居則升陽春之堂，以叩杏壇之扃。出則修二獻之業，以達三代之英。審法上以定志，恥一善以成名。惟俟時以達道，庶無忝乎此生。

客有聞予言而歌之，歌曰：越之山巍巍兮，吾極目於何之。越之樹依依兮，嘆時光之熹微。雲縹緲而莫即兮，興千古之遐思。日皎皎於扶桑之中林兮，景冉冉其不可追歷。南極之太荒兮，漠漠乎中土之遠。而予將適乎采真之遊兮，杳杳乎仙蹤之不可期。將四顧於山川之緬邈兮，微先覺其誰歸？

　　於是又從而賡歌之，歌曰：雲山蒼蒼，江樹悠悠。我有旨酒，同心好仇。不出戶而知天下兮，何必騁於遠遊。神遊八極，天地且隘視兮，而何有乎中州。此心自太古兮，歷萬劫與千秋。堯舜讓而巢由遁兮，何羨乎弔伐之商周。太公興而夷齊餓兮，而亦何有於屈父賈生之傺。眇古今於一瞬兮，等天地於蜉蝣。齊物我於兩忘兮，與上下而夷猶。素位而不願於外兮，諒無往而不自由。則何追夫既往之莫及兮，而又安計夫未來之可留。惟樂天以知命兮，坦萬慮而無憂。時委運以觀化兮，順吾生而何求！

新安經始記

[清]靳文謨修，黃袞裳等纂《（康熙）新安縣志》卷一二《藝文志》

　　隆慶壬申夏，巡海仁山劉公還自海上，過余，述南頭父老吳祚等語曰："吾儕老且死，獨子孫世淪鬱陷，何由見天日？號籲伏地，請建縣治以圖保障。"予曰："公何不力任以綏厥蒸民？"公謂建置事重，惟議添一丞，少對衆望。予曰："南頭設海防，郡貳與守備，彈壓茲土，尚不能爲，小人依附，何有於丞？若建邑則職專宰牧，責重拊循，約束强悍，不得肆其惡。比聯良弱，有所恃以生。東莞爲藩籬，會省爲門戶，輯邇控遠，安內攘外，一舉而衆善得矣。昔與制府劉公、吳公創議首此，今在鎮殷公亦言之，備公入，以予言探之。"翌日，公以添丞上詳，因以予言質殷公，殷公曰："彼中父老意若何？"公曰："萬口同詞，惟願立縣。"殷公曰："何公素不苟於言，父老且宜之，宜以建縣。請令更詳入。"殷公覈下，即疏馳請奉，部覆允名爲新安，因舊城以爲固，輯軍民以爲居，肇邑創堂、學宮，諸所經營，次第就緒。公過予，稽首曰："新安邑治，不佞承矩迪，乃有今茲。敢冀名言以記始事。"予拜諾。甲戌秋，公晉貳冏卿，行復申請，業揮稿時，新令倥傯未遑。冬，予應召北上。戊寅歲始歸，時公已辭世，追鳳議，每對新安士友言，屬視篆，輒代念不及，此竟落莫負公委。丙戌歲冬，林子培過山中，語及慨然，因會吳子國光貽書令尹丘侯，侯即與盧學諭一松、譚司訓一陽遣諸生葉大霖、吳國禎奉書幣敦請。予念茲土，在漢隸南海郡，歷晉而隋，或郡或縣，舊名寶安，唐移到涌，爲東莞縣，明洪武間，城舊郡地爲守禦千戶所，南控溟渤，東西諸路悍商番泊翔帆，日千里可至，誠嶺海重鎮。往昔經略疎闊，漫無防守，大都以漁樵耕種爲事，而海寇負險嘯聚，爲內境患，不啻數十年所。今萬姓有所利賴，耕鑿魚販得自食其力，以享室家之樂；島外小醜徘徊海壖，莫敢窺伺。海不揚波，境內咸藉康毗，芟彝就坦，化梗爲良。曩時驍悍干盾之區，率爲詩書絃歌之習，士子嗜學績文，裒然爲舉。首策南宮上，第諸所，敬業席珍，以需清廟之用，蓋將俘東邑而上之。是舉也，兩廣制府殷公定其議，侍御楊公藩臬司府協其謨，海防貳守周冕、東莞令尹董裕綜其務，而決斷力成之者，則仁山公也。概邑士民，莫不追慕公德。今復得丘侯加意率育，俾予得紀公事跡，以不爽幽明之誼，成美貞教，日進無彊，用備記之，以貽來者。

重修高明縣城學記

［明］陸鰲修，陳烜奎等纂《（崇禎）肇慶府志》卷二九《藝文志》

　　高明舊附郡城，後嶺西多故，成化初，請拆高要三十五里爲高明，邑於會寧、興平之間，最爲要害。邑城馬路原築以土，歲久坎窞，且卑隘不足覘，備西南隅，緣地勢傾仄，自外至者率可超越。往歲浪賊踩躪鄉井，薄擾城郭，邑內洶洶，各懷危懼，戍守患之。又外濠東南隅，舊爲豪民佃湮，城樓、窩舖、營堡、鎮寨、儒宮、祠宇，日益頹敝，歲久不治，民罔由依，而士靡寧習。嘉靖丙辰冬，莆陽三橋徐侯來令茲邑。既至，察俗究蠹，以嚴輯豪右，以惠子困窮。以明察姦，而基之以恕；以果達政，而繼之以勤。踰年，政行訟簡，乃上議監司設鎮寨以周鄉保之防，立保甲以嚴稽弭之術，籍勇夫以備土兵之用，革添募以省冗食之費。銳志保障，爰及城池，募工治甓甕，土砦石培，築馬路，視舊崇五尺廣一仞，週城凡六千一百六十尺，更築傾仄者凡四百餘尺，追浚湮塞濠道凡五百餘尺，重修城樓，爲門者三，窩舖者二十，由是城郭池溝截然險固。乃修縣治，諸所建置以次畢舉，尤加意學宮，自廟堂門廡及於齋舍，罔不崇飭。敬一亭舊置儒學門外，污褻特甚，乃遷建門內，崇址四尺，亭列三間。名宦、鄉賢二祠，舊在北郭，非制，乃鼎建二祠，遷祀學宮戟門內，左右更二舊祠，爲談經別院，以居諸生有志者。建南北二隅社學，下及鄉塾，咸擇師以迪童習。修墜舉闕，餙舊增新，煥然備一邑弘規。財出於公，不足則損惜處給，不以擾民。故上不以爲費，而下忘其勞。由是有備無患，寇盜衰息，男者得以耕，女者得以織，逋者日以集，居者日以息，商賈阜通，庠序樂業。

　　邑之耆老俊髦，咸念侯之功，相率謁予徵言，以紀不忘。予素知侯，且嘉其有爲，故樂道之。夫令者，主一邑者也。凡在邦域之中，形勢防衛，民生休戚，戶口登耗，習尚汙隆，皆係之令。令以一身體之，則所興作、因革，制不可已者，皆所不容已。世之長人者，大率以繭絲呈則，視民疾痾，茫不相涉，甚則日事黷虐，獄訟由興，赭衣滿道，盜賊彌布山谷，莫之省備，民日不堪命，轉徙耗亡，罔克胥康以生，奚暇治禮義？若是者，惡在其爲民父母也！噫！豈惟令哉！茲觀侯之所建置，而父老德之，子弟稱之。揆其善政，過人遠甚。敬斯以往，無不宜者，獨茲邑哉！稽之《易》豫重門，《周官》重掌固，則利禦之圖，不可無其具也。然有其具，統之而非其人，有其人，治之而非其法，則上下不相維繫，雖有險固，其誰與守？是故城廓者，先王有之，而非恃以爲存也。順時節愛以厚生，端儀謹教以正德，則所謂無形之險而有形者益固矣。此侯素志，予固表之，以告於後之從政者。侯諱純，字肖文，福建莆田人。嘉靖己未九月既望。

歸善重修儒學記

[明] 姚良弼、楊載鳴纂修《（嘉靖）惠州府志》卷十六《詞翰》

歸善縣蓋故有學，距白鶴峯南百步許，其址肇自元季，今莫考其歲月，歷久漫漶頹圮。嘉靖戊戌，教諭溫溥憫焉，乃具學宮蕪狀，白之董學吳公。吳公是而檄之郡，上之撫臺諸司，乃委其縣董厥役。爰諏三月惟吉，選用惟能，百工惟勤，金石木土惟良。於是易其敝者，新其故者，興其廢者，益其遺者，百爾具備，莫不中式，黝堊丹漆必以法。以七月二十日告成事。默泉吳公過而視，喜焉，謂宜勒之礎以鑒勵也。於是遣其學生葉天賜、郭宗義等越數百里走幣入省，徵予言爲記。

予曰："國家立學，凡以造士而致用焉爾。學之廢興，士之美惡，天下之治亂繫之也。是故虞夏商周，天下之盛王也，未有不重學者矣。漢唐以下，樂其教化，選造之美，漸不如古，而建立責望之重名因其時，以故士多思報。邁國之賢，雖不踵見，而乘時樹績丕□，炳耀赫奕，與夫苟臨患難，則忠臣義士爲國攸賴者，代代不少。此其故何也？學校之教素存，而明倫之澤自不可斬也。我國初，首重學校，而待士益厚。至今上銳意好古，愈加敦飭。然則爲士者，可不思所以報乎？夫士或不幸生於離亂殷憂之時，或阻於窮崖困阨之境，尚思奮勵自植，以表見於世，以不愧其爲人。乃今共沐菁莪之化，處之不征之地，顧不能交相磨濯，以成其學。嗚呼！其亦自棄甚矣。自棄其身而欲報其國者，未之有也。嗟夫！歸善之士，其尚無自棄其身以忘國哉！"

重修延平書院記

[清]朱袞修，鄒廷機纂《（康熙）南平縣志》卷二十三《藝文志》

　　嘉靖甲辰春三月，予按閩，自永定入汀東，趨三山，過劍浦，艤焉。周覽九峰上下諸勝，則見其繚聯崔翠，崆峒涵迴，崛特壁立。河自武彝道建安，及劍，與清流、順昌諸水滙而合流，南徂南臺，東入於海，湍逝震激，濺瀏軯軋，勢箭迅而不可止。石磷刺巉，嶮筍立屹，爲閩越砥柱。予觀之而知英賢所生，川嶽靈孕，殆不可誣。

　　越明年二月，再歷茲郡，遂登西山，謁所謂"四賢祠"者，蓋楊龜山、羅豫章、李延平、朱紫陽合祠也。是日也，天朗氣清，物融景秀，士從雲集，彬彬詵詵，緬景前哲，幸託斯文，寔有曠世同然之感。爰稽舊規，遍式道林，則知四賢各有專祠，龍山道南，文質杜溪，霞洲闕里，廟貌并新，惟水南故有延平祠，漫漶不治，讀舊碑不能字句。得其年爲成化乙巳，予愀然作曰："祠圮獨靡稱，胡可哉！會逢其適，豈山川之靈，顧有待哉！"乃檄之郡守馮子岳，率厥僚属，度地審式，議報，予可之。乃出公帑之贖金，飭材備度，以是月某日，百工俱作，易故以新，爰崇厥址，爰丕厥美。於是堂其中曰"象德"，示報也。表坊於外曰"延平書院"，識實也。坊於內曰"冰壺秋月"，取鄧廸語，見先生之學淵源瑩潔也。又其內爲"風雩亭"，見先生之趣，與物同體也。其後爲"明翠軒"，取諸光霽庭草之義，見先生之學得之濂溪也。夫是祠也，其爲象也深，其取義也廣，其諦慕也切。三者備而祠成，而樹聲流美，昭往貽來，嗣是而敦祀典之未備者，於是乎有稽也。

　　先是，郡議以先生與豫章未得從祀孔子廟廷，當上請。予顙而嘉之，疏具，會以言事罪繫不果上。夏六月，道此，適祠成，郡邑之长偕其佐属與學之師生請曰："祠落矣，願留一言，以垂不朽。"予曰："維柏責也！倘蒙恩不死，當成諸同志之美。"既罷歸五年，延走吏來請，予不敢忘，遂紀其實如此，而繫之以辭。是舉也，同遊而贊議者則副使黃子福、參議孫子雲、鄭子有周、僉事利子實、戴子鯨、興化推官章檗、汀州推官黃弘綱也。集議而責成之者，則郡守岳洎、推官楊樞、南平知縣張熹也。將樂知縣劉一夔、經歷周昕、縣丞孫儒，皆相厥成功者也。故并書之。

辭曰：於惟先生，山岳降靈；忠信淑慎，本乎夙成。乃若問學，實則師承；龜山鼻祖，道南啟英。書謁豫章，親授法程；至其自得，獨詣益精。未發之中，氣象神凝；沉默體認，天則流行。廣大精微，玉振金聲；上溯羣公，日麗天中。濂洛光霽，伯子春風；先生見道，實與之同。象山立本，簡易貫通；先生所造，益粹以融。文公及門，考正折衷；斯文不墜，先生之功。栢也頑愚，弱冠景從；羹墻嚴愓，矢言令終。勒之樂石，爰紀予悰；曠世感召，教思無窮。

巡按御史後學何維栢謹記

廣寧縣學田記

[明] 陸鏊修，陳烜奎等纂《（崇禎）肇慶府志》卷三一《藝文志》

用宇黃侯以能治劇，初涖廣寧，風裁凜凜，境內大治。雅慕文翁之風，欲興起教化，乃籲於士曰："吾使豪猾者戢，細窮者蘇，土疆不越，道路無虞，則始爾多士；吾使少壯者作，耄老者休，各恭其長，不匱所生，則始爾多士；吾使婚聘有則，喪葬有禮，無蔑天常，無斁人紀，則始爾多士。爾其念哉！"乃時往學，教之吉凶享祀之節，教之孝弟忠信之義，教之存心致知之學，教之誦說經義以取衷也，教之相觀切嗟以勵益也，若則有勸，不若有懲。已而飭黌宮，建賢宦祠，修號舍，又以士之貧者無以自存也，沒廢田計租二百石有奇，養士之貧者、賢者、冠昏、喪祭之不能成禮者給焉。其教諭鄧君沛、訓導秦君一律，介其弟子陳生鳴嶽請予記之，以垂永久。

記曰：刑罰治人也淺，禮義之治人也深。夫刑罰非不肅也，謂束縛焉耳已。故君子之爲政也，不以養廢教，謀在遠也。善教者匪別立之科，去其害教者而已矣。今之害教者惟何？師儒之耄昏則教廢，章程之紊雜則教廢，課肄之惰偷則教廢，勸懲之棼濫則教廢，怵勢而觓法則教廢，徇情以行私則教廢，此皆係於上者也。教述迷惑則教廢，俗尚淫回則教廢，甘利而遠義則教廢，怗勢以干憲則教廢，叢口以鼓謗則教廢，習其所不習、不習其所習則教廢，此皆生於下者也。夫生於下者，上可得而導也。其係於上者，吾且將誰責乎？余見今之置學田者所以維教也，往往乾没於學霸，乾没於師長，乾没於佃户，互匿瓜分，而士之貧者、賢者、冠昏喪祭之不成禮者，不沾其升斗之惠。督學、憲臣歲一至於其地，稍行清理，輒虛名以應，豈設田者之初心乎？此教之所以日弊，而風俗之所以日偷也。黃侯匪姑息以爲寬，匪激厲以爲猛，匪合縱以爲恕，精明任事，不避怨尤，而一時師生，罔以浮藝蔽德，罔以側言改厥度，士之貧者、賢者罔不治其身心，以徹惠於無斁，寧復有異日乾没之弊乎？

　　侯名南金，福建泉州府南安縣人，用宇其別號也。鄉達雙厓李公，先是捐其田租八十石，龐生尚鴻捐其租六十石，入學，以助生徒之貧而賢者。李公諱蘗，別號雙厓，由嘉靖乙未進士，歷官山東道監察御史，雅尚行誼。龐生尚鴻，本學廩膳生員，文行并茂；其子名端學，國學生，於捐租一事，足徵父子同志云。夫黃侯尚矣，其德澤在士民，千百世不朽矣。而李公、龐生，皆無所爲而爲善也。百世之下聞其風者，必有奮然而興起者乎？學田上名坵段、稅畝、耕人，載之碑陰，併爲之記。時萬曆甲申秋七月吉。

清遠縣改修儒學記

[清]陳丹薑修，黃許嶸纂，馮皋疆增補《（康熙）清遠縣志》卷十一《外志》

　　凡邦邑山川，民物興替，固自有時。然培植旋轉，則人事繫焉。自古聖明之疆理天下也，辨方正位，體國經野，察陰陽，觀其流泉，所以翕聚靈秘，統握人文，愈久彌昌。率用是道，矧黌序風教，首事尤不可以已者。清遠原建，肇自中宿，稱名邑焉，後徙今治，浸厄塞無，聞說者謂地輔空曠，水駛犇流。余昔登覽，果然。時出北郭，視於學。學故在城中，以湫隘遷此。雖傍丘據高，獨面郭，蔽翳不可遠矚。余喟嘆久之。因過東林，層巒秀拔，拱揖於前，水自峽西悠洋來顧，澄碧一鑑，悅人心目，測之為異方。巽居東南，得天地仁氣，堪輿家首重之。邑顧舍之，為異氏所得。噫嘻，舛哉！迤左為山川壇，層層而北，遙見荒原古塚，纍纍不忍觀之。取徑踰寺後，行數百步，得隙地可十數畝，前瞻東林，回顧有峯卓筆屏其後。余謂諸生曰："此獨不可以居學宮耶？"諸生唯唯。

隆慶庚午，馬平桂原鄧侯來宰是邑，加意綏輯，作率士類。詰學，見漫漶弗治，愀然。登涉周覽，顧巽峯異焉，諸生因以余言請。侯曰："得之矣。"度地量力，鼎遷則難，孰若就址拓基，審式易向，迎祥攬吉，勝茲面墻遠甚。學諭陳君冕、何君宗中、司訓丘君琚、葉君朝立，先後同志，率諸生贊之。侯請於撫臺李公、按察趙公焞、督學余公立、兵憲諸公察、太守胡公心得，咸報可以。是年冬十二月十五日經始，俾典史萬立、陳繪、倉使何正有、河泊陳椿董厥役，前後協力，選舊增新，凡棟梁榱栱之屬千百有奇，瓴甓鴟吻之屬萬有奇，礎礪之屬百有奇，釘綫之屬千有奇。徒役若而人，人役十日；工匠之役若而人，人役五旬。鍛者、礦者、畫者各以其能，程而食之有差。凡有費給自公，不以擾民。於是廟廡、堂序、祠亭、齋舍、垣墉，百爾規制，視昔尤備。重門洞開，巘奇川媚，天光發新，地靈啟秘。過者式，瞻者躍，而嘉謂侯是役培植氣機，斡旋文物，功非尠小。而侯亦謂其責不容已也。既訖工，遣諸生劉瀾、朱守魯、孔煦、楊鴻、黎民模、文學麟、朱士讚輩謁余，徵言為記。翼日，侯躬申厥請，余諾之未有應也。

今年春三月山行，舟出迴岐，欲沂而上觀厥成，會雨潦驟溢，不果。夏四月，侯書來促言。踰月，劉生具至，曰自瀾及門，獲聞緒論，吾邑之士民咸欲摳衣以從而不可得。今侯首重庠序，以端化原，又邀名言，詔我士人，願終惠以答羣望。余曰："學制備矣！余何言？"無已，則申其義。

夫學以儒名，重儒也；堂以明倫名，重倫也。故學所以明人倫也。倫也者，天之經，地之義也。萬善百行，胥此焉出。師者，教此者也；學者，學此者也；仕者，行此者也。均是人，而曰：儒必其孝以事親，忠以事君，和於兄弟，宜其家人，信乎朋友。守先王之道，以待後之學者。其君用之，則安富尊榮；其子弟從之，則孝弟忠信，此謂君子之儒。諸生勉之，庶無負侯。若履儒門而不顧其行，登斯堂而不迪其倫，是內之不能反身善則以和親，外之不能信友獲上以治民，仰愧俯怍，亦惡在其爲儒也。嗟乎！顧名思義，視履考祥，居於斯，遊於斯，可不惕然深省也乎？是爲記。

建西寧縣治碑

［清］李玉鋐修，金光綬纂《（康熙）西寧縣志》卷十《藝文志》

廣在五嶺之南，自堯宅南交，帝德丕冒，海隅周定，藩服疆理，至於南海。此帝王裁成左右、弘兼濟之仁，以大一統之治。王風既息，霸跡聿興，角立爭雄，泄邇忘遠，既不能經略以貽長久之圖，復爾玩愒，釀成大憝。始起而圖之，干戈相尋，忍戕生民之命，古今所扼腕而憤嘆者。廣以獨遠，疆理更疏闊，十郡州邑，隸自古昔，典禮文物，無異中州。乃若山谷曠邃，去郡邑又遠，政令不加，聲教靡及，習尚悍陋，如逸柙之虎，齮噬恣肆，莫可底止。羅旁蟠據千數百里，世稱爲盤瓠氏遺種，頑獷喜鬭。四方浪賊，皷導剽掠，舟途梗阻。嶺西鄉落，每罹荼毒，所由來遠。

洪武初年，申國鄧公鎮討平之，自是厥後，叛服不常，屢陳聲討，以負險固，往往不大得意。輒從撫處，則又訐謨靡定，徒長玩心，復滋蔓以遺後患。萬曆丙子，前督府殷公正茂疏上請剿，尋代至。都督凌公雲翼特承新命，集文武郡吏禡師并進，遂成蕩平之績。計畫善後事宜，首以建設州縣，朝廷下其議。復同按院詹公貞吉、監軍趙公可懷暨集藩臬諸大夫體勘，備當覆奏。上從之。遂進瀧水爲羅定州，東西各爲縣，東曰東安，西曰西寧。

西寧去州一百六十里，峰巒環護，前聳筆架，後枕玉屏，西峙武倉，東連文軸，二水夾流，可通舟楫，以達於江，則有華表石以捍其所出。地境寬平，風氣融萃，蓋天造地設，以俟建創。縣城週計三百八十三丈，高一丈九尺，厚一丈。爲城門者三，城樓者四，角樓者三，窩鋪二十二，垛子八百四十七。縣堂宇、黌宮、號舍，至於社學、公館、譙樓、鋪遞，莫不俱備。城隍山川、社稷，境內祀典必以法。故經始萬曆戊寅秋，踰年己卯冬告成。

至於審度定式，分隸版圖，計議田土，控制要害，總率武備，以芟除未盡遺孽，勞來安集，以裕經久良圖，則今督府劉公堯誨、按院龔公懋賢、今梅公淳輿、守道蔡公汝賢、今張公明正、巡道徐公時可、兵道徐公汝陽，今侯公應爵，至於州守胡君相，前令朱公寬，僉謀大同。

於是居有定宇，業有定產，士有定向，政令旁達，山川改觀，四境老稚，莫不舉手加額，願受廛爲編民，相率伏州庭叩曰："衆等自先世老死崖谷，不見天日，幸今牧於邑，數千百里，乃始此睹，願君侯圖永之！"胡君喜集庠士議，謂宜托名言，昭盛美，以垂不朽。諏日肅書幣介總戎陳君璘，專官導輿，言於古林何子。而胡君語意更懇至。古林子覽書而嘆，益信弭盜安民之術，貴疆理之有道也！自昔體國經野，衆建都邑，大者百餘里，其次方六七十，如五六十，莫不設官以長之。則地分而職專，政治易周，幽隱易達，淑慝易辨，休戚維繫，良法美意，可朝發而夕至，蓋言順也。昔人謂治廣以狹，觀今西寧可類推矣。牧茲土者，殫心懷柔，因其俗宜而順導之，簡其賦稅而率育之，疏其節目而悅安之，則人人知有生之樂，日興其親上敬長之心，何變之敢生？又端睦作率，百爾同事，文武上下，協德和衷，則何憂乎外侮？慎內治之修，以豫未然之防，樹茲邑之勝，以廣經理之略，俾幽遐闇昧得耀於光明，弼成一統之盛治，是在諸君子，謹記以俟。

萬曆九年辛巳季春吉旦立。

陽春黃侯去思碑

[清]康善述修，劉裔炫纂《(康熙)陽春縣志》卷十六《藝文志》

萬曆八年庚辰，黃侯來令陽春。陽春，余粵端州屬縣也。越十三年乙酉，晉廉州府。二府去之日，民之遮道擁留者以千萬計，留之不遂，繼以思，思不已，復共擬樹碑以垂不朽焉。於是耆民梅芳、黃恩、嚴叔偉、黎煒、莫茂謙、謝賢、陳選等托梅生萬達、楊生遇時，請文於余。余豈能文者哉？顧表揚德政，又余之素心也。從而詰楊生、梅生，曰："令茲邑者，獨黃侯已耶？胡獨黃侯而思德也？去茲邑者，獨黃侯已耶？胡獨黃侯而思也？"楊生、梅生曰："令茲邑者，不獨黃侯。民德如黃侯者，獨一二黃侯也。始吾黃侯下車之時，適大兵蕩平之後，城郭荒涼，人民凋弊，黃侯則以整齊治化一任諸己。故他務未遑，首興學校，百廢未舉，即課農桑。由是學校興，而俗彬彬然皆禮義之士；農桑課，而邑熙熙然盡飽煖之民。譬猶鬱蒸之後，扇以和風；陰翳之晨，濟以皓月也。且保民如子，視國猶家，起弊更新，咸孚衆志，辨奸理枉，極得輿情。明同秋月爭輝，清與寒潭比潔。諸市井中、鄉落中之孝弟者、豪强者，罔不禮敬而鋤刈之。間春訟之涉於疑似者，則展精聚神，和氣平心以鞫諏，未嘗以一時之喜寬一人，以一時之怒虐一事。庭無留訟，囹圄空虛，故制府郭公、陳公，栢臺梅公、鄧公，駐節菘臺，廉侯政績，咸加奬譽。則侯之所以獲知於上者，非徒爾也。侯生平仁厚，操守冰霜，諸所羨餘，纖毫不入私室。蠲田入學，歲計穀五百餘石，上爲先聖時祭之需，下資諸生繼晷之費。初，郡士未嘗業禮，侯釋采後，即以《禮經》旨義授諸生，自是郡之人士皆精於是經矣。侯之作士化民，大都如此。悉數之，更僕未易終也。"

余曰："侯之治陽春，以治吾粵可也；侯之化一邑，以之化天下可也。民於其去而思也，有以哉，有以哉！夫思者，非無自而興也，感於心則思，觸於情則思，見於事則思。今侯之於民也，分雖有官民上下，情則父子家人，天下豈有當父子家人之離去而不思者？況侯之德政，洽於民者深且久耶！故睹學校之興，則思曰：'黃侯之所以教育吾民也'；念農桑之課，則思曰：'黃侯之所以生養吾民也'；孝弟者被其禮敬，則思曰：'黃侯之所以勸我也'；豪強者被其鋤刈，則思曰：'黃侯之所以懲我也'。學田置，多士思其振作之仁；經旨傳，生徒思其啟迪之義。余故於侯之惠愛黎元，而比之相鄭之子產；作興士氣，而比之化蜀之文翁。卓魯龔黃，誠與迭駕而竝驅矣。昔于公治獄不枉，後門閭壞，父老方共治之。于公曰：'少高大其門閭，令容高車駟馬，我治獄多陰德，子孫必有興。'後子定國爲丞相，定國子永爲御史大夫，封侯。今侯父菊山翁年躋耋耄，曩以慈惠貳守衢郡，衢人至今思之猶春人也。今侯仲子去秋舉於鄉，今春以禮魁禮闈入選館，無非侯善政之報也。且侯伯祖寬曾令是邑，繼判端州，州所治皆廟食。侯之家學相傳，信有自矣。韓子云：'莫爲之前，雖美弗彰；莫爲之後，雖盛弗傳。'美而彰，盛而傳，侯之謂也。侯去矣，民思見侯而不可得，故思見其碑，則夫撫景徘徊，感時瞻顧，恆必依依於此。是碑也，不將與召伯之棠、萊公之竹，而竝芳青史者乎？"

侯名憲清，字以憲，號雙江，甲子鄉進士，福建溫陵人。

尚書潘公生祠記

[明]楊瑞雲修，夏應星纂《(萬曆)鹽城縣志》卷十《藝文志》

司空潘公生祠，鹽人創建於鹽城者也。公之功在兩河，以其故德之而生祠之者，不特在淮城云。鹽城東跨海，而西爲衆水所委，自兩河告變，而鹽城蒙其患尤甚，蓋黃河㩦柳舖灣而東，則直注鹽城，渟爲巨壑。淮河減高家堰而南，則決寶應隄而奔注鹽城。以一鹽城而受兩河之匯，孰能堪之？是故頻年以來，鹽城之田盡爲龍蛇、蛟鼉所窟宅，其民流徙星散，或作溝中之瘠，鬻子販女，遂爲人市。至有爨子而齮其骨者，凡所爲痛心酸鼻至矣。鹽人蓋相與仰天而號曰："嗟乎！天其竟無活中土人意耶！"皇上憫念江淮赤子，厪宵旰憂，歲遣治水使者行水，冠蓋相望於道，工役繁興，所費帑金且數十萬，然卒無尺寸效。

歲戊寅，上簡中外大臣才望素著能治水者，廷議盡推潘公，於是以御史大夫兼工部右侍郎開府於淮，總督兩河，得便宜行事。公以己卯春至淮，覽歷兩河之地，咨訪土人，集司道諸公之議，而又考鏡平江陳公之遺跡，決筴曰："夫兩河所爲南徙者，勢分而流徐，流徐而沙積，沙積而故道壅，由是走海不得而南徙也。"於是請於上，修高家堰以防淮勢之分，塞崔鎮諸決，修柳舖灣諸所，以防河勢之分。則河淮勢合而趨海力壯，河治而海亦治，此以水治水之術也。上是其議，降溫旨褒答。於是公既已得請，則派分其工，分委百執事程督之。丁夫雲集，披雪沐雨，無間寒暑。明年庚辰夏，諸工同時奏成。由是河淮合流趨海，盡復禹之故道，無南徙患。其在鹽城，則河水阻柳舖灣不來，淮水隔高家堰，不復決寶應隄而下，向所湴没田畢出，畹甽纚連，塍畛綺錯，鹽人競請牛、種事春耕。扶犂荷笠，相望隴畝間，流民歸復故業，鱗萃廲至，構黃茆屋，種榆植柳，曖曖成村落。

是年秋，黃雲彌望，則皆釃酒相賀，得復見平成之盛，曰："所以使我離昬墊而享穰歲，知有生之樂者，咸督府公之賜也。"於是里設燕社，家設畫像，飲食必以祝公，乃諸父老則請於鹽令南海楊君，願醵金爲生祠崇報之。楊君蓋受知公最深，每爲鹽民請蠲租、給種、賑金、賑粟，無不報可。於是楊君從諸父老請，建生祠於縣北菊花溝東。祠前門三楹，中爲甬道，歷二門而入，至露臺，東西廂各三楹，中爲祠堂，塑潘公像。曰："登其堂得覯接公顔色也。"後爲燕享之堂，東西厢如前，西設庖，令俎豆公者得集享於堂中。燕享堂之後，則周遭築長垣，而中建一大亭，額曰"四照亭"，言公澤大洽，能照千里，不海濱遺也。

　　祠成，楊君率諸賓僚祀祠中，觴焉，謂宜有碑以紀述公之勳烈，垂之永永。乃遠馳書幣以碑文見屬。栢按祀典，有功於民則祀之，能禦大災則祀之，能悍大患則祀之。若潘公者，蓋兼之矣，祀之固當。竊見海濱，故有范公祠。范公者，范文正公仲淹也。范公監西溪鹽倉，築捍海堤，自鹽城南抵海陵，紓斜迤邐如坡形，自是海潮不得侵口壞良田，海濱人德之，立祠祀之，而名其隄曰范公堤。乃今者復有潘公祠，兩祠對峙於海上，丹青輝映，有榮觀焉。余竊謂潘公視范公其力尤溥，其事尤囏，何者？范公堤直一百四十餘里，利及通、泰、興、鹽四州邑耳。而潘公所築隄蓋千里，利及三省，爲州邑且百計，是故其功尤溥。范公其時，當宋天聖間，左右刺史同心恊贊，無撓之者。潘公當水災溢溢大彭，久不能治之後，公方握笄而主高家堰之議，而鼓噪者盈庭，射影者在側，賴皇上明聖，任其計爲必可用，而公亦力排羣議，攘臂以肩其重，乃於是有成功，是故其事尤囏。至其勳庸德望，偉然爲國家柱石之臣，則兩公所同，莫能軒輊之矣。潘公名季馴，吳興人，嘉靖庚戌科進士，以河功晉宮保，今爲留都大司馬。

鍾氏大宗祠碑記

[清]李福泰修，史澄纂《(同治)番禺縣志》卷三十一《金石略》

　　廣僻在南，然故家世族往往敦尙禮節，敬重婚冠，至崇祠尊祖，聯族率和有矩度，可貽世守。邐岡鍾氏，番禺巨族也。其先汴梁人，宋靖康，避地來廣州。既而遷增城，後諱燧和者卜居邐岡，是爲始遷之祖。厥嗣諱啟初，篤志學業，仕宋至中奉大夫。晚築蘿山種德庵，怡然終老。擇壽基得鄺姓地，鄺孤幼且死，中奉殯壽基下，令展墓并酹鄺孤，迄今不廢。中奉之孫諱汝賢，生蘇州教授諱復昌。教授生而眉白，六歲，惡少略鬻他邑巨姓，後略者見汝賢公憤恚於邑，欲爲子死，告以巨姓處云有白眉小兒類若子，公往得之。道逢一婦，臨河哭欲溺。公詰知其夫曾某者，罪纍繫獄，病且窶，度不免，寧先引決。公止之，還家，畀金贖其夫。曾出，夫婦感泣，願歸女事巾櫛，公弗納。後曾死，妻踰月生子名曾旺，公爲之鞠恤婚配。曾旺長，弗忍忘，遂姓公爲鍾曾旺，別爲族。教授既亡歸，折節勵行，仕蘇州，景範安定，以非其世，亟罷歸。增修中奉所築爲玉嵒書院，立家訓十事，以貽子孫，而邐岡之族日以蕃盛。教授再一二傳，入我明，本支益衍，析爲八房。八房之孫芳元、智潤、璠祖、永能、璟經者合而議曰："族既衆，渙不可以不萃；祖既遠，報不可以不崇。"遂協力建祠以尊始祖，以聯族屬，捐產三百畞以供禋祀，創制始事，秩然有序。奕世至諱金者，舉於鄉，任廣西融縣知縣。及諱元瀚者，益光大之，表教授所條家訓，繹以貽衆，推才而有行者以董族政，俾世守罔墜。然祠既久，蠹桷腐瓦，不可不治，又隘，不足以容衆孫。元泰復申議，以嘉靖庚申歲始事，易材以新，拓基以廣，百爾具飭。於是寢室翼翼，堂宇襜襜，門廡肅肅，階除緝緝。又增建繼序堂以明有統，永思亭以崇維則，規制視昔既宏且備。

祠成，則相謂曰："吾族居此三百餘祀，世德繩繩，建置訓錫，無非爲吾子若孫，久未有述，何以貽後嗣？幸有麗牲石可具著先世名跡，然必質於好古而達於詞者。"咸曰："唯。"遂率宗親子屬，峩冠矩履，歷階而進，向予道意。予謝非其人也。然鍾氏子有從予游者，且耆髦迭至。踰時，申請益虔。予喟然曰："鍾氏之族，其益昌矣乎！人家繁衆則散渙無序，殷富則好競而賊恩，急便私圖，而忽於所自，路人視族，反眼若不相識。慨喑四方，類此者豈鮮少也？鍾氏居邐岡，自宋於今，世有潛德，食指千餘，祀之日，老少咸集。既事，六十以上坐序燕，未六十者出，頒胙有差。習以爲宜，不忿不渝，可以觀教；親疏遠邇，同心陳力，可以觀順；乞言表先，致恭盡慎，可以觀敬；志崇繼述，禮重原始，可以觀孝；遡往推來，萃順考祥，可以觀慶。鍾氏之昌，曷其有涯？"予故樂道之而系之以詞。

詞曰：禺山之東，邏岡之麓；環翠萃靈，恍如盤谷。碩人考槃，於焉優游；肯堂肯構，世德作求。恤孤附厝，時酹山陰；恩施不報，濟難捐金。玉昷繩軌，融縣趾美；宗訓燕翼，貽於孫子。崇祠報始，以聯宗屬；奉先恤後，合敬敦睦。以蕃以庶，莫不祗承；少胥教誨，耄耉康寧。席珍膠序，觀光上國；丕顯維時，不殄世澤。慎哉毋斁，引之勿替；名言在茲，詔於世世。

賜進士第、通議大夫、都察院協理院事、左副都御史、前翰林院庶吉士南海何維栢撰文。

介山稿略敘

[明]林應麒撰《介山稿略》卷首

古今以詩文名家，類有作者，世稱屈平《離騷》、孔明《出師》、李密《陳情》，至與日月爭光。今取而讀之，忠君孝親之心、憂慕感嘆之切，千百世之下，可以想見其人。何者？其所發者真也。次則陳思王，處危疑之間，立言不詭於作者之旨，觀其《贈白馬》、《浮萍》、《瑟調》及審舉求試之作，忠憤義氣，激動人心。至論陶潛，則天趣沖澹，悠然自得，其所作述，獨邁千古，宗工巨儒，實所鮮儷。

吾友介山林子，與予同舉進士，文學蔚有聲稱，入仕守正，毅直不回，志加窮民，威鋤豪貴，動罹擠陷，仆而復興，所至實有惠政於民，民德之而亦以此。爲時所擯忌，故坎坷畏途，垂二十年，始得貳於惠。其磨剉艱阻，飽更老練，可謂動忍以增益之者矣。所遇時事，與平、植不類，然感慨憂傷之懷，守己俟時之志，形諸詠歌，發於情之真者，則一而已。

今年夏，得聚首珠宫，溫語契闊，間出二帙，因悉其履歷之詳。予喜，攜而歸之。越八月，其門人歸善葉子韡夫過予問學，因請曰："兹吾師《介山先生稿略》，金子遷所刻，而蕁校之者也。願乞一言以弁之。"予於介山厚，且重韡夫之請，不能辭。於是諦觀之，與前日所得於介山者僅十之二三爾，其諸政績奥誦，與他著作，多不載。詢之，曰："是刻非介山意也，故略之。吾二三子惟取詩文體裁之備、格調之工，可以傳者梓之，以惠惠之學者焉爾矣。"予憒於作者，工不工、備不備，弗知也。特以介山之作發於情之真，庶乎不詭於作者之旨，則足以有傳也亦宜。

昔者蘇子瞻以才名見斥，遠徙於惠，所著有《寓惠集》，可傳也。其《寄虎兒》、《食荔枝》等篇，尤為卓越，忘情羈困，若將終身，何其壯也。及觀和陶諸作，則又迥爾不類。夫文，根心者也。本之茂者實比榮，養之盛者華必暢。積中發外，不可掩也。淵明學道知德，榮枯得喪，委運順受，樂天衷而時發本真，趣以閒謠，其言藹如，非苟作者。蘇子志氣凌邁，而充養未力，宜其不類也。

介山兹陟雀峰、泛西湖，歷覽羅浮之勝，身親子瞻舊遊之地，增其所未高，濬其所未深，緬景前哲，邁跡高軌，期於所立，以垂不朽，宜優優乎有餘力矣！予不敏，尚能嗣書之。

時嘉靖壬子冬十月既望，南海古林何維栢書。

薛侃贊

[明]馮元颷修，郭之奇纂《（崇禎）揭陽縣志》卷八《藝文志》

昔者孔子嘗以學不講為憂，今之論說辨難，能臻要妙，至省其微，類多不掩，少臨利害，則舉生平而棄之，豈所謂講而不學者耶？君崛起海濱，早承師益，席珍衡門，則潛德日章，委質朝廷，則貞固遂志。語曰：

"非徒言之，實允蹈之。"君之謂矣。

答何粵橋計部

[明]張邦翼《嶺海文獻》卷十六《書》

　　舊春抵都，即臨公勘，百爾冗種，久以湖海野跡，一旦突入樊籠，疲事應酬，四方尺素，日且踵至。須至來人，守以必得，始能了帳，積漸稍慣熟。乃入春，倏罹手足惡報，孔懷如割，抱疴註籍控引，乞骸擬還温敘，契闊，可有期？概未通候，非忘情也。未蒙俞允，勉出視事，亦復兩踰旬矣。回首嶺雲，恍在心目，言念雅度，臨風神馳。憶別家鄉，僅週期序，親知零落，吾黨日孤，屈指意中，浩增未嘆，盈虛修促，默宰詎可度？但不應遽奪，若是速且多也。幽明懸隔，九原不可作。求曩昔承歡聚樂，偲偲怡怡，如何可得？顧悒黯然不可爲懷，知兄丈感喑舊交，同此綣惻。叢柯頻萎，靈根獨留，意者培植滋固，反復剝蝕，達觀內照，修真造命，其在未死者乎？願兄倍加珍攝，節嗇寢食，守一葆和，鎮囂寧擾，撫松把菊，班荊談舊，聞謠命酌，開逕延佇，再假歲月，俟我乎南山，引賦歸來，相與徜徉蒲澗、浮丘諸勝，修復天山、穗洞雅會，悟性命之理，觀竅妙之原。過則御風凌虛，周流六極；及則棲霞餐芝，把臂長嘯，入羅浮從赤松子遊，不及亦不失爲安樂窩中地，行不朽漢也。何如何如？

附錄二　佚詩

[明]郭棐纂《嶺海名勝記》卷一

見塔　塔在淨慧寺，即六榕

西來衣缽肇南宗，預見浮屠立海東。光照菩提七寶裏，竅生鄞鄂五明中。相輪有相原無相，空洞如空未必空。欲識本來真面目，須從元始契參同。

[明]郭棐纂《嶺海名勝記》卷二

朝漢臺懷古

朝漢遺蹤幾百年，望中風物尚依然。三城劍戟浮雲外，萬里山河落鴈前。漠漠荒臺悲昔主，纍纍古塚入新阡。相逢莫話興亡事，世上何人聽杜鵑。

臘月同諸友登粵臺

乘興招携入洞天，洞中風景兩依然。閑雲野鶴如相識，綠樹青山是舊緣。在處登臨皆此樂，古來塵跡不須憐。清吟直待梅花月，付與山靈記歲年。

夜宿五層樓

共酬佳節此登樓，十載相看尚故丘。尊酒正逢今日會，菊花又是一年秋。
三山疊巘排青嶂，九竅通靈漱碧流。儀鳳已知毛翮健，即看豐采動神州。

海國微茫獨倚樓，遙憐絕學在尼丘。春風浩浩今何世，吾道悠悠萬古秋。
靜坐天中看日上，閑行江上見川流。泰山不盡瞻依切，清夢時時到兗州。

夏日同登江上樓，仙城此地即丹丘。午風忽送千山雨，高閣如臨萬壑秋。
冉冉晴雲遙北望，悠悠滄海盡東流。斯文幾處成嘉會，漫倚危闌遍九州。

每逢佳會一登樓，遙見中星憶太丘。綺檻朱欄閑日月，白雲黃鶴自春秋。
江山花柳皆真樂，鄉里衣冠盡勝流。莫向高臺憐僻地，古來人物并中州。

茫茫天地此憑樓，海國東南自一丘。百越壤封昭代統，三城雲物漢時秋。
尊前過雨千峰靜，檻外長江萬古流。乘興臨高閑一賦，遙瞻北斗見皇州。

層樓高枕少城隈，九日同登漫舉杯。籬菊地偏花獨晚，暮雲天遠雁空回。
鳥聲閑傍呼鶯道，秋色遙憐戲馬臺。莫向危闌悲往事，尊前時節遞相催。

層樓縹緲隔煙蘿，極目晴空一鳥過。檻外波光清海近，尊前山色白雲多。
江城漠漠空懷古，天地悠悠此放歌。浮世幾能逢勝會，諸君寧忍更蹉跎。

[明] 郭棐纂《嶺海名勝記》卷三

坡山諸社丈貽詩見懷 三首

洞中花鳥四時新，草閣憑闌紫水濱。閑向三城懷舊侶，可招二仲結芳鄰。鹿門春酒堪同醉，洛社詩篇迥絕塵。聞道欲來尋谷口，漁翁應識武陵津。

景趣衡門日日新，邵園陶徑鷺江濱。投閑秪學能無事，作德深慚未有鄰。心靜常時看白日，地偏何處惹紅塵。耦耕已在深秋裏，寧有行人更問津。

鹿洞羊橋時採芳，新開一鑑湛芳塘。閑從田父耕南畝，暇對琴書坐草堂。檻外鳶魚隨上下，尊前雲水共徜徉。小車花裏何時至，徒倚江樓白晝長。

[明] 郭棐纂《嶺海名勝記》卷四

同李三洲、李過齋遊白雲

登臨地迥三城盡，紫翠煙深一逕微。雲淨九龍依洞出，臺空孤鶴向人飛。千山佳氣平臨目，萬壑涼飈故拂衣。悵望清秋情不極，皓歌回首月斜暉。

同陳明水、王青蘿宿白雲和韻

心交千里喜相逢，共坐天南第一峰。浪跡山中同鹿豕，閑吟潭上動蛟龍。春風遙憶江門笛，午夜時聞野寺鐘。對榻忘言更忘寐，一天明月照孤松。

秋日同諸公遊白雲山

安期一去已多年，此日重臨思惘然。丹竈煙深今不見，鶴臺秋迥尚堪傳。黃雲紫水江門上，白石清泉蒲澗邊。回首天南人未遠，莫云鄉里不如前。

夜過白雲話別用陽明韻 四首

江城語別思依依，天遠山青入望微。正好樓頭共明月，可堪遙對白雲飛。

遙看天際白雲浮，渺渺西飛誰與謀。歸去扶溪溪水澗，秋來還上越臺否。

日乾夕惕自惺惺，切實工夫在性情。千古相傳真要法，聖賢元共此心靈。

聖賢今古在吾人，敬義功深德自鄰。莫嘆桃源仙跡杳，杖藜隨處武陵津。

暮歸經白雲山有感 二首

白雲縹渺思依依，遠水寒山夕照微。十八年來渾一夢，隴頭愁見鷓鴣飛。

丁年攜汝京日行，庚歲中秋病訣時。知汝恨隨雛鳳去，西風淅淅使人悲。

[明] 郭棐纂《嶺海名勝記》卷七

雨後海珠登眺 二首

渺渺長江秋水清，況逢江上雨新晴。同來淨土消塵暑，閑坐中天看月明。

語罷光風孤榻靜，酒欄深夜一肱橫。蹉跎吾道成何事，華髮年來白數莖。

閑雲遠水澹孤清，古寺疏鐘報晚晴。樹杪秋聲聞淅瀝，波心月色湛虛明。中天靜倚樓臺迥，午夜遙看斗柄橫。更與同心期白首，艸堂寒菊茁霜莖。

[明]郭棐纂《嶺海名勝記》卷九

遊小金山 二首

月白玄鳥歸，山空松子落。知心千載人，神交付溟漠。

空空未必空，有事本無事。差失毫釐間，作用迥不似。

登小金山

北來南去未曾休，草木蕭蕭自變秋。惟有妙高臺下石，分明千古屼中流。

[明]郭棐纂《嶺海名勝記》卷十一

峽山飛來寺

絕頂飛來萬雲重，南洲江閣迥臨空。花香細細隨風入，草色微微帶雨濃。

萬里徵書來薊北，九霄健翮起隆中。康時愧我非能事，只有丹心捧日紅。

[明]郭棐纂《嶺海名勝記》卷十二

奉和 二首

四百峰頭雲一綫，江山看盡後來賢。爲憐谷口尋無路，不是桃源別有天。
陋巷千年真樂地，舞雩今日使君船。蒲團坐上江門月，十載陽春願執鞭。

江門之水遠如綫，獨坐陽春世共賢。不作丘峰看泰葉，直將斗柄掛南天。
光風霽月雙吟鬢，白鷺滄江一釣船。萬丈飛雲飛不盡，與君高著玉臺鞭。

[明]郭棐纂《嶺海名勝記》卷十四

登南華象嶺臺

春日多佳興，同登象嶺臺。路緣松澗入，詩向雁聲催。
共說仙蹤遠，應知客夢回。山僧閑詫笑，廊廟未歸來。

[清]溫汝能編《粵東詩海》卷二三

亭菊

亭亭寒菊，灼灼其英。芝蘭和之，有美斯馨。
松竹友之，盈於中庭。靜言對之，實獲我情。

明月鑒之，如玉之屑。嚴霜厲之，如冰斯潔。
靜言對之，君子之節。

菊之華兮，皜衣黃裳。菊之色兮，金玉其相。
靜言晤兮，曷能其忘。北風號林，萬卉具凋。

幽香玉秀，靜正不恍。我思古人，中心迢迢。

迢迢我思，遠莫致之。三閭餐英，宏放厥詞。
卜居之什，其心孔悲。柴桑三徑，作德是宜。
允矣君子，百世之師。

瞻彼萱草

瞻彼萱草，植於北堂。怡顏養志，嘉樂允臧。
我思古人，百順是將。循省內飲，寢食靡遑。
心之憂矣，曷其能忘。

瞻彼萱草，其葉四垂。顧諟晤對，秩秩其儀。
我思古人，跬步弗遺。先意承志，念茲在茲。
不見是圖，毋敢斁斯。

瞻彼萱草，灼灼其華。兄弟具在，宜爾室家。
孫曾嬉戲，慈顏孔嘉。和德致祥，善慶詎涯。
天倫至樂，大行何加。

瞻彼萱草，維其時矣。朝躋於西，邈難及矣。維日不足，心乎憂矣。
遲遲春暉，云何報矣。終身之思，曷維其已。悠悠我心，以告吾子。

[明] 張邦翼編《嶺南文獻》卷二十六

夜坐

虛亭面芳沼，好月散遙林。坐觀羣動息，時聞蟋蟀吟。

氣機無停晷，萬化自升沉。晦冥迭晝夜，往來成古今。
物理各自適，茲理會予心。虛明生夜景，清風灑吾襟。
整衣起巡簷，遲遲步花陰。呼童瀉青尊，對影自酌斟。
爇香旋中庭，鳴我花間琴。緬懷千載下，希聆疏越音。
高梧發孤籟，契予天機深。對此不能寐，待旦夙所歆。

夏日看雲

晴空澹虛碧，寥廓淨氛埃。倏忽彌輪合，珠光漫昭回。
杳靄丹青迥，參差圖畫開。龍嵸屼層巘，縹緲疊樓臺。
花葩駐華蓋，鸞鶴壽蓬萊。虞廷和歌遠，王母香車迴。
舒捲蒼梧野，薈蔚南山隈。翔鳳銜五色，從龍澤九垓。
氤氳騰鬱鬱，宇宙何恢恢。杖藜無不可，古往同今來。
須臾紛變幻，蜉蝣萬劫灰。太虛一片度，堯舜何有哉。
睇此無心物，我姑酌金罍。閒情寄遙漢，行歌獨徘徊。

[明] 張邦翼編《嶺南文獻》卷二十七

月下酌別贈陳洛南方伯入京

逸思閑雲外，清尊皓月中。回看十載別，老作一漁翁。
梧影澹寒水，桂香浮遠風。明年何處會，能記此宵同。

香山寺晚眺

翠積香山迥，煙深草徑迷。傍橋尋谷口，緣磴躡招提。
孤鳥連雲遠，平原入望低。回瞻雙鳳闕，高峙玉河西。

[明] 張邦翼編《嶺南文獻》卷三十一

春日南昌山中遊覽貽諸友 二首

城市紛紛逐歲華，不知春色滿天涯。雲深古洞無人到，開遍桃源幾樹花。

二月黃鸝枝上啼，桃花流出武陵溪。仙源此去無多路，獨自尋芳信馬蹄。

天山草堂與楊貞復論白沙先生學兼貽同會諸友 四首

柳塘竹塢睹風輕，日午黃鸝深處鳴。讀罷草堂無一事，尊前同對水雲清。

天山洞裏徑森森，白日青尊對綠陰。雲影山光看不厭，幾人知道洞天深。

江門風月此尊前，吟弄俄經五十年。少壯光陰莫虛擲，好從端默契心傳。

杖藜隨處是天台，更喜劉郎此地來。共訪仙源莫歸去，山城今有楚雲臺。

[清] 屈大均編《廣東文選》卷三十四

早朝祀典

千官清曉集彤墀，三殿高居映紫微。鵷列森嚴慚補袞，龍顏淵穆正垂衣。明明帝德光中夏，濟濟賢才佐萬幾。自幸暮年叨際會，敢攄忠赤答恩輝。

［清］梁善長編《廣東詩粹》卷四

去婦嘆贈三溪包公

少小崇姆儀，不解學蛾眉。自知粗拙性，效顰欲何爲。
入門敬事姑，辛苦挈孩稚。不得娣姒意，傷哉中讒忌。
驅車晨出門，四顧呱呱泣。豈不念犖子，去矣吾何及。
吾去不足惜，睠彼後來人。後人鑒吾轍，誰復念酸辛。
直木無繁柯，安能附蔦蘿。托身苟得所，時命如吾何。
黯黯度寒雲，皎皎淡明月。貞心無改移，明月有圓闕。

［清］蘇崵修，梁紹光纂《（嘉慶）三水縣志》卷一五《藝文志》

文昌宮壁漫題

森森古樹鳥頻聲，靜喚春深入勝形。漫覺憂時孤夢遠，敢云去國一身輕。
半生事業卑題柱，一曲滄浪有濯纓。萬里瞻依天北極，五雲晴絢日邊明。

［明］方尚祖修、清胡璿續修《（康熙）封川縣志》卷一八

贈陳允卿

光嶽氣完通海嶠，綱常任重屬膠庠。珠州勿謂非沂水，芹泮誰憐遠廟堂。
模範已知師仲節，英才行見出文莊。故園晝錦休遲戀，化雨春風好播揚。

附錄三　傳記資料

［明］郭棐撰《粵大記》卷十四《何維栢傳》

何維栢，字喬仲，其先祖平，自南雄珠璣巷卜居南海沙滘。大父方、父應初皆以公貴，贈通議大夫、都察院左副都御史。公生甫四歲，見客有尊貴者，端拱爲禮，客奇異之。長爲三水諸生，閉戶讀書，取周、程諸子玩繹之，得其大旨。每言動稍忽，則曰："得無與聖賢殊乎？"辛卯，以三禮舉於鄉，下第歸，入西樵古梅洞，澄心靜坐，日讀《白沙集》，思見端倪。時霍文敏、方文襄常過訪洞中，語多默契。

乙未舉進士，讀中秘書，益窺見精蘊。既而授御史，上沙河、功德二疏，省費百萬。毛總制奪情起復征安南，疏論其非是，上嘉納焉。未幾在告，復入樵，與劉素予模、王青蘿漸逵、陳堯山激衷爲莫逆交。門人從遠方來者，屨常滿。

癸卯，北上訪羅整菴，以證白沙之學，日益精進。既補任，尋出按閩，值歲大侵，福、興、漳、泉爲甚。公條救荒十餘筴，發倉廩餘羨，親率郡邑長吏分行之，民賴全活者數十萬。時分宜竊柄誤國，摧陷言官，公首疏其姦，比之李林甫、盧杞。上震怒，詔逮。官校至，公即受繫，神色自若，賦詩有"孤臣倘有生還日，聖德真同宇宙寬"之句。所過士庶，遮留動以萬計，緹騎持之急，諸生大哭，公徐徐拱手謝曰："此予慮定而後發，人臣之義，自當如是，生何哭爲？"民間矢爲歌謠數十百章，有《誠徵錄》以傳。既至,奉廷杖,僅存餘息,備極拷掠,語不變。下獄,與楊斛山、周納谿、劉晴川三公聚首甚愜。上一日於宮中扶鸞,問養身治國之要,神對以"養身莫要於寡欲,治國莫先於惜才",上默悟,乃削籍歸。時通議公方矯健,公日侍膝下,稱觴爲歡;教其弟維梧,舉進士,讀中秘書。四方從遊者衆,大會於廣孝寺,發明白沙宗指。名其所居爲"天山草堂",又闢河南勝地爲天山書院,以處從遊之士。

隆慶改元,詔起諸建言者,公首膺薦,復原官。遷大理,再遷協院。徐文貞、楊襄毅二公敬重之,凡機務重大取決焉。既而丁內艱還,廬墓側。服闋,遇今上登極,召入仍舊職,轉貳銓卿。上修聖德、勤聖學、飭羣工諸疏,多讜語,忤江陵意。值江陵遭父喪奪情,太宰張公瀚以保留質之公,公曰:"此萬世綱常,不可易也。"江陵聞而銜之,遷南秩宗,實遠之也。公次潞河,乞骸骨,上允致仕。

歸居草堂,與諸生講明白沙宗旨。踰十年,丁亥卒。訃聞,上惻然,命祭,賜水衡金錢以葬,諡曰端恪。公學以無欲之教爲宗,而忠孝實行,出處大節,可爲世範。所著有《易義》《禮經說》《太極圖解》《天山草堂存稿》,及編《陳子言行錄》傳於世,學者稱古林先生。

[明]陳大科、戴燿修,郭棐等纂《(萬曆)廣東通志》卷二十五《何維栢傳》

何維栢,字喬仲,南海人。少爲三水諸生,見同舍生臨祭而謔,輒引避以爲辱己,衆皆愧服,由是嚴憚之。嘗慕西樵泉石之勝,負笈讀書其中。時湛文簡、霍文敏亦山棲,與語,多所默契。嘉靖初,預計偕,試禮闈,不第,復讀西樵三年。成進士,選庶吉士。尋授御史,疏止沙河、功德二役,省費百萬。再疏罷征安南師,極論毛尚書伯溫奪情非禮。上多嘉納。未幾，謝病歸西樵。常與劉模、王漸逵、陳激衷往來論學。北上訪羅欽順，以證新會之學。復補御史，出按八閩。值歲大侵，福、興、漳、泉四郡爲甚。下車輒發倉廩，多方賑恤，所存活者數十萬。因條爲《救荒十策》，著爲令。是時，少師嚴嵩顓柄，維栢疏論嵩罪，至比之李林甫、盧杞。上震怒，詔逮之。所過士庶遮道以萬計，緹騎持之急，諸生大哭，維栢拱手謝曰："此予慮定而後發，人臣之義，自當如是，生何哭爲？"民間矢爲歌謠數十百章，有《誠徵録》以傳。逮至，杖瀕死，下獄。法司承嵩風旨，逼供諸科臣同黨，詰掠不變。免歸，屏居僧舍，聚徒論學。隆慶改元，復原官，超爲大理少卿。俄遷左副都御史，協理臺務。徐少師階、楊少傅博甚重之，大政多所取決。尋以憂去。萬曆初，徵拜前職。無何，轉吏部侍郎。前後請修聖德、勤聖學、飭羣工諸疏，多剴切。會少師張居正遭喪奪情，衆議保留。尚書張瀚私叩之，對曰："綱常何可紊？"語泄見忌，出爲南禮部尚書。次潞河，遂乞骸骨。歸，角斤野服，恣遊名山。闢天山書院，發明陳新會宗旨。薦紳之士即皓首，猶北面就弟子列。尚書葉夢熊、僉憲陳吾德輩，多出其門，并以勳節著聲海内云。卒年七十七，謚端恪。所著有《易學義》《禮經辨》《太極圖解》《天山存稿》，及編《陳子言行録》傳於世。子崇亨，以蔭歷南京都督府經歷。

［明］朱光熙修，龐景忠、麥懋藻纂《（崇禎）南海縣志》卷十《何維栢傳》

　　何維栢，字喬仲。少遊三水庠，見同舍生臨祭而謔，輒引避以爲辱己，衆皆愧服。嘗慕西樵泉石之勝，負笈讀書其中。時湛文簡、霍文敏亦山棲，與語，多所默契。嘉靖辛卯舉於鄉。乙未成進士，選庶吉士。尋授御史，疏止沙河、功德二役，省費百萬。再疏罷征安南，極論毛尚書伯溫奪情非禮，上多嘉納。未幾，謝病歸西樵，常與劉模、王漸逵、陳激衷往來論學。復補御史，出按八閩，值歲大祲，多所賑恤，存活以數十萬計。因條救荒十策，著爲令。是時，少師嚴嵩顓柄，維栢首發嵩罪，比之李林甫、盧杞。上震怒，遣官逮繫。所過士庶，遮道攀留。緹騎持之益急，諸生大哭，維栢謝曰："此予慮定而後發，人臣之義，自當如是，何哭爲？"逮至，幾死杖下，竟削籍。歸，屏居僧舍，聚徒論學。隆慶改元，復原官，超爲大理少卿，俄遷左副都御史，協理臺務。徐少師階、楊少傅博甚重之，大政多所取決。尋以憂去。萬曆初，徵拜前職。無何，轉吏部侍郎，前後請修聖德、勤聖學、飭羣工，語多切中。會少師張居正遭喪奪情，衆議保留。尚書張瀚私叩之，對曰："天經地義，何可廢也。"語泄見忌，出爲南禮部尚書。次潞河，遂乞骸骨。歸，角巾野服，恣遊名山。闢天山書院聚講，發明陳白沙宗旨，薦紳之士即皓首，猶北面就弟子列。如尚書葉夢熊、僉憲陳吾德，尤以勳節著聲海內云。卒謚端恪。所著有《易學義》《禮經辨》《太極圖解》《天山存稿》，及編《陳子言行錄》傳於世。弟維梮亦登進士，選庶吉士，遷禮部主事。子崇亨，以廕歷南京都督府經歷。

［清］萬斯同撰《明史》卷三百六《何維栢傳》

何維栢，字喬仲，南海人。少入學舍，見同舍生臨祭而謔，輒正色譙讓，衆皆愧之。嘉靖十四年成進士，選庶吉士，授御史。雷震謹身殿，上章極陳修省之要，且言"方今四海困竭，所在流移，而所司乃議加賦，不爲陛下惜萬姓之命，不忠孰甚焉。夫人心洶洶，敢怒而不敢言者久矣。如使橫斂交作，民訴無所，勢不爲盜不止，邊事方殷，內患復起，雖悔豈有及哉？"因請罷沙河行宮、金山功德寺工作及安南問罪之師，帝頗嘉納。

維栢尋引疾歸，久之，巡按福建，歲祲，賑救有方。二十四年五月，疏劾大學士嚴嵩姦貪罪，比之李林甫、盧杞，且謂嵩進顧可學、盛端明，修合方藥，邪媚要寵。帝震怒，遣官逮治。士民遮道號哭，維栢意氣自如，謝遣之。既至，下詔獄，廷杖，除名。家居二十餘年，隆慶改元，召復官，擢大理少卿，遷左僉都御史。疏請日御便殿，召執政大臣咨謀政事，并擇大臣有才德者與講讀儒臣更番入直，以備顧問，資啓沃。宮中燕居，慎選老成謹厚內侍，調護聖躬，俾游處有常，幸御有節，非隆冬盛寒，毋輟朝講務，兢兢業業，日謹萬幾，不可自暇自逸。帝報聞，進左副都御史，又請勤聖學、勵臣工。母憂歸。萬曆初還朝，歷吏部左右侍郎，陳振飭百司八事，已，極論鬻官之害，爲部議所格。御史劉臺劾大學士張居正，居正乞罷，維栢倡九卿留之。及居正遭父喪，有詔吏部諭留。尚書張瀚私叩之維栢，維栢毅然曰：「天經地義，何可廢也。」瀚從之而止。居正怒，罷瀚，維栢坐停俸三月，旋出爲南京禮部尚書。會當考察，維栢自陳，居正遂從中罷之。維栢雅好陳獻章之學，既歸，闢天山書院講學其中，從游者甚衆。卒謚端恪。弟維椅，進士，選庶吉士，終禮部主事。

［清］張廷玉撰《明史》卷二百十《何維栢傳》

何維栢，字喬仲，南海人。嘉靖十四年進士，選庶吉士，授御史。雷震謹身殿，維栢言四海困竭，所在流移，而所司議加賦，民不爲盜不止，因請罷沙河行宮、金山功德寺工作，及安南問罪之師。帝頗嘉納。尋引疾歸，久之，起巡按福建。二十四年五月，疏劾大學士嚴嵩姦貪罪，比之李林甫、盧杞，且言嵩進顧可學、盛端明，修合方藥，邪媚要寵。帝震怒，遣官逮治。士民遮道號哭，維栢意氣自如。下詔獄，廷杖，除名。家居二十餘年。隆慶改元，召復官，擢大理少卿，遷左僉都御史。疏請日御便殿，召執政大臣謀政事，并擇大臣有才德者與講讀儒臣更番入。直宮中燕居，慎選謹厚內侍，調護聖躬，俾游處有常，幸御有節，非隆冬盛寒，毋輟朝講。報聞，進左副都御史。母憂歸。萬曆初還朝，歷吏部左右侍郎，極論鬻官之害。御史劉臺劾大學士張居正，居正乞罷，維栢倡九卿留之。及居正遭父喪，詔吏部諭留。尚書張瀚叩維栢，維栢曰："天經地義，何可廢也。"瀚從之而止。居正怒，取旨罷瀚，停維栢俸三月，旋出爲南京禮部尚書。考察自陳，居正從中罷之。卒諡端恪。

［清］蘇嵋修，梁紹光纂《（康熙）三水縣志》卷之十二《何維栢傳》

何維栢，字喬仲，號古林，應初長子也。少爲諸生，見同舍生臨祭而謔，輒引避以爲辱己，衆嚴憚之。常慕西樵泉石之勝，負笈讀書其中。時湛文簡、霍文敏亦山棲，與語，多所契合。嘉靖辛卯，以三禮舉於鄉，下第，復歸西樵，讀《陳白沙集》，頓悟陽春養出端倪之旨。乙未成進士，選庶常，尋授浙江道御史，疏止沙河、功德二役，省費百萬，再疏罷征安南師，又劾奏總制毛伯溫奪情非禮，責令終制，上多嘉納。未幾，謝病歸西樵，與劉模、王漸逵、陳激衷往來論學。越數年，北上訪泰和羅整菴，證白沙之學，自是日益精粹。然忠鯁則其天性也，出按八閩，值歲大祲，福、興、漳、泉四郡爲甚，下車輒發倉廩，多所賑恤，所存活者數十萬人，因條救荒策，著爲令。是時，少師嚴嵩專柄，維栢馳疏奏五事，極論嵩罪，至比之李林甫、盧杞。起草時，大鴉百十噪於亭翼，晨復集，一啄硯池，二立公座，公祝曰："栢志已定，縱啄吾目，當亦不止。"疏上，世廟震怒，詔逮之。省城內外，無老幼男婦，罔不激切奔泣。公籠燈作家書及友札云："臨事就縛，方寸定靜。學《易》以行，素乎患難，無所悔尤。生平學問，至此頗覺得力"云云。所過士庶，遮道萬計，緹騎持之益急，諸生大哭，維柏拱手謝曰："此予慮定後發，人臣之義，自當如是，生何哭爲？"閩中矢爲歌謠數十百章，錄其一二云："三水鳳，參天柏，窮谷深山被恩澤。官穀重重賑饑，姦弊時時痛革。今日去，民心惻。報答無由控訴天，但願天心眷忠藎。""六月天降嚴霜，一柏森然獨挺。眼見嚴霜嵩裂，這柏依然堅勁。好廟堂棟梁，把乾坤重整。"柏至京，下錦衣獄，法司承嵩風旨，拷掠備至，逼供尹都諫子相桂、侍御子榮同黨，柏終不變。會世廟意寬之，侯相揣知上旨，亦密揭爲解，恩發鎮撫司行杖得活。方柏在閩赴逮，及至京就讞也，每有綠色小蠅數百從之，一時咸詑其異，故有《誠徵錄》以傳。既歸，屏居僧舍，聚徒論學，務發明白沙宗旨。嘗筮得遜卦，遂以天山名其草堂。又擇河南勝地闢天山書院，以處四方從遊之士，如尙書葉夢熊、僉憲陳吾德等皆出其門，以勳節著海內云。柏雖家食，毅然以地方爲念，如西河改水，嘉桂、三華諸建置，及省會外城之議，皆身任之，勞怨不恤。丁封公憂，服除，隆慶改元，首召爲河南道御史，未任即超大理左少卿，尋遷都察院左副都御史，協理臺務。徐文貞階、楊襄毅博雅重之，大政多所取決。三協大察，尋內艱還。萬曆初，徵拜前職，轉吏部左右侍郎，前後請修聖德、勤聖學、飭羣工諸疏，多剴切。會少師張居正遭父喪奪情，衆議保留。尙書張瀚私叩之，柏曰："國事一時可支，綱常萬古不易。"不肯疏留，語洩見忌，出爲南京禮部尙書。次潞河，遂乞歸。角巾野服，足跡遍名山。其學以白沙無欲之教爲宗，一時名賢大老皆推服，或稱其自終日乾乾中來，或稱其空洞千古，反身一誠，又或稱其終身惟主一誠，大類陳白沙云。若以一身扶綱常，片言繫九鼎，則尤功社稷也。卒年七十七。御賜祭葬，命主事陳中書胡躬蒞葬事，謚端恪，從祀郡庠，恩賜牌坊會省大市街，表曰："清朝柱石，名世儒宗。"所著《格物》《慎獨》諸語錄，《易學義》《禮經辨》《太極圖解》《天山存稿》，及編《陳子言行錄》傳於世。仲弟維桐，益王府典膳。季弟維椅，隆慶戊戌進士，讀書中秘，改授吏科給諫，以柏晉內臺總憲，辭，就春官祠祭司主政。子崇亨，廕歷南京都督府經歷。

［清］阮元修，陳昌齊纂《（道光）廣東通志》卷二百七十九《何維柏傳》

何維柏，字喬仲，號古林，南海人。閉戶讀書，取周程諸子玩繹之，得其大旨（《粵大記》）。嘗見同舍生臨祭而謔，輒引避以爲辱己，衆皆愧服，由是嚴憚之。嘗慕西樵泉石之勝，負笈讀書其中。時湛文簡、霍文敏、方文襄亦山棲，與語，多默契。嘉靖十年辛卯舉於鄉（郭《志》）。下第歸，復入西樵古梅洞，澄心靜坐，日讀《白沙集》，思見端倪（《粵大記》）。嘉靖十四年乙未進士，選庶吉士，授御史。雷震謹身殿，維柏言四海困竭，所在流移，而所司議加賦，民不爲盜不止，請罷沙河行宮、金山功德寺工作，及安南問罪之師，帝頗嘉納。尋引疾歸（《明史》本傳）。復入西樵，與劉模、王漸逵、陳激衷爲莫逆交，門人從遠方來者屨常滿（《粵大記》）。久之，起巡按福建（《明史》）。值歲大祲，福、興、漳、泉爲甚，條救荒十餘策，發倉廩餘羨，親率郡邑長吏分行之，民賴全活者數十萬（《福建通志》）。二十四年乙巳五月，疏劾大學士嚴嵩姦貪罪，比之李林甫、盧杞，且言嵩進顧可學、盛端明，修合方藥，邪媚要寵。帝震怒，遣官逮治。士民遮道號哭，維柏意氣自如（《明史》）。賦"孤臣尚有生還日，聖德眞同宇宙寬"之句，民間矢爲歌謠數十百章，有《誠徵錄》以傳（《粵大記》）。下詔獄廷杖（《明史》）。僅存餘息，備極拷掠，語不變。下獄，與楊斛山、周納谿、劉晴川三人聚首，甚愜。上一日於宮中扶鸞，判曰："養身莫要於寡欲，治國莫先於惜才。"上默悟，維柏乃削籍（《粵大記》）。家居二十餘年（《明史》）。教其弟維椅舉隆慶戊辰進士，讀中秘書。四方從遊者衆，大會於廣孝寺，發明白沙宗旨，名其居爲天山草堂，又闢河南勝地爲天山書院，以處從遊之士（《粵大記》）。隆慶改元，召復官，擢大理少卿，遷左僉都御史。疏請日御便殿，召執政大臣謀政事，并擇大臣有才德者與講讀儒臣更番入直，宮中燕居，慎選謹厚內侍，調護聖躬，俾遊處有常，幸御有節，非隆冬盛寒，毋輟朝講。報聞，進左副都御史。母憂，歸（《明史》）。廬墓側（郭《志》）。萬曆初還朝，歷吏部左右侍郎，極論鬻官之害（《明史》）。上修聖德、勤聖學、飭羣工諸疏，多讜語，忤江陵意（郭《志》）。御史劉臺劾大學士張居正，居正乞罷，維栢倡九卿留之。及居正遭父喪，詔吏部諭留。尚書張瀚叩維栢，維栢曰："天經地義，何可廢也？"瀚從之而止。居正怒，取旨罷瀚，停維栢俸三月，旋出爲南京禮部尚書。考察自陳，居正從中罷之。（《明史》）。年七十七卒。訃聞，上惻然，命祭，賜水衡錢以葬（《粵大記》）。諡端恪（《明史》）。所著有《易義》《禮經辨》《太極圖解》《天山草堂存稿》，及編《陳子言行錄》傳於世，學者稱古林先生（《粵大記》）。子崇亨，以蔭歷南京都督府經歷（《三水志》）。

［清］戴肇辰修，史澄纂《（光緒）廣州府志》卷一百十六《何維栢傳》

何維栢，字喬仲，號古林。閉戶讀書，玩繹周程諸子，得其大旨。嘗見同舍生臨祭而譃，輒引避，以爲辱己。衆皆嚴憚之。嘗慕西樵泉石，負笈讀書其中，時湛若水、霍韜、方獻夫亦山棲，與語，多默契。嘉靖十年辛卯舉於鄉，下第歸，復入西樵古梅洞澄心靜坐，日讀《白沙集》，思見端倪。嘉靖十四年乙未成進士，選庶吉士，授御史。雷震謹身殿，維栢言四海困竭，所在流移，而所司議加賦，民不爲盜不止，請罷沙河行宮、金山功德寺工作，及安南問罪之師。帝頗嘉納。尋引疾歸，復入西樵，與劉模、王漸逵、陳激衷爲莫逆交。門人從遠方來者屨常滿。久之，起巡按福建，值歲大祲，福、興、漳、泉爲甚，條救荒十餘策，發倉廩餘羨，親率郡邑長吏分行之，民賴全活者數十萬。二十四年乙巳五月，疏劾大學士嚴嵩姦貪罪，比之李林甫、盧杞，且言嵩進顧可學、盛端明，修合方藥，邪媚要寵。帝震怒，遣官逮治。士民遮道號哭，維栢意氣自如，賦"孤臣尚有生還日，聖德眞同宇宙寬"之句。民間矢爲歌謠數十百章，有《誠徵錄》以傳。下詔獄廷杖，僅存餘息，備極拷掠，語不變。下獄，與楊斛山、周訥谿、劉晴川三人聚首，甚愜。上一日於宮中扶鸞，判曰："養身莫要於寡欲，治國莫先於惜才。"上悟，維栢乃削籍。家居二十餘年，教其弟維椅舉隆慶二年戊辰進士，四方從遊日衆，大會於廣孝寺，發明白沙宗旨，名其居爲天山草堂。又闢河南勝地爲天山書院，以處從遊之士。隆慶改元，召復官，擢大理少卿，遷左僉都御史。疏請日御便殿，召執政大臣謀政事，并擇大臣有才德者與講讀儒臣更番入直，宮中燕居，愼選謹厚內侍，調護聖躬，俾遊處有常，幸御有節，非隆冬盛寒，毋輟朝講。報聞，進左副都御史。母憂歸，廬墓側。萬曆初還朝，歷吏部左右侍郎，極論鬻官之害，上修聖德、勤聖學、飭羣工諸疏，多讜語，忤大學士張居正意。會御史劉臺亦劾居正，居正乞罷。維栢倡九卿留之。及居正遭父喪，詔吏部諭留。尙書張瀚叩維栢，維栢曰："天經地義，何可廢也。"瀚從之而止。居正怒，取旨罷瀚，停維栢俸三月，旋出爲南京禮部尙書。考察自陳，居正從中罷之，年七十七卒。訃聞，上惻然，賜祭，諡端恪。所著有《易義》《禮經辨》《太極圖解》《天山草堂存稿》，及編《陳子言行錄》傳於世。學者稱古林先生。子崇亨，以蔭歷南京都督府經歷。據《明史》本傳、《粵大記》《三水志》修。

［清］李福泰修，史澄纂《（同治）番禺縣志》卷三十三《何維栢傳》

何維栢，字喬仲，南海人。嘉靖十四年乙未進士，選庶吉士，授御史。雷震謹身殿，維栢請罷沙河行宮、金山功德寺工作，及安南問罪之師。極論尚書毛伯溫奪情非禮。尋引疾歸。與劉模、王漸逵、陳激衷爲莫逆交，門人從遠方來者履常滿。久之，起巡按福建，值歲大祲，福、興、漳、泉爲甚，條救荒十餘策，發倉廩餘羨，親率郡邑長吏分行之，民賴全活者數十萬。二十四年乙巳五月，疏劾大學士嚴嵩。帝震怒，遣官逮治，下詔獄廷杖，僅存餘息，乃削籍。家居二十餘年，四方從遊者衆，大會於廣孝寺，發明白沙宗旨，名其居爲天山草堂。講學於邑小港之南，闢天山書院。其地有橋，愍小民跋涉之艱，易橋以石。隆慶改元，召復官，擢大理少卿，遷左僉都御史，進左副都御史。萬曆初還朝，歷吏部左右侍郎，極論鬻官之害，上修聖德、勤聖學、飭羣工諸疏，多讜語，忤權相意，罷歸。年七十七卒，謚端恪。所著有《易義》《禮經辨》《太極圖解》《天山草堂存稿》及編《陳子言行錄》傳於世，學者稱古林先生。據《明史》本傳、吳興祚《小港橋碑》參修。

［清］張夏撰《雒閩源流錄》卷十四《何維栢傳》

何維栢，字喬仲，廣東廣州人。少游三水庠，見同舍生臨祭而謔，輒引避以爲辱己，衆皆愧服。嘗慕西樵泉石之勝，負笈讀其中。值湛文簡、霍文敏亦山栖，與語，多所默契。登嘉靖乙未進士，選庶常，授御史。疏止沙河、功德二役，省費百萬，再疏罷征安南，極論毛尚書伯溫奪情，上亦納之。尋謝病歸西樵，與劉模、王漸逵、王激衷往來論學。復補御史，出按八閩，賑貽饑民，存活計數十萬。因條救荒十策，著爲令。首發少師嚴嵩罪狀，比之李林甫、盧杞。上震怒，遣官逮繫，所過士庶遮道攀留，緹騎持之益急，諸生大哭，喬仲謝曰："此予慮定而後發，人臣之義，自當如是，何哭爲？"逮至，幾死杖下，竟削籍歸。屏居僧舍，聚徒論學。隆慶改元，復原官，屢遷至左副都御史，協理臺務。萬曆初，轉吏部侍郎，前後疏請修聖德、勤聖學、飭羣工，語多切中。會少師張居正遭喪奪情，衆議保留，尚書張瀚私叩之，答曰："天經地義，何可廢也？"語泄見忌，出爲南京禮部尙書。次潞河，遂乞骸骨。歸，角巾野服，恣遊名山，闢天山書院聚講，發明白沙宗旨，薦紳之士即皓首，猶北面就弟子列。卒諡端恪。所著有《易學義》《禮經辨》《太極圖解》《天山存稿》及編《陳子言行錄》行於世。